证券风险防控与专项合规研究

陈长明　隆文明　李俊灏　著

汕头大学出版社

图书在版编目（CIP）数据

证券风险防控与专项合规研究 / 陈长明，隆文明，李俊灏著． -- 汕头：汕头大学出版社，2022.12
 ISBN 978-7-5658-4826-1

Ⅰ．①证… Ⅱ．①陈… ②隆… ③李… Ⅲ．①证券管理—风险管理—研究—中国 Ⅳ．① F832.1

中国版本图书馆 CIP 数据核字（2022）第 186467 号

证券风险防控与专项合规研究
ZHENGQUAN FENGXIAN FANGKONG YU ZHUANXIANG HEGUI YANJIU

著　　者：陈长明　隆文明　李俊灏
责任编辑：郭　炜
责任技编：黄东生
封面设计：优盛文化
出版发行：汕头大学出版社
　　　　　广东省汕头市大学路 243 号汕头大学校园内　邮政编码：515063
电　　话：0754-82904613
印　　刷：三河市华晨印务有限公司
开　　本：710mm×1000mm　1/16
印　　张：14.5
字　　数：260 千字
版　　次：2022 年 12 月第 1 版
印　　次：2023 年 1 月第 1 次印刷
定　　价：88.00 元
ISBN 978-7-5658-4826-1

版权所有，翻版必究

如发现印装质量问题，请与承印厂联系退换

前言

证券市场是现代经济的重要组成部分,是市场经济资源配置的重要途径。目前,随着证券化程度的不断提高,证券市场在社会经济中发挥作用的范围和程度也日益扩大和提高。

证券市场是商品经济、信用经济高度发展的产物,是市场经济中一种高级组织形态。同时,证券市场又是高风险市场,这是因为证券价格具有很大的波动性和不确定性。这是由证券的本质及市场运作的复杂性所决定的。同成熟的证券市场相比,我国证券市场起步晚,还处于初级阶段,上市公司、证券公司等素质有待提高,投资者风险意识相对薄弱,相关部门监管手段有待完善,市场管理的经验还不够,市场所隐含的风险较大。因此,人们必须充分认识防范和控制市场风险的必要性,把风险防范与控制作为市场建设过程中常抓不懈的重要工作。所有的市场参与者都要充分认识到这一点——风险防范,警钟长鸣。

当前我国证券市场正处于由探索阶段到规范阶段的转折时期。在这个时期,证券公司作为证券市场的主要中介机构和参与主体,其规范运作的重要意义不言而喻。

目前,证券公司已步入常规发展阶段,如何适应新形势、迎接新挑战,是证券公司应积极思考和正面应对的问题。笔者认为,加强证券公司合规管理体系建设是实现其长足发展的制度保障,是自我约束、自我完善的百年大计。我国证券公司的合规管理工作刚刚起步,在理念、诚信、人才、经验、制度建设等方面都很薄弱,还有很多问题需要解决,还有大量的实务需要在实践中探索。

2008年7月,中国证券监督管理委员会发布《证券公司合规管理试行规定》,证券公司合规管理工作得以全面展开。而人们应该关注的是如何确保合规管理工作的有效性、防止出现"南橘北枳"、合规管理沦为新的"花瓶"的问题。因此，人们可借鉴国内外金融机构合规管理的经验，总结这几年探索合规管理体系建设的心得，同时结合我国证券行业的体制背景和文化特点，对我国证券公司的合规管理进行研究。

  由于笔者水平有限，且证券业务发展迅速，所以书中难免有不足之处，望广大读者朋友不吝赐教，积极提出宝贵意见，以使本书能够得到完善修改。

目 录

证券风险防控篇

第一章　证券理论基础 / 003
　　第一节　证券的基本内涵 / 003
　　第二节　证券市场的相关认知 / 006
　　第三节　证券市场主体 / 009

第二章　证券公司风险及规避 / 016
　　第一节　证券公司风险的形成与类型 / 016
　　第二节　证券公司风险度量指标与方法 / 022
　　第三节　证券公司风险规避策略 / 030

第三章　证券发行、交易与上市规制 / 044
　　第一节　证券发行的重要规制及制度变革 / 044
　　第二节　证券交易风险规制及制度创新 / 068
　　第三节　证券上市的重要规制 / 085

第四章　私募投资基金风险及监管 / 094
　　第一节　私募基金概述 / 094
　　第二节　私募证券投资基金监管制度的优化 / 099
　　第三节　私募股权投资基金风险预测与治理 / 111

第五章　证券法律业务及律师作用机制　/　129
　　第一节　证券法律业务概述　/　129
　　第二节　证券法律业务的基本业务规范　/　132
　　第三节　律师角色对资产证券化的影响　/　138

证券公司合规篇

第六章　证券公司合规管理概述　/　155
　　第一节　合规相关概念界定　/　155
　　第二节　合规管理的基本理念与原则　/　160
　　第三节　证券公司合规管理面临的问题及现阶段工作重点　/　163

第七章　证券公司合规管理体系的构建与评估　/　168
　　第一节　证券公司合规管理组织体系的构建　/　168
　　第二节　证券公司专项合规管理制度的建立　/　178
　　第三节　证券公司合规管理的有效性评估　/　183

第八章　律师在证券公司合规中的价值　/　188
　　第一节　打造合规计划，设计合规管理体系　/　188
　　第二节　开展合规调查，担任合规监管人　/　193
　　第三节　识别与防控公司法律风险　/　201

实例分析篇

案例一：百慕大投资基金监管法律制度　/　207

案例二：光大证券公司风险管理体系的优化　/　215

参考文献　/　223

证券风险防控篇

第一章　证券理论基础

第一节　证券的基本内涵

一、证券的概念

证券指各类记载并代表了一定权利的法律凭证，用以证明持有人有权依据其所持凭证记载的内容而取得相应的权益。证券是商品经济制度发展的产物，是从信用制度和金融市场发展过程中派生并成长的。证券可以采用纸质形式或证券监管机构规定的其他形式。

二、证券的分类

根据性质的不同，证券可被分为无价证券和有价证券两大类。

（一）无价证券

无价证券指具有证券的某一特定功能，但不能被作为财产使用的书面凭证。无价证券又可被分为证据证券、凭证证券两类。证据证券只是单纯地证明一种事实的书面证明文件，凭证证券是认定持证人是某种私权的合法权利者和证明持证人所履行的义务有效的书面证明文件。无价证券不具有流通性，所以不存在流通价值和价格。无价证券虽然也是代表所有权的凭证，但不能被让渡。政府或国家法律会限制它在市场上的流通，并不得通过流通转让增加持券人的收益。

由于无价证券不具有流通性，所以在一般意义和习惯上，证券指有价证券。不经特别说明，本书中所提到的证券，均指有价证券。

（二）有价证券

1. 有价证券的含义

有价证券指标有票面金额，用于表示或证明一定财产权利的证书、凭证，其中股票、债券等是有价证券的典型代表。有价证券本身没有价值，但由于它代表着一定量的财产权利，持有人可凭该证券直接取得一定量的商品、货币，或是取得利息、股息收入，因而它可以买卖和流通，具有市场价格。

2. 有价证券的特征

（1）收益性。证券的收益性是指持有证券本身可以获得一定数额的收益，这是投资者转让资本所有权或使用权的回报。证券代表的是对一定数额的某种特定资产的所有权或债权，投资者持有证券也就同时拥有取得这部分资产增值收益的权利，因而证券本身具有收益性。有价证券的收益通常表现为获取利息、红利或买卖差价收入等。

（2）流动性。证券的流动性是指证券的持有人可以根据自己的需要灵活地转让证券，随时换取现金。证券具有极高的流动性必须满足三个条件：很容易变现、变现的交易成本极小、本金保持相对稳定。不同证券的流动性是不同的。证券的流动性可通过到期兑付、承兑、贴现、转让等方式实现。

（3）风险性。证券的风险性指实际收益与预期收益的背离，或者说是证券收益的不确定性。从整体上说，证券的风险与其收益成正比。通常情况下，风险越大的证券，投资者要求的预期收益越高；风险越小的证券，投资者要求的预期收益越低。

（4）期限性。期限性指投资者获得投资回报的时间跨度，不同有价证券具有不同的期限。债券一般有明确的还本付息期限，以满足不同筹资者和投资者对融资期限以及与此相关的收益率的需求。债券的期限具有法律约束力，是对融资双方权益的保护。股票反映所有权关系，没有期限，可以视为无期证券。不同期限证券的收益率和风险是不一样的，可以满足不同投资者对投资期限及与此相关的收益率的需求。

3. 有价证券的功能

有价证券是资本的运动载体，具有以下两个基本功能。

第一，筹资功能，即为经济的发展筹措资本。证券筹措资本的范围很广，社会经济活动的各个层次和方面都可以利用证券来筹措资本。例如，企业通过发行证券来筹措资本，国家通过发行国债来筹措财政资金等。

第二，配置资本的功能，即通过证券的发行与交易，按利润最大化的要求对资本进行分配。资本是一种稀缺资源，有效地分配资本是经济运行的根本目的。证券的发行与交易起着自发地分配资本的作用。证券的发行可以吸收社会上闲置的货币资本，使其重新进入经济系统的再生产过程中而发挥效用。证券的交易是在价格的诱导下进行的，而价格的高低取决于证券的价值。证券的价值又取决于其所代表的资本的实际使用效益。所以，资本的使用效益越高，就越能从市场上筹措资本，使资本的流动服从于效益最大化的原则，最终实现资本的优化配置。

4. 有价证券的类型

有价证券的类型多种多样，从不同的角度，按不同的标准，可以有不同的分类方式。这里介绍几种主要的分类方式。

（1）按其所代表的经济权益的内容不同，有价证券可分为货币证券、资本证券和商品证券。货币证券指可以用来代替货币使用的有价证券，是商业信用工具。货币证券主要包括期票、汇票、支票和本票等；其功能则主要用于单位之间的商品交易、劳务报酬的支付及债权债务的清算等经济往来。

资本证券是有价证券的主要形式，是把资本投入企业或把资本贷给企业和国家的一种证书。资本证券主要包括股权证券和债权证券。股权证券具体表现为股票，有时也包括认股权证；债权证券则表现为多种债券。

商品证券指对一定量商品有提取权的证明，如货物提单、栈单、本单等。

（2）按其发行主体的不同，有价证券可分为政府证券（公债券）、金融证券和公司证券。政府证券即政府债券，指政府为筹措财政资金或建设资金，凭其信誉，采用信用方式，按照一定程序向投资者出具的一种债权债务凭证。政府债券又分为中央政府债券（即国家债券）和地方政府债券。政府债券又称国债券。

金融证券指商业银行及非银行金融机构为筹措信贷资金而向投资者发行

的、承诺支付一定利息并到期偿还本金的一种有价证券。其主要包括金融债券、大额可转让定期存单等，尤以金融债券为主。

公司证券是公司为筹措资金而发行的有价证券。公司证券涵盖的范围比较广泛，内容也较复杂，主要有股票、公司债券及商业票据等。

（3）根据上市与否，有价证券可分为上市证券和非上市证券。上市证券又称挂牌证券，指经证券主管机关批准，并向证券交易所注册登记，获得在交易所内进行公开买卖资格的有价证券。

非上市证券也称非挂牌证券、场外证券，指未在证券交易所登记挂牌，由公司自行发行或推销的股票或债券。非上市证券不能在证券交易所内交易，但可以在交易所以外的"场外交易市场"进行交易，有的也可以在取得特惠权的交易所内进行交易。

（4）按照募集方式的不同，有价证券可分为公募证券和私募证券。公募证券又称公开发行证券，指发行人向不特定的社会公众发售的证券；私募证券又称内部发行证券，指面向少数特定投资者发行的证券。

此外，按照期限不同，有价证券还可分为短期证券、中期证券、长期证券和无期证券；按照证券是否记名其分为记名证券和不记名证券；按照证券之间是否能够互相转换其分为可转换证券和不可转换证券；按照证券收益稳定性的不同，其分为固定收益证券和变动收益证券等。

第二节　证券市场的相关认知

一、证券市场的含义与特征

证券市场是股票、债券、投资基金等有价证券发行和交易的场所。[1] 证券市场是市场经济发展到一定阶段的产物，是为解决资本供求矛盾和流动性而产生的市场。证券市场通过证券发行和交易的方式实现了筹资与投资的对接，有效地化解了资本供求矛盾和资本结构调整的难题。在发达的市场经济中，证券市场是完整的市场体系的重要组成部分，不仅反映和调节货币资金的运动，而且对整个经济的运行具有重要影响。

证券市场具有以下三个显著特征。

---

[1] 彭玉镏，陈春霞，吴艳艳.金融企业会计学[M].上海：复旦大学出版社，2019：225.

第一，证券市场是价值直接交换的场所。有价证券是价值的直接代表，本质上只是价值的一种直接表现形式。虽然证券交易的对象是各种各样的有价证券，但它们是价值的直接表现形式，所以证券市场本质上是价值的直接交换场所。

第二，证券市场是财产权利直接交换的场所。证券市场上的交易对象是作为经济权益凭证的股票、债券、投资基金等有价证券，它们本身是一定量财产权利的代表，所以代表着对一定数额财产的所有权或债权以及相关的收益权。证券市场实际上是财产权利的直接交换场所。

第三，证券市场是风险直接交换的场所。有价证券既是一定收益权利的代表，也是一定风险的代表。有价证券的交换在转让出一定收益权的同时，也把该有价证券所特有的风险转让出去了。所以，从风险的角度分析，证券市场也是风险的直接交换场所。

二、证券市场的基本功能

（一）筹资功能

证券市场的筹资功能指证券市场为资金需求者筹集资金的功能。这一功能的另一作用是为资金供给者提供投资对象。在证券市场上交易的任何证券，都既是筹资的工具，也是投资的工具。在经济运行过程中，既有资金盈余者，也有资金短缺者。资金盈余者为了使自己的资金增值，就必须寻找投资对象。在证券市场上，资金盈余者可以通过买入证券而实现投资；而资金短缺者为了发展自己的业务，就要向社会寻找资金。为了筹集资金，资金短缺者可以通过发行各种证券来达到筹资的目的。

（二）资本定价功能

证券市场的资本定价功能就是为资本决定价格。证券是资本的存在形式，所以证券的价格实际上是证券所代表的资本的价格。证券的价格是证券市场上证券供求双方共同作用的结果。证券市场的运行形成了证券需求者竞争和证券供给者竞争的关系，这种竞争的结果是产生高投资回报的资本，市场的需求就大，其相应的证券价格就高；反之，证券的价格就低。因此，证券市场是资本的合理定价机制。

（三）资本配置功能

证券市场的资本配置功能指通过证券价格引导资本的流动而实现资本的合理配置的功能。证券投资者对证券的收益十分敏感，而证券收益率在很大程度上取决于企业的经济效益。从长期来看，经济效益高的企业的证券拥有较多的投资者，这种证券在市场上买卖也很活跃。相反，经济效益差的企业的证券投资者越来越少，市场上的交易也不旺盛。所以，社会上部分资金会自动地流向经济效益好的企业，远离经济效益差的企业。这样一来，证券市场就引导资本流向能产生高报酬的企业或行业，从而使资本产生尽可能高的效率，进而实现资源的合理配置。

三、证券市场的分类

（一）证券发行市场和证券流通市场

按照市场职能划分，证券市场分为证券发行市场和证券流通市场。证券发行市场又称"一级市场"或"初级市场"，是发行人为筹集资金，按照一定的法律规定和发行程序，向投资者出售新证券的市场。它没有一个特定的发行场所，发行方式也是多样的，有时通过中介机构，如证券公司、投资银行推销，有时在发行人与投资者之间直接进行。证券流通市场又称"二级市场"，是已发行的证券通过买卖交易实现流通转让的市场。证券的流通既可以在证券交易所中进行，也可以在证券交易所之外的场外交易市场进行。

证券发行市场与证券流通市场之间是相互影响的。证券发行市场是证券流通市场的基础，而证券流通市场则是证券发行市场存在和发展的条件。如果证券发行市场规模过小，那么证券流通市场上的证券就会供不应求，这可能会产生过度投机和市场泡沫；反之，如果发行节奏过快，那么证券就会供过于求，这会导致流通市场的持续低迷，股价大幅下跌，这反过来又影响了发行市场的筹资。

（二）股票市场、债券市场和基金市场

按照证券性质划分，证券市场分为股票市场、债券市场和基金市场。股票市场是股票发行和交易的市场。股票的发行人是股份有限公司。股票的价格除了受上市公司业绩的影响外，还受到各种社会因素的影响，一般波动较大。债券市场是债券发行和流通的市场，债券的发行人有政府、金融机构和企业，

债券价格比股票价格稳定。基金市场是基金证券发行和流通的市场：封闭式基金在证券交易所挂牌交易；开放式基金通过投资者向基金管理人申购和赎回，实现流通。

（三）证券交易所和场外交易市场

按照交易组织形式划分，证券市场分为证券交易所和场外交易市场。证券交易所是证券买卖双方集中公开交易的场所，是一个有组织、有固定地点、集中进行证券交易的市场，是整个证券市场的核心。证券交易所本身既不买卖证券，也不决定证券价格，而是为证券交易提供一定的场所和设施、配备必要的管理和服务人员，并对证券交易进行周密组织和严格管理，为证券交易的顺利进行提供一个稳定、公开、高效的市场。场外交易市场是一个分散的无形市场，没有固定的交易场所，由许多各自独立经营的证券商通过各种信息设备分别进行交易。

场外交易市场是证券发行的主要市场，同时也是各种债券以及尚未获得证券交易所上市资格的股票的主要交易场所。场外交易市场与证券交易所相互补充，共同构成了证券交易市场。

第三节　证券市场主体

证券市场主体指参与证券市场的各类法律主体，主要包括发行人、投资人、证券公司、证券服务机构、证券监督管理机构等。以上主体各具特点，分别受到不同法律法规的监管，在证券法律关系中发挥着各自的作用。

一、证券发行人

在中国，根据证券种类不同，证券发行人应包括募集设立的股份有限公司、发起设立的股份有限公司、其他发行债券的企业与政府。

（1）政府有权依法发行政府债券。中央政府债券也称为"国债"，主要目的是弥补国家财政赤字和进行大型建设项目的政府投资。地方政府债券是由各级地方政府发行的债券，旨在筹集地方建设资金。

（2）经过中国人民银行批准，商业银行、政策性银行和非银行金融机构可以依法发行金融债券，增加信贷资金来源；还可改制成为股份有限公司并发行股票。

（3）非公司企业法人，主要是国有企业、集体企业和"三资"企业，可以发行企业债券。根据《企业债券管理条例》的规定，在我国境内设立的其他法人企业，可以依法有偿筹集资金，依照法定程序发行企业债券，不受所有制、地区、企业组织结构等因素的限制。

（4）在司法人中，有限责任公司只能发行公司债券，股份有限公司既能发行公司债券，也能发行股票。

二、投资人

按照投资者身份，可将投资者分为个人投资者和机构投资者，机构投资者可分为法定金融机构、基金组织、投资公司以及其他组织。机构投资者资金雄厚，专业性突出，抗风险能力强。个人投资者累计资金总额大，但相对分散，投机性强，抗风险能力较弱。

按照投资者国籍或注册地，可将投资者分为境内投资者和境外投资者。境内投资者有权认购买卖专供境内投资者购买的股票或公司债券。境外投资者指投资于中国证券市场的投资者，原则上只能投资于 B 股股票，不得投资于 A 股股票。境外投资者可以通过 QFII——合格的境外机构投资者或者在中国境内设立外商投资企业，也可投资于 A 股股票。

对于某些特殊的投资领域，中国设立了合格投资者制度。中国证监会于 2016 年发布了《证券期货投资者适当性管理办法》；深圳证券交易所于 2017 年发布了《深圳证券交易所债券市场投资者适当性管理办法》；《私募投资基金监督管理暂行办法》对投资者的人数、投资金额、单位净资产或个人资产进行了严格要求。只有符合上述法规或行业规则规定条件的合格投资者才被允许参与交易。

三、证券公司

中国的证券商只取公司形式，称为证券公司。根据《中华人民共和国证券法》（以下简称《证券法》）第六章的规定，证券公司是依法设立、专门从事证券业务的有限责任公司和股份有限公司。其与普通公司有明显区别。

证券公司的特殊性表现在以下几方面。

（一）经营业务的特殊性

《证券法》第 124 条、第 125 条对设立证券公司的条件和证券公司的业务范围做出了具体的规定，证券公司的业务范围主要包括以下几方面内容：

（1）证券经纪；

（2）证券投资咨询；

（3）与证券交易、证券投资活动有关的财务顾问；

（4）证券承销与保荐；

（5）证券自营；

（6）证券资产管理；

（7）其他证券业务。

在证券公司的监管方面，中国采取了分类管理制度。按照业务范围和种类，证券公司分为证券承销机构、证券自营机构和证券经纪机构。证券公司可以从事承销业务，协助发行人发行证券，连接发行人与投资者之间的关系；发行之后，证券在二级市场上流通，证券公司又可以接受投资者委托从事证券买卖业务，收取佣金，协助投资者从事证券交易，成为投资者与投资者之间的中介机构。依照规定，投资者必须委托证券公司办理证券交易，而不能直接买卖证券。除了从事经纪业务之外，证券公司还可以充当自营商从事自营业务，以投资者的身份在二级市场上买卖证券，是中国证券市场上的主要机构投资者之一。《证券法》第77条列举的操纵市场行为，主要针对对象就是机构投资者。

《证券法》第136条、第137条对证券公司的经营业务进行了严格规制：

（1）证券公司必须保持不同业务与财产之间的独立性，必须将其证券经纪业务、证券承销业务、证券自营业务和证券资产管理业务分开办理，不得混合操作；

（2）证券公司的自营业务必须使用自有资金和依法筹集的资金。证券公司不但拥有自有资金，而且持有大量的经纪资金，即客户委托其买卖证券的资金。必须保证两者严格独立，防止在证券公司自营亏损的情况下令客户资金无法偿还，蒙受损失。

（二）设立程序和条件的特殊性

设立证券公司其一应当符合《中华人民共和国公司法》（以下简称《公司法》）的规定，向公司登记管理机关提交文件，依法办理企业法人营业执照；其二还应符合《证券法》的某些特殊规定。证券公司的设立需要办理前置批准程序和登记后的许可程序：

（1）设立证券公司，必须经国务院证券监督管理机构审查批准。未经国务院证券监督管理机构批准，任何单位和个人不得经营证券业务。证券公司设立申请获得批准的，申请人应当在规定的期限内向公司登记机关申请设立登记，领取营业执照。

（2）证券公司应当自领取营业执照之日起 15 日内，向国务院证券监督管理机构申请经营证券业务许可证。未取得经营证券业务许可证，证券公司不得经营证券业务。

在设立条件上，普通公司已废除了对最低资本额的要求，实行认缴制，但《证券法》提高了证券公司的最低注册资本限额。根据从事经营的不同业务，其分别为人民币 5000 万元、1 亿元和 5 亿元。证券公司的注册资本还实行严格实缴资本制度。国务院证券监督管理机构根据审慎监管原则和各项业务的风险程度，可以调整注册资本最低限额，但不得少于上述规定的限额。

（三）公司管理的特殊性

证券公司在经营管理事务上的自主权相比普通公司受到更加严格的限制。例如，证券公司必须具有完善的风险管理和内部控制制度，公司财务和风险控制指标必须符合证券监管机构的要求，相关业务机构的操作必须长期保留相关记录。

《证券法》第 129 条第 1 款规定，证券公司设立、收购或者撤销分支机构，变更业务范围，增加注册资本且股权结构发生重大调整，减少注册资本，变更持有 5% 以上股权的股东、实际控制人，变更公司章程中的重要条款，合并、分立、停业、解散、破产、境外设立、收购或者参股证券经营机构等重大事项，必须经国务院证券监督管理机构批准。

此外，在监管方面，国务院证券监督管理机构可以对实施违法行为或者出现重大风险的证券公司采取责令停业整顿、指定其他机构托管、接管或者撤销等监管措施。《证券法》对证券公司的董事、监事和高级管理人员的任职资格也做出了限制规定，对违法违规，未能勤勉尽责的董事、监事和高级管理人员撤销任职资格，责令公司更换人选。

四、证券服务机构

《证券法》规定，投资咨询机构、财务顾问机构、资信评级机构、资产评估机构、会计师事务所从事证券服务业务，必须经国务院证券监督管理机构和有关主管部门批准。

（一）会计师事务所

会计师在证券市场上的作用是审计发行人的财会报表并出具审计报告。在发行公开和发行之后的信息持续公开中都需要会计师发挥审计作用。会计师及其所在的事务所对审计报告和被审计内容的真实性承担责任，因此，在履行审计义务的过程中，会计师必须对发行人的情况进行尽职调查。

（二）资产评估机构

资产评估师为证券的发行和上市出具资产评估报告。经资产评估师署名的资产评估报告是发行和上市公开文件的组成部分。资产评估师同样对报告内容的真实性承担法律责任。

（三）律师事务所

证券的发行和交易离不开律师。发行人需要律师出具法律意见书并起草有关的申请和公开文件；承销人需要律师帮助做尽职调查并起草承销协议；公司收购中的各方当事人都要雇佣律师参加谈判，并帮助其制订进攻和防御的策略和具体措施。只有具备《公司法》和《证券法》专业知识的律师才能为证券的发行和上市起草文件，从事这方面的法律业务。其是否具备相应资格与水准需要由律师职业道德来自律和市场认定。

（四）证券登记结算机构

证券登记结算机构是为证券交易提供集中登记、存管与结算服务，不以营利为目的的法人。它是提供结算服务的中介机构，其本身不参加交易，只是收取服务费而已。证券登记结算机构是为了保证交易的安全、便捷、迅速进行而设置的。证券交易双方各自与登记结算机构交割而非直接交割，登记结算机构起到一种担保交易安全的作用。《证券法》第七章专章规定了证券登记结算机构的设立条件，包括其自有资金不得少于人民币2亿元，就是为了保证其担保功能的实现。而登记结算的具体规则都由中国证监会规定。

证券登记结算机构还提供托管和登记证券的服务。根据《证券法》第159条第1款和第160条第2款、第3款的规定，"证券持有人持有的证券，在上市交易时，应当全部存管在证券登记结算机构"，"证券登记结算机构应当根据证券登记结算的结果，确认证券持有人持有证券的事实，提供证券持有人登记资料"，"证券登记结算机构应当保证证券持有人名册和登记过户记录真实、准确、完整,不得隐匿、伪造、篡改或者毁损"。

(五)证券投资咨询机构

证券投资咨询机构是专门为别人买卖证券提供有偿资讯和建议的机构。该机构运用自己的专业知识对有关证券的价值进行分析和预测,向投资者提供信息或者投资建议,并收取咨询费。《证券法》第125条明确经证券投资咨询列入证券公司的业务,形成了两类公司都进行该项业务的重叠局面。

资信评估机构评定债券的资信等级。资信指企业还本付息的能力。资信等级越低,意味着企业无力清偿的可能性越大,因而持有这种证券的风险也越大。资信等级与证券的价格有着直接的关系,投资者在购买证券时需要对其风险和价值有比较明确的认识。

五、政府监管机构和自律管理机构

证券行业的政府监管机构主要指证监会以及国务院其他授权机构;自律组织主要是证券交易所、证券业协会。政府监管机构和自律管理机构通过制定、执行相关的法律法规和交易规则,实现证券交易的安全、快捷和有序。

国务院证券监督管理机构根据证券法依法对全国证券市场实行集中统一监督管理,国务院证券监督管理机构根据需要可以设立派出机构,按照授权履行监督管理职责;国家对证券发行、交易活动在实行集中统一监督管理的前提下,依法设立证券业协会,实行自律性管理。

(一)国务院证券监督管理机构

国务院证券监督管理机构依法对证券市场实行监督管理,维护证券市场秩序,保障其合法运行。《证券法》第180条与第181条特别赋予了中国证监会广泛的权力,如现场检查、调查取证并可以采取相关监管措施。

(二)自律性组织

行业自律指行业内部的职业道德和行规约束,是由市场自发产生的规范性力量。自律性组织的主要职能就是制定职业道德标准和行业行为规则,并通过组织内部的纪律处分来推动这些规则的贯彻和执行。

中国的自律性组织包括证券交易所和证券业协会两类。

(1)证券交易所是为证券集中交易提供场所和设施,组织和监督证券交易,实行自律管理的法人。证券交易所制定市场交易和成员资格两类规则,并通过这些规则的贯彻和执行去规范交易所市场。

（2）证券业协会是证券业的自律性组织，是社会团体法人。证券公司应当加入证券业协会。《证券法》第九章专门规定了证券业协会的职权，协助证券监督委员会教育和组织会员执行法律法规，依法维护会员之间的合法权益，调解会员之间的纠纷。

第二章　证券公司风险及规避

证券市场是一个高风险市场，证券公司作为这个市场的主要参与者，其一切活动都面临着风险。国内证外证券公司经营风险的案例已向全球金融界敲响了加强证券经营活动风险管理的警钟。对证券公司而言，风险管理是其经营管理的永恒主题。

第一节　证券公司风险的形成与类型

一、证券公司风险的形成

证券公司在运营过程中，因为外界条件的变化或者内部自身原因，会遇到各种各样的风险，加之证券业本身是个高风险行业，所以证券公司遇到风险的概率更大。风险的产生通常是各种因素交互作用的结果，从总体来看，证券公司风险形成的原因可以归纳为以下几点。

（一）证券机构所处的经营环境导致的风险

1. 经济发展的周期性

通常情况下，经济的周期性起伏、跳跃式前进的发展模式极易导致证券公司的流动性风险、利率风险、信用风险等。证券市场尤其是股票市场，一直被人们视为国民经济的晴雨表，经济的起伏经常首先表现在股市的起伏上。经济的潮起潮落、股市的狂骤涨跌、运营资金与周转资金的紧张等所有这些因素都使得流动性风险、利率风险、信用风险日益增大。而这些风险一旦由可能转化为现实,不仅将直接危害金融机构自身的安全,引起一系列金融机构及其相关经济组织、个人的重大损失,造成局部地区、行业的经济萧条或衰退,而且还将对国民经济发展产生巨大的冲击和破坏,甚至造成全面的政治、经济危机,引发剧烈的社会动荡。

2. 证券领域的激烈竞争

证券领域的高利润率使得银行、保险等金融机构几乎都进入了证券领域,证券机构迅速增加。面对激烈竞争,许多机构在竞争中取胜,投入大量资金和大批人员,扩大经济规模,也因此出现了许多不正当的竞争。但是在无序的、混乱的竞争日益激烈的同时,经济环境在发生重大变化。如出现经济萧条或危机时,相当多的机构将面临日益增大的流动性风险、利率风险、系统风险。在无序的、混乱的激烈竞争中,浑水摸鱼者大有人在,内保风险加大,证券领域违规现象日趋严重。

(二) 证券市场、证券行业的自身特点导致的风险

1. 市场自身的特点引起风险

证券市场是一个由其商品流通形式而将参与其中的各个部分有机整合在一起的整体。市场方方面面的因素,通过市场、有价证券这种特殊的金融商品的交易方式,相互之间又环环相扣,紧密关联,不可分割,呈现出很强的行业一体化。整个市场牵一发而动全身。证券市场是直接的融资市场,由发行者、投资者、市场组织者、经纪人等组成,构成情况复杂,涉及面较广,具有较强的社会公开性。中国的证券市场又兴起在一个社会激烈变革、经济转轨变型、政策多变、观念更新的特殊环境之中,是一个瞬息万变的市场。

2. 高度电子化导致风险

证券机构是中国目前所有服务领域里电子化程度最高的,它与市场完全是通过双向的通信系统、计算机系统等高科技手段与设备联系起来的,经营性的投资风险加大。而对计算机系统、通信系统的完全的依赖性,则使得证券行业受技术制约增大。计算机犯罪和各种病毒的侵蚀等,都使得证券机构面临的技术风险比其他金融机构要大得多。

（三）证券机构自身的特点导致风险

1. 发展迅速与经验不足、管理滞后的矛盾导致的风险

我国证券经营机构的一个显著特点是发展快、历史短、队伍新、经验少、人力缺。[①] 这些特点给证券机构带来了很多不利的因素。迅速发展的机构和业务与近乎空白的经验之间的矛盾是证券机构管理滞后的一个实际问题。而管理滞后对于证券机构来说，意味着内保风险、事务风险、经营风险等极易发生。

2. 市场依赖性强与市场竞争激烈的矛盾导致风险

作为中介服务机构，证券机构具有很强的市场依赖性，激烈竞争导致极大的凝聚力风险。我国证券机构大多为小本经营，抗风险能力弱。目前的实际情况是证券机构资本金规模过小，机构虽多，但实力弱，抵抗风险能力差。在证券经营机构中，资本金在亿元以上的不多。占证券经营机构大多数的地方性（省市级）的证券公司，资本金更是少得可怜。资本金不足是普遍现象，证券机构都是大比例负债经营，一旦出现风险，这种资产负债比例是根本无法抗御的。资产结构不尽合理，资产质量差的问题更为严重。一些证券机构在证券市场火热时，大量投资、变相融资，而当市场情况发生变化后，如果资金来源出现问题，资金运用现状又不可能随之迅速调整，资金或是占压，流动性较差，或是不良资产比重增多，信用风险出现。

二、证券公司的主要风险类型

（一）经营风险

经营风险是证券公司在日常经营过程中发生亏损的不确定性，主要包括信用风险、流动性风险、利率风险、投资风险、汇率风险等。这类风险是证券机构在开展业务的过程中发生的，主动性在证券机构。它固然也受一定的外界因素的影响，但造成这类风险的主要原因在机构自身。一般来说，证券机构可以通过正确的经营策略、科学的决策程序、一定的技术手段以及严格的企业制度管理，将这类风险降到最低。

[①] 朱炫. 我国证券市场风险及防范治理策略分析 [J]. 财讯，2021（1）：12.

1. 信用风险

信用风险指金融机构的信用授予（贷款、有价证券等）因受信者的情况恶化等原因不能按当初的约定偿还而发生的危险。研究证券机构的信用风险问题原因有三：一是基于目前存在的变相融资的实际情况；二是因为不少证券机构出于生存、消化高成本资金、盈利等需要，置金融法规于不顾而超范围经营，开展信贷业务；三是我国的信用交易或迟或早都会开始，这是证券市场发展的必然。因此，信用风险是证券机构经常遇到且将来会越来越多地遇到的一种风险。

2. 流动性风险

证券机构的流动性风险指支付保证金等的资金不足，资金周转出现破绽而产生的风险。由于证券机构没有存款业务，为了发展以及尽快扩大资产规模，证券机构往往利用各种方式在市场上进行资金筹措。当宏观政策变化，市场环境变得严峻时，可能出现预料不到的资金供应紧张的情况，从而成为流动性风险增大的一个重要因素。

3. 利率风险

利率风险主要指因为在资金的筹措和运用之间存在期限上的搭配不当，由于利率的变动使得收益减少、丧失甚至出现亏损的风险。证券机构筹措的资金基本上是成本较高的市场性资金。利率风险的影响主要在两个方面：一是利率调整对资金筹措运用的直接影响；二是利率调整影响有价证券价格所产生的间接影响。

4. 投资风险

绝大多数学者把投资风险解释为投资收益的不确定性，或者说是与期望回收的差异程度。对于证券机构来说，投资可以分为两类，即经营性投资和营利性投资。证券投资对证券机构来说即本业投资，如购买股票债券、基金等。其他投资指证券机构通过各种途径对证券以外领域的直接投资，这里所讨论的投资风险指直接的证券投资风险。

5. 汇率风险

汇率风险指因汇率行情变化导致损失的风险。相对于利率风险、流动性风险来说，汇率风险比较容易认识。具体地说，证券机构的汇率风险指当机构持有以外币计价的多头而该种货币贬值时，或者持有外币计价的空头而该种货币升值时，所蒙受损失的风险。

（二）管理风险

管理风险指由于证券机构自身管理中存在的问题、隐患导致的风险，主要包括事务风险、内保风险、凝聚力风险、技术风险等。这类风险和经营风险一样，固然有外部一些因素的影响，但它产生的根本原因还在机构自身。证券机构必须通过加强内部管理体制、提高作业人员素质等途径防范或减少管理风险。

1. 事务风险

事务风险指证券机构的从业人员在业务上、事务处理过程中，由于处理程序不完善、工作责任心不强等原因，发生事务处理失误而导致证券机构收益或信誉受损的风险。事务风险大致可以分类两类：传统意义上的狭义的事务风险与使用计算机后出现的电子数据处理风险。

2. 内保（内部保安工作）风险

内保风险指证券机构内部从业人员的违法犯罪活动造成的企业损失的不确定性，是从业人员明知有关法律法规，但在利益或其他某些因素的驱动下，或利用职务之便，或趁机构管理上的漏洞所进行的违法犯罪活动，即故意犯罪；另一种情况是经办人员或主管领导缺乏基本的法治观念，金融业务生疏，素质较差，或是自以为是地随意行动，违规甚至违法，最终形成金融案件或造成重大损失。

3. 凝聚力风险

凝聚力风险指由于人员尤其是骨干流失所引起的证券机构经营管理的不确定性。它通常表现为人员非正常流动、人心涣散、人心思走。

4. 技术风险

技术风险指因计算机系统或通信系统等业务所依赖的高技术设备出现故障而产生的风险。技术风险的主要表现有行情中断、通信线路中断、停电、数据丢失、病毒感染、机器故障、程序错误等。这些问题往往导致与市场的联系中断，无法显示即时行情，无法获取必要的资料数据，无法进行正常业务。

（三）市场风险

市场风险指与证券机构的经营息息相关，对证券机构有着直接影响，但机构本身对其无法控制，而只能预作防范的那些外部风险，包括经济风险、政策风险、系统风险。

1. 经济风险

经济风险指因国家经济状况的变化而引起的对证券机构经营损益的影响。这种经济状况变化是因国家经济政策的调整或社会经济周期性发展所引起的。它对证券机构的影响主要来自两个方面：一是因为宏观调控，银根松紧，或经济发展自身的变化对证券机构经营损益的直接影响；二是经济状况变化对发行体投资者等的影响而产生的对证券机构的间接影响。

2. 政策风险

政策风险指国家有关部门政策的变化对证券机构经营管理的直接影响。产生原因有主客观两个方面，其中客观原因是主要的。

3. 系统风险

系统风险指因证券市场交易、清算系统出现问题而造成的对证券机构的影响。这种影响主要来自两个方面：一是系统本身出现问题所引起的；二是组成系统的某一单位或某些单位出现问题所引起的。

（四）环境风险

环境风险指证券机构外部的非经济性风险。它主要包括政治风险、社会风险、自然风险。

1. 政治风险

政治风险指政治性原因而引起的证券机构经营上的不确定性。

2. 社会风险

社会风险主要指来自证券机构外部的（来自社会的）刑事类犯罪案件所

引起的风险。投资者股票账户上的股票被盗卖、证券公司的资金被抢劫等就属于这种风险。

3. 自然风险

自然风险指地震、火灾、水灾、台风等灾害给证券机构带来的风险。除用防灾设备等进行防范外，其他都无法避免，只能就预防这些灾害做些工作。

第二节 证券公司风险度量指标与方法

证券公司在经营过程中会遇到很多的风险，这些风险是可以得到有效预防与化解的。有效规避风险的前提之一就是要有高度精确的风险度量手段，本节的主要内容是分析证券公司风险度量的指标、预警系统及具体度量方法。

一、证券公司风险度量指标设定

（一）证券公司风险指标体系

证券公司风险规避的主要衡量指标体系主要有以下几点：

1. 资本充足性

资本充足性指标主要表现为资本充足率。
资本充足率＝资本总额（核心资本＋附属资本）/调整后的资产余额

2. 风险状况衡量指标

风险状况衡量指标有如下几项衡量标准：
（1）自营比率。
自营比率＝自营购入股票总额/股东权益
（2）自营证券盈亏比例。
自营证券盈亏比例＝自营持有证券账面额/自有持有证券市价
（3）资本周转率。
资本周转率＝平均日营业额/净资产

（4）营业分散率。

营业分散率＝成交总量/成交委托笔数

（5）透支比例。

透支比例＝投资者透支余额/资本总额

3. 经营管理衡量指标

在经营管理衡量指标中主要有如下几项衡量标准：

（1）营业费用率。

营业费用率＝营业费用/营业总收入

（2）成本率。

成本率＝总支出/总收入

（3）错账发生率。

错账发生率＝错账笔数/总成交笔数

4. 资产结构和流动性衡量指标

在资产结构和流动性衡量指标中主要有如下几项衡量指标：

（1）流动比率。

流动比率＝流动资产/流动负债

（2）固定资产比例。

固定资产比例＝固定资产/资产总额

（3）长期投资比例。

长期投资比例＝（长期投资余额－购买国债及政策性金融债余额）/资产总额

（4）存贷款比例。

存贷款比例＝贷款余额/存款余额

（5）拆入资金比例。

拆入资金比例＝金融机构拆放余额/核心资本余额

5. 获利能力指标

在获利能力指标中有如下几项衡量标准：

（1）资本盈利率。

资本盈利率＝税前纯利/股东权益

（2）税前纯利率。

税前纯利率＝税前纯利／营业收入

（3）总资产盈利率。

总资产盈利率＝税前纯利／资产总额

6. 凝聚力风险衡量指标

在凝聚力风险衡量指标中主要有如下几项衡量标准：

（1）人员流失比率。

人员流失比率＝流出人数／从业人员总数

（2）骨干流失比率。

骨干流失比率＝骨干流失人数／从业人员总数

7. 市场占有率衡量指标

在市场占有率衡量指标中主要有如下几项衡量标准：

（1）二级市场占有率。

二级市场占有率＝××年（月）交易额／当地（交易所）××年（月）交易总额

（2）一级市场占有率。

一级市场占有率＝××发行额／当地××发行总额

8. 人员素质衡量指标

在人员素质衡量指标中主要有如下几项衡量标准：

（1）文化素质。

文化素质＝大专以上职员人数／从业人员总数

（2）业务素质。

业务素质＝×级职称以上职员人数／从业人员总数

（3）违规人次比例。

违规人次比例＝违规人次／从业人员总数

（二）证券公司风险指标说明

在证券公司风险指标体系中，有如下需要说明之处：

（1）在对资产质量进行指标评估时，需对某种资产的风险大小、风险系数作出一个科学的确定。如"业务素质"中的×级，指高级、中级、初级。除了"违规人次比率"之外，规模较大的证券公司还可以增加"犯罪人数比例"这个指标。"一级市场占有率"中的××，可以是股票，也可以是国债、企业债券等商品。

（2）如果单纯从风险规避的角度来看，这个指标体系中较为重要的指标是资本充足率、自营比率、自营证券盈亏比例、透支比例、营业费用率、成本率、资本盈利率等。

（3）评估一家证券公司的资本充足性是一个复杂的过程，其中涉及很多的问题，包括：这家公司是否有足够的资本来承受因一次较大范围的市场冲击而遭受的损失、这家公司是否有足够的资本在其收入持续不佳的时候能维持自身的运营。

原有的资本与资产比例分析只是回答上述问题的一种方法，专家们提出了四种特殊的分析资本充足性的方法：

（1）现金资本。现金资本指公司在不能获得短期、无担保借款而又必须保证公司安全的情况下，所要筹集的股本和长期借款的数额。这种必要的长期融资数量是通过计算得到担保的贷款人将提供多大规模的贷款来决定的，这项贷款是以公司的某项资产为抵押的。在这种概念下，现金资本包括长期债务、股本、正常的应付贷款以及延期的税款，其中特别需要测定公司现金资本中股本所占的比重，在其他相同的情况下，超额的现金资本越多，在紧急时刻可能的保险程度越大。

（2）风险调整资本。这项资本的计算是以现金资本为基础的，加上源于公司市场风险、信用风险以及其他风险的资本需要。因此，具有较大市场偏好的公司就需要额外的资本，具有较大"商人银行"业务风险的公司也比没有这些风险的公司需要更多的资本，而具有强有力的、稳定的、多样化利润的公司所需的资本量就可以相应降低。

（3）经济资本。经济资本的计算以风险调整资本为基础，加上或减去公司隐藏的资产或负债（如低估或高估的"商人银行"投资业务），还要加上公司的特许权价值等项目。

（4）法定资本。这项资本往往在监管部门审查受监管实体的资本状况时才特别有用。不过一个受监管实体良好的法定资本状况并不一定意味着整个组织（甚至这个受监管实体本身）的资本就很充足。

当然，在各种情况下，公司所需要的资本——特别是股本的估计值是不同的；在这之后，需要将这些估计值同公司实际拥有的资本数量相比较。在条件相同的情况下，公司经过比较后剩余的资本越多，表明债权人得到的保护程度越大，因此，公司遭遇的风险程度越小。

此外，还需弄清楚公司如何把资本分配到各个经营方向上，因为这种分配不仅反映出管理人员对于所经营业务面临的各种风险的认识，而且反映了不同业务对公司战略的重要性。

证券行业具有很高的固定成本，而收入又是易变的，因此，证券公司的盈利水平具有内在的不稳定性。因为证券公司有这样的经营特点，所以有必要了解它们管理成本的情况，分析其固定成本与变动成本的组成、临界收入水平、奖金的作用以及预算的过程等项指标。

二、证券公司风险度量指标预警

（一）风险预警指标的选择原则

1. 代表性

风险预警系统所选指标在经济上要具有重要意义，反映经济运行的主要方面，并且具有同类指标的基本特征，能代表同类指标的变化趋势和对经济运行的影响。

2. 灵敏性

风险预警系统所选指标对经济运行过程的变化有灵敏的反映。

3. 全面性

风险预警系统所选指标涉及面要广，既要有企业内部的经济因素，又要包括企业外部环境影响；既要有综合指标、总体指标，又要有各环节的阶段性指标。

4. 稳定性

风险预警系统对所选指标的变化幅度划分变化状态后，其状态区间能够保持相对的稳定。

5. 可比性

风险预警系统所选指标要尽量选择现有的统计指标或其他指标，并能连续计算，使资料完整可比，能够连续观察经济运行变动。

（二）风险度量指标权重的确定

因为在风险预警系统中各评价指标对证券公司经营状况的反应能力有所

不同，所以要对其重要性加以区分。下面将运用层次分析法来确定各个指标的权重。

层次分析法由美国著名运筹学家 Sattay 教授于 20 世纪 80 年代提出，由于这种方法简洁、实用，现在已经被应用于一般多目标决策和多目标评估技术。层次分析法把复杂的问题分解成各个组成因素，并将这些因素按支配关系分组形成有序的递阶层次结构，通过两两比较的方法确定层次中诸因素的相对重要性，然后综合判断确定决策中相对重要性的总排序。这种方法通过建立判断矩阵的过程，将决策者对复杂系统的思维数量化。

1. 建立层次结构模型

在深入分析所面临的问题之后，将问题中所包含的因素划分为不同的层次，如目标层、准则层、方案层、措施层等。用框形图式说明层次的递阶结构与因素的从属关系。当某个层次包含的因素较多时（超过 9 个），可以将该层次进一步划分为若干子层次。

2. 构造判断矩阵

判断矩阵因素的值反映了人们对各因素相对重要性（或者优劣、偏好、强度等）的认识，一般采用 1—9 及其倒数的标度办法。当相互比较因素的重要性能够用具有实际意义的比值说明时，判断矩阵相应因素的值就可以取这个比值。

3. 层次单排序及其一致性检验

判断矩阵的特征问题的解，经规化后变为统一层次相应因素对于上层次某因素相对重要性的排序权值，这一过程就称为层次单排序。为进行层次单排序的一致性检验，需要计算一致指标，当一致性比率小于 0.10 时，认为单层次排序的结果有满意的一致性，否则需要调整判断矩阵的元素攻值。

4. 层次总排序及一致性检验

计算统一层次所有因素对于最高层（总目标）相对重要性的排序权值，称为层次总排序，这一过程是从最高层次到最低层次逐层进行的。层次总排序也是从高到低逐层进行的。

三、证券公司风险度量方法

(一) 监控预警指标的预测方法

1. 移动平均法

移动平均法是时间序列分析中的一种基本方法,即指从时间序列的第一项数值开始,按一定项数序时的平均数,逐项移动,边移动边平均。这样就可以得到一个由移动平均数构成的新的时间序列。这样处理可以避免奇异数据或者不规则因素对总的规律性的干扰。

移动平均法有一次移动平均、加权移动平均、修正移动平均和二次移动平均四种方法。移动平均法需要大量数据存储,没有较长时间的完整时间序列资料,就无法进行预测。另外,移动平均法不能及时反映时间序列的非线性急剧变化,而且它的分段数据项越多,反映就越迟钝,滞后偏差就越大。

2. 指数平滑法

指数平滑法是在移动平均法的基础上发展起来的一种预测方法,是移动平均法的改进形式。因为最近观察值包括了较多的未来情况的信息,所以必须相对比前期观察值有更大的权重。

指数平滑法又分为一次指数平滑法、二次指数平滑法、三次指数平滑法。指数平滑法预测的使用条件是假定过去存在的各种因素的影响,在今后将继续存在下去;指数平滑法对中长期的预测具有较大的偏差。另外,用平滑系数作为权值,对数据的波动做出的反映具有滞后性。

3. 灰色系统理论

灰色系统理论基于关联度收敛原理,生成数、灰倒数、灰微分方程等概念和方法,建立微分方程模型 CM 模型。有关经济指标在现实生活中摆动是普遍的,但是简单的灰色预测模型(GM 模型)不能反映摆动过程。虽然通过一定的方式,例如建立多次残差辨识的残差模型对原模型进行补充,但是计算过程比较复杂,计算量也大。

(二) 预警线和预警区域的划分法

为了更直观反映证券公司的波动态势,在构建一个或多个反映总体变动情况的综合动态监测、预警指数后，要进一步确定经济发展水平，如过热、适度、过冷的标准，即临界线。通过确定若干临界线，可以把经济循环过程划分为若干区间，这样有助于观察经济发展的动向，准备和采取相应对策。

监测、预警区间一般分为五个区间，即确定四条临界线较为合理，各区域分别定名为红灯区、黄灯区、绿灯区、浅蓝灯区和蓝灯区。其中红灯区和蓝灯区分报警区，前者表示经济已处于过热状态，必须立即采取紧缩措施；后者则表示经济已处于过冷状态，必须立即采取经济增长的政策。黄灯区表示经济趋热。短期内有过热或回落趋稳的可能，必须针对具体情况采取紧缩或促进政策；绿灯区则表示经济稳定，应该采取稳定发展的措施。具体划分方法有以下几种：

1. 经验判断法

经验判断法是根据经济发展变动的规律和人们实际经验，对较长时期的历史资料进行大量测算，并由专家做出判断而确定临界线的一种方法。这种方法，取历年经济高峰的平均值作为红灯区与黄灯区的临界线；取历年经济低谷的平均值作为浅蓝灯区与蓝灯区的临界线。从历年中选出若干经济比较稳定而又有一定增长的时期，并视此期间的各项措施的变动为正常变动，以此正常变动的上限作为黄灯区和绿灯区的临界线，以此正常变动的下限作为浅蓝灯区和绿灯区的临界线。

以上单项指标的临界线确定后，令指标落入红灯区、黄灯区、绿灯区、浅蓝灯区、蓝灯区分别取值为5、4、3、2、1分，加总得到综合动态监测预警指数的分数，分别取满分的85%、70%、45%、30%作为该指数的四条临界线。

2. 3σ法

在预警线和预警区域的划分方法上，应用较多的就是3σ法，即按时间序列值的标准差划分。预警线的确定方法以均值为中心，以均值加减若干倍的标准差为临界线。

由于时间序列中包含趋势性因素，所以均值和标准差应该是动态变化的，即随着时间的推移，较早时间点上的指标数值在现在和将来的预警中被舍弃。这种方法的缺陷是由于系统划分预警线、预警区域的数据都是评价单元自身的历史数据，所以该单元发展状况是否正常也只是相对于其历史发展趋势，如果该单元历史数据很糟，有可能出现指标预测值达到某一值时，预警系统发出过热警报,但相对于其投入该值,仅仅是正常的错误预警报告。

3.分阶段划分方法

将评价单元的指标数据与相对有效性较好的同类评价单元指标值比较,判断预警状态,具体步骤如下:

(1)选取同期同种类型的评价单元,计算投入-产出相对有效性;

(2)选取相对有效性大于0.85的单元,计算其各项预警指标的平均值;

(3)重复(1)、(2)两步工作,得到预警指标平均数时间序列;

(4)对平均数时间序列采用3σ法,划分预警线和预警区域。

第三节　证券公司风险规避策略

一、经营风险规避

证券公司经营风险是证券公司在日常经营过程中发生亏损的不确定性。[①]这类风险是证券公司在对外开展业务的过程中发生的,主动权在证券公司,造成这类风险的主要原因在公司本身。通常来说,证券公司可以通过正确的经营策略、科学的决策程序、一定的技术手段以及严格的企业管理制度,将这类风险降到最低。

(一)信用风险的规避

证券机构的信用风险目前主要存在于客户的透支方面,将来则主要存在于信用交易方面。对于信用风险规避的当务之急在于提高全体职员尤其是管理人员对透支所造成的信用风险的认识,切实加强对透支的管理,从各个环节杜绝透支现象的发生。

信用风险的规避措施主要包括事前、事中、事后分阶段管理;严格执行必要的规章制度。

1.事前审查

在信用交易开始前,认真分析客户的财务内容,收集其信用情报,对其进行详细调查。要对其投资计划、投资对象、投资手段、操作方式、资金用

---

① 徐子庆.证券公司风险管理研究[J].现代管理科学,2006(7):110-111.

途等进行严密审查，确认其偿还能力。

2. 融资（融券）的过程管理（中间管理）

融资（融券）开始后，要严密注意客户的动向。原则上，信用交易中每次融资或融券的时间不宜过长，一般应以一次行情的起落为限。重点应把握行情的基本走势，当市场呈现过热趋势时，应根据市场情况逐渐减少融资额度，以防止市场在大幅度上涨后暴跌而产生信用风险。金融期货交易则应根据规定，每天闭市后及时依据成交回报单进行资金清算。另外，应根据结算状况一览表等材料综合分析判断其所属的企业集团的动向，由审查部门与调查部门共同审议对其的分析结论。

3. 严格实施债权保全

证券公司有必要定期对担保物进行重新审核。例如，有价证券每月一次，不动产每两年左右一次。另外，对担保人的担保能力进行再确认，制定适当的债权管理基准及严格运用的制度等，这都是债权保全的审核要点。

4. 严格遵守相关规定

信用交易的具体操作部门应严格遵守融资的有关规定，制定切实可行的规章制度操作程序。例如，恰当地规定营业部经理和分公司经理的最大融资或融券额的批准权限，并对此权限由本部进行严格的审核；经常检查融资条件的遵守情况等。

5. 建立计算机支持系统

如今证券交易方式和品种呈现多样化、复杂化，故应该建立计算机系统的后备体制。系统主要包括顾客情报文件系统，情况的报告系统，财务分析系统，与担保评估、重新审核有关的系统，与分公司经理、营业中经理批准融资（融券）的具体内容、未处理的案件、融资（融券）期限管理等有关的系统；融资（融券）逾期呆滞情况的管理系统等。

6. 信用风险分层管理

分公司营业中的融资（融券）要有额度限制，而总公司持有最终的审查权限。调查部门等也应从宏观的、综合的、全局的角度进行分析。避免将融资过度集中于少数客户。此外，证券公司作为一个整体，要避免将融资过度集中于少数特定的客户,即分散风险的原则。

另外,证券公司在开发中小企业客户时,更应谨慎从事,因为中小企业的可参考资料更加有限,需要决策者在资料收集不充分的前提下做出分析判断。

(二)流动性风险的规避

具体来讲,流动性风险就是证券公司在资金的筹措和运用期限上失配,或发生没有预见的资金外流等,使流动性出现较大困难,而只能从市场上以比平常高得多的利率筹措资金的风险,即每天或短期的资金筹措出现问题的危险性。

确保流动性是金融机构支付能力与健全经营的标志。在进行风险规避时主要应把握资金筹措与运用在期限上的搭配、承诺型授信等方面可能出现的资金流出。

进行流动性风险规避的主要方法有资产分配法和按期分段法,流动性风险是资金筹措与运用的合同到期日为止的残存期间的失配情况。流动性风险只存在于短期资金长期运用的期限失配方面。

1. 资产分配法

资产分配法的核心内容是根据不同资金来源的流动性来决定资产的分配方向和分配比例,其方法是在资产和负债的具体项目之间,根据不同的流动性建立对应关系,流动性较高的资产主要安排到现金资产即第一线准备中,小部分作为第二线准备,其长期稳定的余额可以进行较长期的运用。流动性越低,资金运用就越偏向于长期运用。根据资产分配法,筹措来的资金按以下顺序分配到各类资产中:①金融机构业务活动所必需的不动产等固定资产;②现金、法定存款准备等第一线准备;③中央银行存款;④贷款;⑤长期有价证券。

但由于资产分配法过分优先考虑维持流动性,对债权管理的重要性则考虑不够,有时甚至以牺牲收益性为代价,所以现在只有一些规模很小的金融机构还在采用资产分配法进行管理。但是从流动性风险规避的角度来看,其基本出发点——将第一线准备的水平作为基础来考虑,仍为人们所接受。

2. 按期分段法

按期分段法是将合同到期日为止的残存期间各时间段的资产、负债进行区分，导入相应科目，制成图表，计算资金在筹措与运用的期限方面失配的情况，对流动性风险进行管理。这其中特别应注意的是表外科目的计算范围、无规定期限的流动性存款的处理、市场性有价证券的处理等。

（1）表外科目的计算应根据个别交易所存在的流动性风险程度，逐一进行判断。

（2）无规定期限的流动性存款的处理，在通常情况下认为不会减少存款余额，一般都录入按其分段表中的长期负债科目。但是如果考虑到由于某些原因可能使余额减少，也可以将其中的一部分作为短期负债来处理。

（3）市场性有价证券的处理，根据到期日为止的约定进行计算，但是因为其多少打点折扣即可直接在市场上售出，所以在处理上可以根据有价证券的商品性权重，乘以市价，然后将金额记入现金科目。

作为流动性风险的规避方法，在资金筹措方面，一般对短期资金超出的头寸设一定的限额。限额的具体设定则需要考虑各证券公司的资产及资本、市场动向而定。

（三）投资风险的规避

投资风险在规避过程中应该正确判断市场走势；制订正确的投资策略和周详的操作计划；建立一套必要的规章制度体系；选择一批具有良好素质的交易人员；加强审核监督体系。

1. 正确判断市场走势

投资风险规避首先涉及对市场走势的分析判断。趋势分析是风险管理的基础趋势，判断失误则是未起步已面临风险。

在分析证券市场发展趋势方面历来有两大派：基本分析派和技术分析派。前一种是对宏观方面的基本面的分析，后者则根据市场数据、盘面变化，从微观的技术面分析走势。基本分析比较适合中长期的走势，注重的是大的趋势；技术分析则比较适合短期的个股的变化。趋势分析的目的在于顺势操作，是控制风险和扩大收益的最根本策略。顺势操作时应注意以下问题：

（1）注意将基本分析和技术分析结合起来，以抓住行情趋势表现强烈或行情走势正在形成的机会。

（2）一旦所持有的证券形成有利的变化，不要对趋势变动频繁交易或试图从反趋势交易中获得倒差价利润。

（3）如果市场的逆向运动使头寸因此损失，此后市场如又恢复原有的走势，经详细分析后重新肯定第一次的市场判断，则应立即重新建立符合主趋势的头寸。

2. 制订适宜的总体投资策略、详细的具体操作计划

总体投资策略的制订应包括以下内容：

（1）本公司基本情况的分析。在对自身进行分析时应侧重于以下几点：①资金筹措、运用情况。根据资金量、成本期限、结构等因素测算可用于长期投资的资金量。②人员情况。包括优秀交易人员人数、心理素质、思想素质、各自的性格特点和工作作风。③风险的承受能力。风险的承受能力不仅包括资本金等方面的承受能力，也包括公司管理者甚至上层领导对风险的心理承受能力。

（2）根据市场情况分析和对本公司情况的分析，选择有效投资组合。有效投资组合是消除非系统风险的有效手段。

（3）制订周详、具体的操作计划。包括资金进入市场的时机、建仓策略、出货策略、操作方法、资金运作计划等。

3. 机构投资者的投资风险防范制度

机构投资者的规章制度包括以下几方面。

（1）交易有关的制度。包括每日闭市后的书面汇报、周报、月报制度，股市变动汇报制度，例会制度，分析会制度等。

（2）止损制度。在止损制度中，最重要的是止损点的设置及止损操作程序。设置止损点时，要根据交易部门以往的业绩、交易员的素质、管理人员的能力，以及公司对止损的心理容忍程度和资金承受能力综合考虑。内容包括自营部门整体止损点的设立、具体交易人员个体止损点的设置。止损点的设置还应考虑市场当时的情况，若市场处于虽有上升空间但是风险相对较高或个股有较大升幅时，止损点应设得高一点；若市场本身处于中期建仓安全区域或个股的收集阶段时，止损点可以适当放低。

（3）交易额度。交易额度是自营部门或交易人员所能动用的资金额度，应加以严格控制。

4. 交易人员的选择

在进行投资风险规避过程中，第一位的是选好交易人员。通常交易员应

具备三个基本素质。

（1）思想素质。包括严格的纪律观念、良好的思想品德、严谨的工作作风和认真的敬业态度等。

（2）业务素质。包括熟练掌握基本分析与技术分析的主要方法、证券投资的主要操作方法，并能灵活运用。

（3）心理素质。交易人员必须戒贪、戒怕、克服心理障碍，尤其在执行止损制度时，更需保持良好的心理状态。

5.审核与管理

在自营交易时，管理上稍有疏忽便会造成巨额亏损。投资一定要及时汇报，经常审核，从各个环节严加管理。

（四）汇率风险的规避

汇率风险的基本的规避原则是把外汇敞口头寸控制在一定范围内。汇率风险规避基本的考虑方法是以无论汇率如何变动都能灵活应付为前提。虽然汇率头寸是外汇运用与筹措的差额，但要使它能正确反映汇率风险，还必须注意与汇率头寸有关的交易范围、期权的处理方法等。

计算汇率头寸的交易范围，原则上包括表内及表外具有汇率风险的所有外币交易。同时，货币期权不是作为规避风险的手段而是作为投机工具，其交易相对活跃，故在风险规避过程中应特别注意，必须考虑其特殊的商品性质。

金融机构一般是设定对外汇敞口头寸的限额，进行风险规避。海外分支机构的外汇敞口头寸也应该结合在一起计算，或者由各分支机构分别进行管理。此外，海外分支机构的外汇敞口头寸都集中管理时，还有一个在什么时候计算外汇敞口头寸的问题。较理想的一个办法是，包括海外分支机构在内，整个集团的外汇敞口头寸都由本部以即时监控的方式进行管理。从风险角度来看，最理想的办法是按不同货币分别进行限额管理，至少也应该考虑到不同外币相互之间的敞口头寸的管理体制。

（五）利率风险的规避

利率风险可能由两种情况导致：一是资产与负债的利率修正时间不同，因利率变动而发生损失；二是因利率变动引起债券价格发生变动导致损失。在利率风险中，最大的风险是与资金交易有关的头寸失配。而在证券公司的国际业务部门，受利率风险影响的业务有掉期期权等表外业务。

比较流行通用的利率风险规避措施是实施资产负债综合管理（Asset Liability Management，ALM）。通常金融机构在避免因经济金融环境变化而发生的各种风险的同时，为达到降低资金筹措成本和收益最大化的目的时采用ALM。其实质是寻求风险的最小化和收益的最大化的最佳组合以适应金融自由化以来不断变化的环境。ALM的实际运营以不确定性的管理和风险的最小化为中心，因为确切预测将来的利率动向十分困难。实施ALM的主要目的有以下几点：

（1）规避并管理因金融自由化以来明显的各项经营风险；

（2）保证公司的稳健经营，确保收益增加；

（3）以利率预测为中心，对经营环境进行预测；

（4）对利率或时间的失配进行控制。

ALM的实施需要具备两个条件：一是的确有利率变动风险和流动性风险存在；二是的确有对解除风险所需手段的可能。而现实中证券公司实施ALM最大难点是避险手段太少，缺乏必要的选择余地。

二、管理风险规避

（一）事务风险规避

事务风险是一种证券公司以前就有的传统性的风险，与信用风险并列。

1. 证券公司狭义事务风险规避

证券公司进行事务处理的三要素是正确、迅速、规范。其中培养没有个性即整齐规范、素质均衡的所有一线从业人员是至为重要的。

证券机构内部应有井井有条的规章制度、工作手册等。制定的规章制度、工作程序要详细、具体。例如，顾客委托买卖证券申报时，应写清证券的品种、买还是卖、数量、价格、委托有效时间等；当客户申报后又要求更改时，一定要一丝不苟地执行规定程序。

随着金融自由化的进展、业务多样化的推进、计算机的引进，原有规章制度需要经常修改，所以证券公司应注意防止与实务操作脱节。规章制度的制订和编写必须尽量做到容易理解、容易利用、容易执行。

减少事务风险的另一个重要措施是保证本部对一线营业部门的指导体制完备；营业部门的负责人对一线柜台业务熟悉并高度重视。最后，对业务经营内容的事后审查十分重要,即内部检查作用。

2. 营业部财务管理

财务管理在事务风险规避中具有重要意义。营业部财务工作比较单纯,但资金流量大、涉及面广、资金进出频繁。加强营业部的财务管理,有利于对资金进行有效监控,及时发现诸如透支、错账等问题,防止保证金、备付金出现不足,争取主动。营业部的财务管理主要依靠财会人员,基本原则是既重视业务素质,也重视思想素质,同时还应重视他们的职业道德。

(1)提高财会人员业务水平。财务人员必须熟悉基本业务,掌握工作程序,熟记会计科目,每日打印资金账卡,整理客户交割单,登记交易额。另外,财务人员应根据本营业部的报表了解营业部的全部资金状况,做一些备忘录和比较报表,以便管理者更好地掌握情况。

(2)财务人员要与相关人员保持密切的联系。所谓相关人员包括前台开户的工作人员、输单员与红马甲、银行坐收人员和营业部经理。

3. 电子数据处理(EDP)风险与规避

事务风险的另一侧面是与计算机数据处理有关的风险。计算机的大规模应用给金融机构带来了新的风险。直接的手工操作比较容易发现账簿上的差错,计算机内的数据处理眼睛不易看见,而计算机一旦出现问题,事务处理就可能全部停止。计算机的数据处理时间按分秒计算,事务处理的速度快,一旦出现事务风险,影响速度快、范围广,有时甚至影响全国。EDP风险管理分三个方面。

(1)程序开发方面。计算机只是按照所接受的指令进行运作,所以EDP风险规避的要点是发给计算机的指令正确无误,开发的程序能直接不经过人也能进行正确审核,系统的开发通过正当手续进行,开发过程进行严格管理,测试充分。

(2)系统运用方面。具体来讲,接触计算机的人要各自分担职责,即程序员、操作员、库管理员等分别设立,数据的存取限定于各自分管的职责范围内。

(3)证券机构内部进行事后的EDP检查。这种做法不仅是为了及时发现运用方面存在的事故或违法行为,而且这种行动本身还具有违法犯罪事件的威慑效果。EDP检查分为计算机的周边检查与有效运用检查两种。

4. 现金、有价证券与现货交易的处理

现金交易的处理关键是对现金的严格管理。支票、票据等有价证券、账簿类、未发行的可转让存单、现金卡等处理要严格进行，保管余额与账簿余额要及时进行适当的审核。保管现货的金库与一般的书库、仓库等不同，锁的开闭、出入情况等要能够经常检查。

5. 特殊交易的处理

虽然证券机构对于那些事先制定的规章、手册内没有的交易没有必须进行的义务，由于与顾客之间长期的依赖关系等原因，有时证券机构也采取某些变通方式以满足这些顾客的特殊要求，这种交易称为"特殊交易"。对这种交易要给予特别的重视。对这类特例交易的管理，必须做到使各个经办人不能从终端机上直接输入情报数据，特例交易既然被认为是特殊的，那么应该建立一套体系，保证每一件交易都能由负责人进行事前审核。进行特例交易时，还应于事后立即按正常程序补办手续并建立记录簿，明确责任所在。对发生特例交易的原因要进行调查。要建立差错申报制度，出现差错必须如实、及时上报，在第一时间处理差错。

（二）内保风险规避

对于内保风险，大致有如下几种规避办法：

1. 制度保证

在这其中较为重要的有三种制度：

（1）岗位轮换制度。如此可以避免因此产生的内保风险，又可以较为容易地发现已经发生但是没有暴露的风险。

（2）相互制约制度。即不将处理一项业务的所有权力交给一个人，避免某人利用无人监督制约之便进行违法违规操作。

（3）回避制度。即不将有亲属关系的人安排在同一部门，更不能安排在相互制约的部门。

2. 暂收款、暂付款（应收、应付）科目的特殊作用

在证券公司出现违法违纪事件时，暂收款、暂付款常出现异常情况。公司对暂收款、暂付款、特别存款账目的动向应高度重视，经常审核，以防止

事故发生，或者在发生后能尽早解决。

3. 计算机犯罪的防范

在证券公司中，因为计算机的广泛应用，所以必须有防范犯罪和灾害的对策。在防范罪对策中，最重要的是要尽可能地防范与计算机无关的人员存取数据。一要采取措施将计算机室与外界隔离开来，二要对计算机室进行严格警卫，对入室人员要进行出入证暗号等"全同"审核；三要对计算机系统的操作实行"全同"审核，使无关人员即使进去也不能操作。

（三）凝聚力风险规避

凝聚力风险规避应该注意的在以下几点：人事管理的改革、创新；机构领导人的作用；企业文化建设和思想政治工作；企业的不断发展、壮大以及全体从业人员的团结奋斗等。

1. 人事管理的改革、创新

证券公司的人事管理要坚持以效定人、流动上岗、以才论人、择优聘任，从人事管理的各个环节把好关；对各类人才需求的预测，对现有及将来所需人员的储备、人员的合理配置、工资奖金管理。

另外，证券公司要注意人才的流动。人才的流动应是双向性的，也就是说，既有流出也有流入；在流动问题上，比数量更重要的是质量问题。人员流动的目的是通过流动调整人员结构，提高人员素质，减少因人员素质不高而产生风险的可能性。

2. 领导的作用

企业家要善于发现人才，吸引人才，使用人才，培养人才；要注意用人之长，避人之短；在关键岗位上需要安排最合适的人才，充分发挥骨干作用。决策层管理者的个人魅力是加强证券机构内部凝聚力的一个重要因素。证券公司领导者应该善于团结和关心下属；善于调动员工的积极主动性；以身作则；平易近人，谦虚好学；严于律己，宽以待人。

3. 企业文化建设与思想政治工作

企业文化是一个企业的灵魂。证券公司具有优秀的企业文化可以大大提高员工的向心力。对为一个成功的企业来说，其必须有特有的企业文化。证券公司的管理者必须重视企业文化建设，有意识地将日常的管理工作、经营活动与企业文化建设联系起来，利用各种机会、各种方式、各种手段对全体人员进行潜移默化的教育，形成本机构所特有的企业文化。证券公司的管理者要重视思想政治工作；使公司的规章制度必须和不懈的思想政治工作有机地结合起来；只有通过各种方式将全体从业人员都动员起来进行风险规避，才有可能将风险降到最低。

（四）技术风险规避

业务处理系统在证券公司的技术支持系统中是最主要的一部分。证券公司的业务处理系统应尽量采用比较成熟的系统，应该具有以下几个特点：

（1）功能完善、实用；

（2）安全性好；可有选择地对一些重要数据进行加密，界面也可以采取隐蔽的安全菜单形式；

（3）可维护性好；

（4）易于扩充，尽量采用模块化和结构化的程序设计方法；

（5）规范化；

（6）用户界面友好，操作简单方便，有丰富的联机帮助信息；

（7）安装过程自动化，操作系统能自动安装程序包括系统配置检查、文件和目录操作、卸载所安装的系统，用户可以方便地安装和拆除；

（8）严格的质量管理和质量保证措施。

（9）严格的阶段性产品更改及最后产品的版本更新管理，制订该系统的配置管理计划。

在证券公司技术系统中备份系统也是十分重要的，这在出现突发事件时可免公司受到致命打击。但是备份系统的构筑，服务器、线路及重要的软件等需要较高的成本。在计算机的硬件置办、软件开发购置、计算机系统发展等方面一定要慎重，要注意把好投入关，应该采取循序渐进的措施，根据实际需要逐步、及时投入。

三、市场风险规避

在证券公司的市场风险中，因为经济和政策风险对于证券公司而言在很大程度上是被动适应的过程，只有系统风险的规避较为客观现实，所以笔者在下面的内容中将着重对系统风险的规避进行阐述。

（一）系统风险规避

系统风险的规避在高度发达的支付清算系统中十分必要。在进行系统风险规避时应注重如下原则：

（1）分散风险。

所谓分散系统风险指尽可能地不将业务、资金集中于一个交易系统或者一个结算系统中。

（2）广泛搜集情报，及时掌握情况。

证券公司在进行系统风险规避时，应该密切注意市场交易情况、各种金融商品情况、交易对象的情况和系统资金的清算情况。

（3）加强计算机系统的管理，防止影响清算的意外事件发生。

（4）帮助系统管理者不断提高清算系统的可靠性。

（5）支持、监督系统管理者加强市场管理。管理者应该注意抑制未清算余额的持续增长等。

根据国外的经验，系统风险的规避措施应从技术上强化计算机通信线路，同时清算系统应设定安全网络，在系统内部抑制未清算余额的继续增长，以便能在风险现出时控制在最小限度。具体规避措施如下：

（1）差额法。这是直接抑制未清算余额累增的一种方法。这种方法对加入每个机构的交易业务所产生的纯受信额，按照一定的标准预先设定一个差额额度，纯受信额超过差额额度时，系统就会停止划款指令的发出。在拨款和进款平衡的情况下还能容忍差额累增，如果只是入款额增加，一旦该机构不能支付清算，就会给机构带来巨大的影响。

（2）缩短从交易到结算的时间。差额法当面对金融技术革新背景中的整体交易量增加时就不够有效了。所以，有必要将金融技术革新的成果引入支付结算系统，努力缩短从交易到结算的时间。

（3）同时履行清算，即交换支付。通过等价交易的同时履行，有可能抑制清算系统中出现的新的未结算余额。

（4）债务净额交易是一种压缩债权、债务的方法。这种方法指当A与B之间同一时期的债权、债务增加时，顺序将其对冲，使其变成更小的债权债务关系，这样可以使得未结算余额减少。

（二）经济、政策风险规避

经济风险指由国家经济状况的变化引起的对证券公司经营损益的影响。

经济状况的变化因国家经济政策的调整或者社会经济周期性发展引起。而政策风险指由国家有关部门政策变化对证券公司经营管理的直接影响。具体对于这两种风险的规避，证券公司应该设立经济政策战略研究室，由专家对国家的各种经济指数进行预测和分析，从而预测国家可能出现的宏观调控政策，做到未雨绸缪；其次，证券公司应该指定专人或者引导全员密切关注经济政策动向，在经营过程中加强业务平衡的操作，使得风险内部对冲；最后，证券公司应避免对政策过渡的敏感，不应该对国家的经济政策反应过度，并适度地建议客户正确地采取应对措施。

四、环境风险规避

（一）政治风险规避

对于证券公司来讲，政治风险属于不可分散的风险。当这种风险发生时，证券公司只能处于被动适应的境地。但是证券公司并不完全是全无对策的，可以采取一些办法缓解或减轻风险损失。

证券公司可以设立专门的信息情报的搜集和研究分析机构，针对外界信息情报做出较为准确的分析预测，未等风险发生就看出风险的先兆。通常的处理原则是保持冷静、准确地抓住机会，见机行事。

（二）社会风险规避

社会风险是随着社会治安状况的变化而逐步引起人们注意的。在采取风险防范措施时，从业人员和客户的生命安全是最重要的。大致原则是防范和应变。

1. 防范措施

（1）紧紧依靠专业队伍。保持与负责金融机构安全工作的有关机构和治安组织的密切联系，经常检查联系网络；配备精良的保安队伍和保安装备，选择优质的保安公司，加强营业场所的保安工作。

（2）建立内部的全员防范体制。具体包括以下几点：加强内部全体从业人员的防范意识，提高大家的警惕性；公司内部设置专职保卫部门，各营业部配备专职或兼职的保安人员；配备专用的设备，包括专用运钞车、防身武器、通信联络设备和防身装备等。安装内部报警系统，加固重要场所的防范性装修工程，并经常检查；建立专职人员与其他从业人员的配合体系。

（3）日常防范和重点防范相结合。在抓好日常防范的同时，更加注意节假日、夜晚等时间的防范。证券公司的防范工作一定要在内部扎扎实实地进行，并对外界进行宣传，以便起到防范作用。

（4）证券公司应注重防范诈骗。证券公司在业务活动方面，一定要严格按照规定的业务流程办事。对交易对象要做到心里有数，尤其对于第一次或者不熟悉的交易对象、外地的交易对象，一定注意要认真核对需要核对的票据、印鉴，必要时可以派人考察交易对象，通过当地的金融机构对交易对象的信誉进行调查核实。

另外，还要注意对投资者个人资料的保密。可以利用一些技术手段加强防范措施，如进行防伪处理、设置密码等。对刚刚开户的投资者马上抛售股票者要采取一定的措施。当风险发生时，应该冷静处理，确定风险发生的原因和责任，然后进行处理。

2. 应变措施

（1）加强宣传教育。

（2）制订预案。证券公司制订的预案应该能针对各种可能发生的突发事件，具有可操作性。

（3）对制订的预案进行演习，增强员工应付突发事件的能力。

（4）风险发生后，要注重保护现场，避免丢失重要线索和时机。

（三）自然风险规避

对于自然风险的防范，重点是在遭遇火灾、地震和水灾等自然灾害时较好地保护计算机设备和数据库。具体防范措施有以下几点：

（1）及时充实和补充计算机中心的防火、防震、防潮以及防水设备；

（2）安装火灾、漏水的预警系统及早期报警系统；

（3）采取防止机器设备因为地震而摔坏的措施；

（4）加强日常宣传教育；

（5）制订详细、可行的应急方案；

（6）经常对突发事件的应急措施进行演习。

第三章 证券发行、交易与上市规制

第一节 证券发行的重要规制及制度变革

一、证券发行概述

（一）证券发行的概念

从狭义上讲，证券发行指证券发行人、上市公司以募集资金为目的，向投资者出售代表一定财产权利的有价证券的活动。从广义上看，资本市场证券发行包括了股票、公司债券、可转换债券、政府债券（国债）、金融债券、证券投资基金份额、股票认购权证、金融期货、股票指数期货等全部证券及其衍生产品的发行活动。从《证券法》《公司法》所规范的证券发行范围来看，证券发行主要指股票、公司债券的发行。

（二）证券发行的分类

1. 公开发行和非公开发行

根据证券发行的对象不同，证券发行可以分为公开发行和非公开发行。

（1）公开发行。公开发行指发行人面向不特定的社会公众投资者进行的证券发行。有下列情形之一的，为公开发行：

①向不特定对象发行证券。

②向累计超过 200 人的特定对象发行证券。

③法律、行政法规规定的其他发行行为。

公开发行证券，必须符合法律、行政法规规定的条件，并依法报经国务院证券监督管理机构或国务院授权的部门核准；未经依法核准，任何单位和个人不得公开发行证券。

（2）非公开发行。非公开发行指向少数特定的投资者进行的证券发行，即向累计不超过 200 人的特定对象发行证券。非公开发行证券，不得采用广告、公开劝诱和变相公开方式。

2. 直接发行和间接发行

发行人要将证券卖给投资者，可以自己去卖，也可以通过某一个中介机构出售。发行人自己销售证券的行为称为直接发行，通过中介机构销售称为间接发行。其中，这个中介机构叫作承销人或承销商，即投资银行。投资银行既不投资，也不接受存款或发放贷款，它的功能是为证券发行充当中介人。

直接发行与间接发行之间并无绝对的优劣之分，选择哪一种取决于发行人自身是否具有广泛的销售网络和专业人才。一般情况下，发行人通过对发行成本的估算自行选择直接发行还是间接发行。《公司法》规定公开发行股票时由承销商承销，则非公开发行股票时可以直接发行的。

二、证券发行的重要规制

（一）股票公开发行的重要规制

1. 首次公开发行股票

根据中国证监会发布的《首次公开发行股票并上市管理办法》，在我国境内首次公开发行股票并上市的，应当符合《证券法》、《公司法》和该管理办法规定的发行条件，具体如下：

（1）发行人具备法定的主体资格。

①发行人应当是依法设立且合法存续的股份有限公司；有限责任公司依法变更为股份有限公司时，可以采取募集设立的方式公开发行股票。

②发行人自股份有限公司成立后，持续经营时间应当在 3 年以上，但经国务院批准的除外。

③发行人的注册资本已足额缴纳，出资财产的财产权转移手续已办理完毕，不存在重大权属纠纷。

④发行人的生产经营符合法律、行政法规和公司章程的规定，符合国家产业政策。

⑤发行人最近3年内主营业务以及董事和高级管理人员没有重大变化，实际控制人没有发生变更。

⑥发行人的股权清晰，控股股东和受控股股东、实际控制人支配的股东持有的发行人股份不存在重大权属纠纷。

（2）发行人具有独立性。发行人必须具有独立性，发行人必须具有完整的业务体系和直接面对市场独立经营的能力，表现为资产完整、人员独立、财务独立、机构独立和业务独立。

（3）发行人应当规范运行。公司的合规运行不仅要求合法，而且要求与监管规定和规则、行业标准、业务标准相一致。合规管理是公司风险管理的重要组成部分，主要包括以下几点：

①在组织机构方面，发行人依法建立了公司组织机关，公司组织机关能够依法履行职责。

②在内部制度方面，发行人内部控制制度健全并被有效执行，能够合理保证财务报告的可靠性、生产经营的合法性、营运的效率与效果。

③在管理人员方面，发行人董事、监事和高级管理人员知晓自己的义务和责任，不存在禁止进入证券市场、遭受证券交易所公开谴责以及涉嫌违法违规的情形。

④在公司运行方面，不存在违法发行证券、严重违反经济管理法规、虚假陈述和严重损害投资者利益与公共利益的情形。

⑤在资金运用和担保方面，建立了严格的资金管理制度和对外担保审议制度，不存在未控股股东、实际控制人和其控制的其他企业进行违规担保的情形，不存在控股股东、实际控制人和其控制的其他企业占用发行人资金的情形。

（4）良好的财务与会计。公开发行股票要求发行人资产质量良好、资产负债结构合理、盈利能力较强，具体包括以下几点：

①净利润指标。最近3个会计年度净利润均为正数且累计超过人民币3000万元。

②现金流量净额指标。最近3个会计年度经营活动产生的现金流量净额累计超过人民币5000万元；或者最近3个会计年度营业收入累计超过人民

币 3 亿元。

③股本总额指标。发行前股本总额不少于人民币 3000 万元。

④无形资产指标。最近一期末无形资产（扣除土地使用权、水面养殖权和采矿权等后）占净资产比例不高于 20%。

⑤亏损弥补指标。最近一期末不存在未弥补亏损。

（5）募集资金的运用。公司发行股票募集到的资金原则上应当用于主营业务。[①] 除金融企业外，募集资金使用项目不得为持有交易性金融资产和可供出售的金融资产、借予他人、委托理财等财务性投资，不得直接或间接投资于以买卖有价证券为主要业务的公司。

2. 上市公司发行股票

上市公司发行股票又称为"再融资"。上市公司指其股票在证券交易所上市交易的股份有限公司。《证券法》规定了增发新股的一般条件。证监会发布的《上市公司证券发行管理办法》具体规定了上市公司发行股票、可转换公司债券以及其他证券的条件和程序。

（1）再融资的一般条件。再融资的主要方式包括增发新股、配售股份、非公开发行新股。

发行人增发新股、配售股份以及非公开发行新股时，必须遵守再融资的基本条件。法律法规和规章对此进行特别规定的，也应当同时符合一般条件和特殊条件。

再融资的一般要求如下：

①健全的组织机构。上市公司的组织机构健全、运行良好，即符合"规范运行"的标准，包括以下几点：a. 公司章程合法、有效；b. 公司组织机构制度健全；c. 公司内部控制制度健全、完整、合理、有效；d）. 现任董事、监事和高级管理人员具备任职资格，与控股股东或者实际控制人的人员、资产、财务分开，机构、业务独立等诸多要求。

②可持续的盈利能力。上市公司盈利能力具有可持续性，包括：a. 最近 3 个会计年度连续盈利；b. 业务和盈利来源相对稳定；c. 现有主营业务或投资方向能够可持续发展；d. 高级管理人员和核心技术人员稳定；e. 公司重要资产、核心技术或其他重大权益的取得合法；f. 不存在可能严重影响公司持续经营的担保、诉讼、仲裁或其他重大事项。

---

① 文维虎. 浅议股份公司股票发行中的几个问题 [J]. 西南金融，1993（10）：32.

③良好的财务状况。上市公司的财务状况良好，包括：a.会计基础工作规范符合国家统一会计制度；b.最近3年及最近一期财务报表未被注册会计师出具保留意见、否定意见或无法表示意见的审计报告；c.资产质量良好，经营成果真实，现金流量正常；d.最近3年以现金或股票方式累计分配的利润不少于最近3年实现的年均可分配利润的20%。

④真实的会计记录。上市公司最近36个月内财务会计文件无虚假记载，不存在重大违法行为，如未受到证监会的行政处罚或者受到刑事处罚，违反工商、税务、土地、环保、海关法律、行政法规或规章情节严重并受到行政处罚。

⑤合法合规的资金筹集。上市公司募集资金的数额和使用应当符合规定。如募集资金数额不得超过项目需要量，募集资金用途符合国家产业政策和有关环境保护、土地管理等法律和行政法规的规定，不会与控股股东或实际控制人产生同业竞争或影响公司生产经营的独立性，建立募集资金专属储蓄制度。

（2）增发新股。

增发新股是上市公司向不特定对象再次公开发行股份的行为。除前述一般条件外，还应符合下列特别条件：

①净资产收益率。最近3个会计年度平均净资产收益率不低于6%。

②财务管理。除金融类企业外，最近一期末不存在持有金额较大的交易性金融资产和可供出售的金融资产、贷予他人款项、委托理财等财务性投资的情形。

③发行价格。发行价格应不低于公告招股意向书前20个交易日公司股票均价或前一个交易日的均价。

（3）配售股份。

配售股份是上市公司向原股东发行股票。根据《上市公司证券发行管理办法》的规定，上市公司向原股东配售股份，应当满足下列特别条件：

①配售数量。拟配售股份数量不超过本次配售股份前股份总额的30%。

②控股股东之配售承诺。控股股东应当在股东大会召开前公开承诺认配股份的数量；控股股东不履行认配股份的承诺，或者代销期限届满，原股东认购股票的数量未达到拟配售数量70%的，发行人应当按照发行价并加算银行同期存款利息返还已经认购的股东。

③配售方式。配售股份应采用《证券法》规定的代销方式发行。

3. 公积金和利润转增股份

资本公积金转增股本以及分配股票权利，是上市公司广泛采用的增加股本的方式。资本公积金转增股本，指股份有限公司动用资本公积金，向公司现有股东分派股份；分配股票权利，指股份有限公司通过分配股票权利，向公司股东分配利润。

（1）资本公积金转增股本。资本公积金转增股本在实践中被称为"送股"。资本公积金属于股东权益的组成部分，由公司股东按照所持股份的比例享有。公司动用资本公积金向股东送股，在财务上将减少资本公积金数额、扩大公司的股本总额，但不影响公司净资产和股东权益。

（2）分配股票股利。股票权利、现金权利和实物权利是公司分配利润的三种主要方式。公司弥补亏损和提取公积金后所余税后利润，股份有限公司按照股东持有的股份比例分配，但股份有限公司章程规定不按持股比例分配的除外。股份有限公司以分派股票的方式分配公司利润的，即为分配股票权利。

分配股票权利不影响公司的净资产，但将增加公司的股本总额，是公司向原股东发行股票的特殊情况。如果公司股东人数超过 200 人，股份有限公司分配股票权利便应当视为股票的公开发行。

（二）公司债券发行的重要规制

1. 发行公司债券的一般条件

（1）《证券法》规定的一般条件。根据《证券法》第 16 条规定，公开发行公司债券，应当符合下列条件：

①净资产条件。股份有限公司的净资产不低于人民币 3000 万元，有限责任公司的净资产不低于人民币 6000 万元。在《公司法》上，净资产等于总资产减去总负债，即为资产负债表所记载的股东权益。公司净资产由公司股本、公积金和未分配利润三部分组成。

②债券余额条件。公司累计债券余额不超过公司净资产的 40%。按照公司债券余额和净资产额之间的比例，限制公司债券的发行总额，有助于保障公司到期还本付息的能力，这也是国外《公司法》采取的通常做法。

③可分配利润条件。公司最近 3 年平均可分配利润足以支付公司债券 1 年的利息。可分配利润指从公司税后利润提取公积金以后剩余的金额。

④筹集资金用途条件。公司筹集的资金用途应当符合发行公司债券时的国家产业政策。

⑤债券利率条件。公司债券的利率不超过国务院限定的利率水平。国务院发布的《企业债券管理条例》第 18 条规定，企业债券的利率不得高于银行同期居民储蓄定期存款利率的 40%。

⑥募集资金用途。公开发行公司债券筹集的资金，必须用于核准的用途，不得用于弥补亏损和非生产性支出。《企业债券管理条例》规定，企业发行债券所筹集资金，不得用于房地产买卖、股票买卖和期货交易等与本企业生产经营无关的风险性投资。

（2）证券公司发行公司证券的特别条件。证券公司发行公司债券，应当根据《证券公司债券管理暂行办法》的规定，报经证监会批准。证券公司公开发行债券应当符合以下条件：

①发行人为综合类债券公司；

②最近一期期末经审计的净资产不低于人民币 10 亿元；

③各项风险监控指标符合证监会的有关规定；

④最近 2 年内未发生重大违法违规行为；

⑤具有健全的股东会、董事会运作机制及有效的内部管理制度，具备适当的业务隔离和内部控制技术支持系统；

⑥资本为被具有实际控制权的自然人、法人或其他组织及其关联人占用；

⑦证监会规定的其他条件。

2. 可转换公司债券的发行和转换条件

可转换公司债券是特殊类型的公司债券，可以按照约定的期限与比例转化为发行公司的股票。可转换公司债券可以再分类为普通的可转换公司债券和分离交易的可转换公司债券。

（1）可转换公司债券的发行条件

《证券法》和《公司法》规定，上市公司经股东大会决议，可以发行可转换为股票的公司债券，并在公司债券募集办法中规定具体的转换办法。发行行为除应当符合公开发行债券的一般条件外，还应当符合《证券法》关于公开发行股票的条件，并报国务院证券监督管理机构核准。发行可转换为股票的公司债券，应当在债券上标明可转换公司债券字样，并在公司债券存根簿上载明可转换公司债券的数额。具体而言，根据《上市公司证券发行管理办法》，公开发行可转换公司债券的，应当符合以下条件：

①首先应符合证券发行的一般条件。

②盈利条件。最近3个会计年度内平均净资产收益率不低于6%。扣除非经常损益后的净利润与扣除前的净利润相比，以低者作为加权平均净资产收益率的计算依据。

③债券余额条件。本次发行后累计公司债券余额，不超过最近一期期末公司净资产额的40%。

④可分配利润。最近3个会计年度实现的年均可分配利润不少于公司债券1年的利息。

⑤债券利率。可转换公司债券的利率由发行人和主承销商协商确定，但必须符合国家有关政策。

⑥债券期限。可转换公司债券的期限最短为1年，最长为6年。

⑦债券担保。发行可转换公司债券的，应当提供担保，最近一期期末经审计的净资产不低于人民币15亿元的公司除外。

提供担保的，应当为全额担保，担保范围包括债券的本金及利息、违约金、损害赔偿金和实现债权的费用。

以保证方式提供担保的，应当为连带责任担保，且保证人最近一期经审计的净资产额应不低于其累计对外担保的金额。证券公司或上市公司不得作为发行可转债的担保人，但上市商业银行除外。

设定抵押或质押的，抵押或质押财产的估值应不低于担保金额。估值应经有资格的资产评估机构评估。

⑧资信评级：公开发行可转换公司债券，应当委托具有资格的资信评级机构进行信用评级和跟踪评级。资信评级机构每年至少公告一次跟踪评级报告。

（2）可转换公司债券转换为股份。可转换公司债券的持有人，根据募集说明书约定的转换期限和转换价格，有权将所持有的可转换公司债券转换为发行人股票。可转换债券的核心特征是"持有人有权选择债券转换为股票"。《公司法》第162条规定："发行可转换为股票的公司债券的，公司应当按照其转换办法向债券持有人换发股票，但债券持有人对转换股票或者不转换股票有选择权。"

同时，发行人也有权按照约定条款赎回已发行的公司债券，实际阻止债券持有人的转换请求权。

①转换期限。可转换公司债券自发行结束后6个月内，方可转换为公司

股票。具体转换期限根据可转换公司债券的存续期限及公司财务状况，由发行人确定。

②转换价格。转换价格由募集说明书事先约定，是可转换公司债券转换为每股股份所支付的价格。转换价格具有波动性：a. 转换价格应不低于募集说明书公告前 20 个交易日该发行人股票的交易均价以及前一交易日的均价；b. 募集说明书应当约定转换价格的调整原则及方式。由于股本变动及分红派息引起上市公司股份变动的，应当调整转换价格。

③阻止转换。根据《上市公司证券发行管理办法》的规定，募集说明书可以约定如下条款：a 赎回条款，即规定上市公司可按事先约定的条件和价格赎回尚未转股的可转换公司债券；b. 回售条款，规定债券持有人可按事先约定的条件和价格将所持债券回售给上市公司。募集说明书还应当约定，上市公司改变公告的募集资金用途的，赋予债券持有人一次回售的权利。

3. 分离交易的可转换公司债券

分离交易的可转换公司债券是将认股权证从附有认股权证的可转换债券中分离出来的债券结构。根据《上市公司证券发行管理办法》的规定，上市公司公开发行认股权和债券分离交易的可转换公司债券，公司债券和认股权证分别符合证券交易所上市条件的，应当分别上市交易。

（1）发行条件。发行分离交易的可转换公司债券，除符合《上市公司证券发行管理办法》关于发行证券的一般规定外，还应当符合下列规定：

①公司最近一期末经审计的净资产不低于人民币 15 亿元；

②最近 3 个会计年度实现的年均可分配利润不少于公司债券 1 年的利息；

③最近 3 个会计年度经营活动产生的现金流量净额平均不少于公司债券 1 年的利息，最近 3 个会计年度加权平均净资产收益率平均不低于 6% 的公司除外；

④本次发行后累计公司债券余额不超过最近一期末净资产额的 40%，预计所附认股权全部行权后募集的资金总量不超过拟发行公司债券金额；

⑤分离交易的可转换公司债券的期限最短为 1 年。

（2）公司债券与认股权证的分离。分离交易的可转换公司债券实现了公司债券与认股权证的分离，成为相互联系又相互独立的证券类型，实际上已转换为公司债券和认股权证分别上市交易。根据《上市公司证券发行管理办法》的规定，债券的面值、利率、信用评级、偿还本息、债权保护以及发行人提供担保的，适用《上市公司证券发行管理办法》关于可转换债券的规定。

已分离的认股权证，属于延伸证券，是认股权持有人按照事先约定的行权价格、期限、比例等要素，购买发行人股票的选择权。购买发行人股票的选择权，应当符合《上市公司证券发行管理办法》的如下特别规定：

①行权价格。认股权证的行权价格应不低于公告募集说明书日前20个交易日公司股票均价和前1个交易日的均价。

②存续期限。认股权证的存续期间不超过公司债券的期限，自发行结束之日起不少于6个月。募集说明书公告的权证存续期限不得调整。

③行权期限。认股权证自发行结束至少已满6个月起方可行权，行权期间为存续期限届满前的一段期间，或者是存续期限内的特定交易日。

（三）证券投资基金发行的重要规制

证券投资基金的发行也叫基金的募集，它指基金的申报获得中国证监会批准后，基金管理人利用其自身的直销网点和符合条件的销售代理人的营业网点向投资人首次销售基金份。①

1. 证券投资基金的设立程序

投资基金的性质不同，其设立程序也不完全相同。

（1）封闭式投资基金的设立程序。投资基金是由基金发起人发起设立的。根据《证券投资基金管理暂行办法》的规定，在我国发起人申请设立基金，一般要完成以下工作：

①确立基金发起人，拟订基金方案。基金管理公司在基金成立后一般要成为基金的管理人。因此，往往有基金管理公司作为主要发起人。然后，在证券公司或信托公司等符合条件的机构或法人中寻找其他发起人，共同发起设立基金。发起人确立后，要签订发起人协议，界定相互间的权利与义务关系，并拟订该基金的总体方案和相关文件。

②提交设立基金的相关文件。申请设立封闭式基金时，基金发起人应向监管机构提交设立基金的相关文件。根据我国有关规定，需要提交的文件主要有申请报告、发起人协议、基金契约、托管协议、招募说明书、发起人财务报告、法律意见书等。

③监管机构的审核和批准。中国证监会收到文件后对基金发起人资格、

---

① 程骏俊. 浅谈证券投资基金的运作[J]. 新财经（理论版），2013（6）：61.

基金管理人资格、基金托管人资格以及基金契约、托管协议、招募说明书以及上报资料的完整性、准确性进行审核，如果符合有关标准，在规定的期间内，则正式下文批准基金发起人公开发行基金。否则就不予批准。

④基金发起人收到中国证监会的批文后，于发行前3天公布招募说明书，并公告具体的发行方案。

⑤基金管理公司代表基金发起人在监管机构指定的报刊上刊登发行公告、招募说明书和基金契约等文件，同时，进行路演等一系列的推介活动。

⑥基金开始发行期间，通过证券营业所网点和商业银行代销渠道，向投资人发售基金单位。封闭式基金的募集期限为3个月，自该基金批准之日起计算。

发行期结束后，基金管理人不得动用已募集的资金进行投资，应将发行期间募集的资金划入验资账户，由有资格的机构和个人进行验资。封闭式基金自批准之日起3个月内募集的资金超过该基金批准规模的80%的，该基金方可成立。封闭式基金募集期满时，其所募集的资金少于该基金批准规模80%的，该基金不得成立。基金发起人必须承担基金募集费用，已募集的资金并加计银行活期存款利息必须在30天内退还基金认购人。

（2）开放式投资基金的设立程序。

①基金申报。基金管理公司组织申报材料并上报中国证监会。申报材料的主要内容有申请报告、基金契约、托管协议、招募说明书、代销协议、基金管理人董事会决议、发行方案、基金管理人财务报告、代销机构情况说明、基金注册登记机构相关情况说明、法律意见书、附加参考材料等。

②证监会审核。中国证监会正式受理申报材料，并由相关业务部门进行审核。同时根据基金从业人员资格管理的有关规定，对基金管理公司的高级管理人员和拟任基金经理最近一年内执业操守情况进行检查。

③专家评议。中国证监会在基金发行设立审核过程中，实行专家咨询委员会（以下简称"咨询委员会"）评议制度，有关咨询意见供基金管理公司及其相关当事人和中国证监会参考。咨询委员会的委员由中国证监会从熟悉证券投资基金运作的境内外专家中临时聘请。咨询委员会根据国家有关法律、法规和相关国际惯例，审阅基金发行设立申报材料，并重点就基金治理结构、相关当事人内部合规控制制度基金品种设计方案、有关基金发行工作的组织方案等内容提出咨询意见。咨询委员会会议在业务部门审核工作结束后召开。

④批准通过。中国证监会自正式受理基金发行设立申报材料之日起60

个工作日内（不包括相关当事人修改、补充申报材料的时间）做出批准、暂停审核或者不予批准的决定。决定批准的，出具批复文件；暂停审核或不予批准的，书面通知基金管理公司，并说明理由。对暂停审核的，在暂停审核的情形消除后，中国证监会做出恢复审核的决定，并书面通知基金管理公司。基金管理公司有义务将相关通知内容告知相关当事人。

2.证券投资基金的设立条件

（1）基金发起人的条件。在我国，投资基金的设立，必须经中国证券监督管理委员会审查批准。申请设立投资基金，基金发起人须同时具备下列条件：①主要发起人为按照国家有关规定设立的证券公司、信托公司、基金管理公司；②每个发起人的实收资本不少于3亿元，主要发起人有3年以上从事证券投资经验、连续盈利的记录，但是基金管理公司除外；③发起人、基金托管人、基金管理人有健全的组织机构和管理制度，财务状况良好，经营行为规范；④基金托管人、基金管理人有符合要求的营业场所、安全防范设施和与业务有关的其他设施；⑤中国证监会规定的其他条件。

开放式基金由基金管理人设立，申请设立开放式基金，除应当遵守上述第3、4、5项的规定外，还应当具备下列条件：①必须在人才和技术设施上能够保证每周至少一次向投资者公布基金资产净值和申购、赎回价格；②有明确、合法、合理的投资方向；③有明确的基金组织形式和运作方式；④基金托管人、基金管理人近一年内无重大违法、违规行为。

在我国，投资基金的设立，必须经中国证券监督管理委员会审查批准。申请设立投资基金，基金发起人须同时具备下列条件：①主要发起人为按照国家有关规定设立的证券公司、信托公司、基金管理公司；②每个发起人的实收资本不少于3亿元，主要发起人有3年以上从事证券投资经验、连续盈利的记录，但是基金管理公司除外；③发起人、基金托管人、基金管理人有健全的组织机构和管理制度，财务状况良好，经营行为规范；④基金托管人、基金管理人有符合要求的营业场所、安全防范设施和与业务有关的其他设施；⑤中国证监会规定的其他条件。

开放式基金由基金管理人设立，申请设立开放式基金，除应当遵守上述第3、4、5项的规定外，还应当具备下列条件：①必须在人才和技术设施上能够保证每周至少一次向投资者公布基金资产净值和申购、赎回价格；②有明确、合法、合理的投资方向；③有明确的基金组织形式和运作方式；④基金托管人、基金管理人近一年内无重大违法、违规行为。

（2）基金管理人的条件。基金管理人是基金资产的管理者和运用者，基金收益的好坏取决于基金管理人管理运用基金资产的水平，因此必须对基金管理人的任职资格做出严格限定，才能保护投资者的利益，只有具备一定条件的机构才能担任基金管理人。各个国家或地区对基金管理人的任职资格有不同的规定，一般而言，申请成为基金管理人的机构要依照本国或本地区的有关证券投资信托法规，经政府有关主管部门审核批准后，方可取得基金管理人的资格，审核内容包括基金管理公司是否具有一定的资本实力及良好的信誉，是否具备经营、运作基金的硬件条件（如固定的场所和必要的设施等）、专门的人才及明确的基金管理计划等。在美国，基金管理公司必须经SEC核准。

我国法规对基金管理人的资格条件进行了严格的限定。主要有拟设立的基金管理公司的最低实收资本为1 000万元、有明确可行的基金管理计划、有合格的基金管理人才等。

（3）基金托管人的条件。基金托管人的作用决定了它对所托管的基金承担着重要的法律及行政责任，因此，有必要对托管人的资格做出明确规定。概括地说，基金托管人应该是完全独立于基金管理机构、具有一定的经济实力、实收资本达到相当规模、具有行业信誉的金融机构。

《中华人民共和国证券投资基金法》以下简称《证券投资基金法》规定，基金托管人由依法设立并取得基金托管资格的商业银行担任。

申请取得基金托管资格，应当具备下列条件，并经国务院证券监督管理机构和国务院银行业监督管理机构核准：①净资产和资本充足率符合有关规定；②设有专门的基金托管部门；③取得基金从业资格的专职人员达到法定人数；④有安全保管基金财产的条件；⑤有安全高效的清算、交割系统；⑥有符合要求的营业场所、安全防范设施和与基金托管业务有关的其他设施；⑦有完善的内部稽核监控制度和风险控制制度；⑧法律、行政法规规定的和经国务院批准的国务院证券监督管理机构、国务院银行业监督管理机构规定的其他条件。

3. 证券投资基金的发行方式

证券投资基金的发行方式指基金募集资金的具体办法。在国外，常见的投资基金发行方式有四种：①直接销售发行。直接销售方式指投资基金不通过任何专门的销售部门直接销售给投资者的销售办法。②包销方式。包销方式指投资基金由经纪人按基金的资产净值买入，然后再以公开销售价格转卖给投资人，从中赚取买卖差价的销售办法。③销售集团方式。销售集团方式指由包销人牵头组成几个销售集团，基金由各销售集团的经纪人代销，包销人支付给每个经纪人一定的销售费用的销售方式。④计划公司方式。计划公司方式指在基金销售过程中，有一公司在基金销售集团和投资人之间充当中间销售人，以使基金能以分期付款的方式销售出去的方式。

（1）开放式基金发行方式。在我国，根据《证券投资基金管理暂行办法》和《开放式证券投资基金试点办法》的规定，开放式基金以公开募集的方式发行。在基金管理公司的直销网点和与基金管理公司建立代理销售关系的银行和证券公司的指定营业网点向投资人公开发行。

（2）封闭式基金发行方式。从 1998 年到 2001 年，因为投资者认购踊跃，所以封闭式基金的发行实际采用了"比例配售"的方式。投资者在认购基金单位时，须开设证券交易账户或基金交易账户，在指定的发行时间内通过证券交易网点以公布的价格和符合规定的申购数量进行申购。在申购结束后，按照申购的总数和发行的数量对所有的申购进行配号抽签，决定中签的申购号码，只有中签的投资者才能认购到基金。自 2002 年开始，封闭式基金发行困难，投资者认购不踊跃，故实际采用"敞开发售"的方式。

从发行渠道看，封闭式基金有网上发行和网下发行两种方式。前者指通过证券营业网点发售；后者指通过证券营业网点以外的渠道如商业银行进行发售。在实际操作中，还采用网上发行和网下发行相结合的方式。在该种方式下，也采用"回拨机制"调换两种渠道的销售额度和比例。

我国《证券投资基金管理暂行办法》规定，封闭式基金只能采取公募发行的方式。所谓公募发行指以公开的形式向不特定的社会公众发行基金的方式。发行的对象包括个人投资者和机构投资者，即合法的投资者都可以认购基金单位。公募发行可以采取包销、代销和自销三种方式，其中包销和代销需要券商等中介机构来经销基金。

4.证券投资基金的发行价格

基金证券的发行价格指投资者购买基金证券的单价。封闭式投资基金发行价格由两方面构成：一部分是基金的面值，一般为人民币 1.00 元；另一部分是基金的发行费用，包括律师费、会计师费等，一般为人民币 0.01 元。计算总额为每份基金单位发行价格 1.01 元。根据有关规定，发行费用在扣减基金发行中的会计师事务所费、律师费、发行公告费、材料制作费、上网发行费等后的余额要计入基金资产。封闭式基金发行期满后一般都申请上市交易，因此，封闭式投资基金又有交易价格。它的交易价格和股票价格的表现形式一样，可以分为开盘价、收盘价、最高价、最低价、成交价等。

开放式投资基金的发行价格由单位基金资产净值加一定的认购手续费用构成。其中，单位基金净值，在发行期为基金面值，人民币1.00元；认购费用是投资人在认购基金时由投资人支付的一次性费用。此认购费用如在认购时支付，则称为前端收费；如在赎回时支付，则称为后端收费。后端收费一般随持有期而消减；对某些基金而言，若持有期超出一定期限，后端收费可以免除。根据《开放式证券投资基金试点办法》规定，认购费率不得超过申购金额的5%。开放式基金的价格以单位基金资产净值为计价基础。

5. 证券投资基金的发行期限

根据《开放式证券投资基金试点办法》的规定，基金管理人应当自开放式基金设立申请获得批准之日起6个月内进行设立募集；超过6个月尚未开始设立募集的，原申请内容如有实质性改变，应当向中国证监会报告；原申请内容没有实质性改变的，应当向中国证监会备案；开放式基金的设立募集期限不得超过3个月，设立募集期限自招募说明书公告之日起计算。

根据我国的有关法律，封闭式基金的发行期限是自该基金批准之日起3个月。自该基金被批准之日算起，其所募集的资金要超过批准规模的80%，最低募集资金不少于2亿元，该基金方可成立，否则不得成立，基金发起人必须承担基金募集费用，已募集的资金并加计银行活期存款利息必须在30天内退还基金认购人。

（四）公开发行证券的审核规则

1. 证券发行的审核规则

中国证券发行的审核以实质审查为原则。证券监管部门核准、审批证券发行申请时，还必须依法遵守以下具体规则：

（1）报送文件应当符合法律规定。发行人向监管机构提出证券发行申请的，应当严格遵守法定的信息披露准则。发行人向国务院证券监督管理机构或者国务院授权的部门报送的证券发行申请文件，必须做到真实、准确、完整。为证券发行出具有关文件的证券服务机构和人员，必须严格履行法定职责，保证其所出具文件的真实性、准确性和完整性。

（2）审核机关依照法定条件审核。不同的证券类型其发行审核条件各不相同，审核机关要依照法定条件进行审核。

（3）审核机关按照法定文件以及格式进行审核。

（4）审核程序应当遵守法定的审核期限。国务院证券监督管理机构或者国务院授权的部门应当自受理证券发行申请文件之日起3个月内作出决定。不予核准的，应说明理由。

（5）核准程序应当公开并依法接受监督。为预防串通和腐败，核准程序必须保持公开，接受公众的监督。参与审核和核准股票发行申请的人员，不得与发行申请人有利害关系，不得直接或者间接接受发行申请人的馈赠，不得持有所核准的发行申请的股票，不得私下与发行申请人进行接触。

国务院证券监督管理机构依法制定的规章、规则和监督管理工作制度应当公开；国务院证券监督管理机构依据调查结果，对证券违法行为做出的处罚决定，应当公开。

2. 证券发行审核的法律后果

（1）确认发行人在形式上具备了发行条件。审核的基本任务是审核申请人之发行条件与法定条件之间的一致性，尽力消除劣质证券的发行。当然，审核机关同样有权审查发行申请的实质内容。但审核机关做出核准决定，至少意味着报送文件解释的内容符合法定的发行条件，申请人在形式上具备了发行条件。

（2）确认债券发行之程序合法。公开发行证券，必须符合法律、行政法规规定的条件，这是最基本的要求。未经法定机关核准，擅自公开或者变相公开发行证券的，应承担相应法律责任。由此可见，是否获得审核机关的核准意见是判定证券发行合法与否的前提。

（3）奠定发行人和投资者自担风险的基础。股票依法发行后，发行人经营与收益的变化，由发行人自行负责；由此变化引致的投资风险，由投资者自行负责。审核机关做出统一核准的决定，只表明审核机关确认了报送文件与法定条件的一致性，审核机关不对发行人或投资者未来经营和收益状况提供担保，证券交易中的风险始终由发行人和投资者等市场主体承担。

（4）证券发行批准的撤销。在法律规定了两种特殊情形下，证券发行批准可被依法撤销。根据《证券法》第26条的规定，国务院证券监督管理机构或者国务院授权的部门对已做出的核准证券发行的决定，发现不符合法定条件或者法定程序时有权决定：

①对于尚未发行的证券，予以撤销，停止发行；

②已经发行尚未上市的证券，撤销发行核准决定。

撤销后，发行人应当按照发行价并加算银行同期存款利息返还证券持有人。

在责任承担上，依照该条的规定，保荐人应当与发行人承担连带责任，但是能够证明自己没有过错的除外；发行人的控股股东、实际控制人有过错的，应当与发行人承担连带责任。这两类主体均存在承担过错责任的问题，判断过错的标准，对保荐人来说应当是是否履行了尽职调查义务；对控制人来说，应当适用《公司法》上公司人格否认制度。在举证责任上，保荐人被推定为过错，其举证责任倒置；发行人的控制人的过错由原告证明。

三、证券发行注册制与其在我国的推进路径

党的十八届三中全中提出要推进"股票发行的注册制改革"，从而为我国证券发行制度的改革确立了方向。随后，中国证监会在新股发行意见中指出，必须进一步推进新股发行体制改革，厘清和理顺新股发行过程中政府与市场的关系，这标志着新一轮新股发行体制改革的启动。随着我国资本市场的发展与完善，证券发行由核准制向注册制过渡成为大势所趋，证券发行必须坚持市场化、法治化的原则。

（一）证券发行注册制的基本内涵

证券发行注册制是指证券发行申请人依照监管机构的要求，将与发行证券有关的信息资料公开披露，提交监管机构审查，监管机构只对发行人是否履行披露义务做判断，其余的实质性条件一律不予干涉的监管制度。只要证券发行人能够把与发行证券相关的信息资料公开披露，并保证信息资料的真实、合法、有效、全面，就能获得监管机构的通过。①

注册制的优势主要有以下几点：

（1）可以降低企业融资门槛，提升入市效率。注册制以严格的信息披露制度为核心，只要发行人披露的信息全面、合法、真实、有效，就可以发行证券。

（2）重新界定证券监管机构定位和职能。在核准制下，政府只做事后监管，把应当由市场管的还给市场，有利于消除腐败，促进发行市场健康发展。

---

① 张舒涵.我国证券发行注册制改革思考[J].合作经济与科技，2021（19）：56-57.

（3）注册制大浪淘沙，强调市场机制，会自动淘汰掉不合格的企业，有利于激励企业不断创新，提升自身竞争力，同时会达到保护投资者利益的目的，强调信息披露，投资者会根据企业披露的信息做价值判断，对于披露虚假信息的企业将会是严重的打击。

（二）我国证券发行注册制的推进路径

基于我国资本市场已经打下的基础条件，结合我国经济发展阶段特点和法制的现实条件，进一步探索并形成我国特色的注册制，应该是今后我国资本市场改革的基本目标。结合目前的资本市场改革实践，注册制推进的路径可以进行如下规划：

1. 逐步扩大注册制的实施范围

鉴于我国资本市场建立的历史背景以及未来的使命，核准制在我国资本短缺的一定时期内，对助力我国快速实现工业化发挥了不可估量的作用。目前，我国已经成为全球制造业产业门类最全的国家，传统产业空间有限；同时，人口城市化和人口受教育的水平都有了显著的提升。这些条件使我国初步具备了构建创新型社会的条件，引入注册制变革资本市场制度的条件正在形成。

2019年上半年，我国在上交所设立了科创板，在发行准入上引入了注册制，开始了注册制实施的试点，一年来的运行情况良好，目前正在对深交所创业板进行注册制改革。加快推进资本市场注册制改革，顺应了经济转型对资本市场变革的需要。为了使注册制改革能够最终成为推动新经济发展的引擎，应该在试点过程中持续规划和完善，并逐渐形成中国特色的注册制。

资本市场具有服务宏观经济的职能要求，现阶段和今后一定时期内，核准制和注册制将同时存在，这首先要求我们能够处理好二者关系。今后一段时间应该允许传统行业企业仍适用核准制上市，但明确注册制首先适用于科技、创新类企业发行上市。为此，应鼓励科技、创新类企业，按照注册制的规范发行上市，除了要求按照注册制的规范全面公开披露信息，还应该在注册阶段对其科技、创新能力和商业模式等设置指引性要求。比如，在具有一定规模经营主业或价值创造的基础上，明确连续两年以上研发投入不低于营业收入的一定比例，或者持续两年研发投入达到一定的规模，并形成具备价值创造的知识产权，并且能够持续扩大研发投入；拥有的科研人员（占全员的比重）、科研能力指标，应该达到一定的规定要求；企业所在行业，特别是细分行业满足未来国家经济发展和产业进步的方向要求；等等。对于商业模式创新的企业依照注册制发行上市，应该像港交所那样对其进行持续经营的"适宜性"进行评价。

在扩大注册制实施范围后，通过对配套制度的改革，逐步形成适合中国法制特色的注册制规范体系。为了统一市场机制，应适时将注册制下的规范适用于核准制上市的企业和板块，最终在条件成熟时，使国内资本市场全面过渡到注册制。

2. 界定中国特色注册制的内涵与框架

注册制发端于美国，美国的经济制度社会法治环境与我国有很大差异。这就决定了中国特色注册制既不可能完全照搬美国经验，又不能无视我国的法制基础和市场环境。美国的注册制目前的做法是，发行人在满足交易所上市条件的情况下，向证监会（SEC）申请注册，注册成功即可发行。美国几个交易所的上市条件一般包括以下几点：发行人最近一年的税前收入、净资产、公众持股数量、股东人数、股东最低持股数、发行人市值等。除此之外，交易所和SEC并不对发行人做行业限制，也不进行价值判断。因此美国注册制是一种在全面信息披露制度的要求下，严格遵循市场选择的发行上市制度。正是因为交易所设定了较低的上市条件，在尊重市场选择的情况下，因信息披露违法遭受监管处罚退市以及被市场自然淘汰退市比例极高，这样的市场化确保了在市场上留下的都是能够持续创造价值的公司。

根据我国在科创板试点的总结可知，中国特色的注册制特点通过下列规定表现出来：我国《证券法》第九条的规定，"公开发行证券，必须符合法律、行政法规规定的条件，并依法报经国务院证券监督管理机构或者国务院授权的部门注册"。这是我国证券公开发行注册制推行的法律依据。《科创板首次公开发行股票注册管理办法（试行）》（以下简称《注册办法》）第三条规定，发行人应当符合科创板的定位，面向世界科技前沿、面向经济主战场、面向国家重大需求，优先支持符合国家战略，拥有关键核心技术，科技创新能力突出，主要依靠核心技术开展生产经营，具有稳定商业模式，市场高度认可，社会形象良好，具有较强成长性的企业。另据《注册办法》第十、十一、十二、十三条规定，发行人是持续经营三年以上的股份公司；会计工作规范、财务报表编制符合《会计准则》和信息披露的规范要求，能公允反映财务状况、经营成果和现金流量、内控制度健全；业务完整，具有独立和持续经营能力，生产经营合法合规，符合国家产业政策。

《注册办法》第四条还规定，在符合发行条件、上市条件和信息披露要求的情况下，由交易所进行发行审核，并报监管部门履行发行注册程序；第八条规定，监管部门同意注册，不代表价值判断。

由此可见，我国目前在注册制的试行阶段，采取的是"限方向、有条件并存在一定的行政审查的注册制"。具体地说，就是交易所为注册制设立的板块本身存在一定的价值导向；《注册办法》设定的上市条件可以理解为监管部门结合"国家意志"设定的条件，当然这种条件也反映了资本市场的本质要求；注册审查主要是审查信息披露的规范性和全面性。这样的注册制虽然还体现了一定的国家意志和行政审查的特点，但这是与我国"成文法"的法制阶段性特点相适应的。同核准制由行政审查判断发行上市主体的价值不同的是，我国试行的注册制总体上坚持了由市场判断价值的基本导向。

根据美国"普通法"制度下注册制的演进历史以及域外其他地区注册制的实践，结合我国目前的经济社会发展阶段和法制特点，应该对我国特色注册制的具体制度内涵、实施范围、配套制度和保障制度改革做出如下规划：

一是明确规范全面信息披露制度的内涵。资本市场是特殊的商事领域，基于诚实信用等商事基本原则的全面信息披露制度是上市公司进入资本市场的基本前提。美国1933年《证券法》之144A条款规定了上架注册制度的基本信息披露规范，1934年《证券交易法》对上市公司相关义务人员及市场参与各方做了详细的规定，鉴于美国是以判例法为主的国家，监管部门无需以列举的方式规范上市公司信息披露义务的内容和范围。我国是成文法制度，虽然我们有《证券法》《上市公司信息披露管理规定》以及交易所的配套规定等，但是资本市场不断发生的持续大量违法违规事件仍然比较多，实际上，信息披露的主导权仍然被披露义务方所控制。根据"有效市场"理论，应该结合现有的法制条件，在进一步推进注册制的过程中，对"全面信息披露"做出详细的界定。具体说来，应该对信息披露义务人、信息披露的时点、信息披露的范围、信息披露的有效方式、信息披露的日常监管制度、违反信息披露规则的义务承担等，做出全面详细的规定。另外，应该通过鼓励投资者保护机构设立，鼓励律师代理公益诉讼、规范法院判决等方式，引进司法强制力对信息披露义务进行监督，使"全面信息披露"义务成为上市公司及其他义务人的强制义务。

二是结合科创板试点和创业板的注册制转换明确注册制的适用范围。目前科创板已经吸纳了上百家企业通过注册制发行上市，监管部门在把握"国家意志"的基础上明确创业板注册制对申请注册发行采用"负面清单"的原则。为了在注册审核过程中把住发行主体的准入关口，应根据试点的经验明确选择科技类新兴产业的创新型企业，允许这类企业在具备条件下按照注册制发行上市。对适用注册制上市的企业进行必要的标准限定，这些标准应该包括企业所属产业的后续潜力（市场空间）、科技先进性（在营收具备价值创造准备条件的前提下，研发投入占营收的比重）、企业人力资源中科技类人员结构及人力资源构成状况、企业知识产权形成的能力和已有的基础（拥有专利等知识产权的数量和价值）。在财务指标方面，应强调营收的基础而淡化既往营业收入规模和既往利润指标。这些标准中，一定要突出要求研发投入指标和适应市场未来需求（非现实市场销售）的信息，还要注重对企业控制权的稳定和治理结构规范性的要求。

从过去的情况来看，核准制注重企业的历史，这显然有弊端，最大的问题是不少企业上市后难以实现持续的稳健增长，使资本市场难以吸纳并培育代表未来经济方向的优质成长企业，不利于资本市场竞争力的形成。首先用"向前看"思维在科创板、创业板等推行注册制，普遍吸纳科技、创新类新兴企业通过注册制进入资本市场，是资本市场理念的转换，这种转换体现了创新型社会到来对资本市场的本质要求，有利于构建活力强劲、富有竞争力的资本市场。当然，人们应该看到，新兴产业领域的科技、创新类企业普遍人员科技素质高、自我发展能力强，容易形成治理结构规范的内部管理体系，这类企业生命周期长，业务成长空间大，通过注册制将它们吸纳进资本市场，有利于真正实现科技与全社会资本的持续融合，最终使我国实现向创新型社会转变。

三是规范市场二级流通和交易制度。我国目前的资本市场各项流通和交易制度都是按照早期核准制的背景来制定的，科创板设立时进行了一些改革。但目前发行上市前的原始股流通受到很大的限制、一级市场与二级市场基本处于分割状态，这样就使得市场出现一些畸形的问题，突出表现在这样几个方面：一是新公司股票发行后较长一段时间，流通受限股比例大，且除了有限的融券制度外，个股做空机制缺失，使公司市场定价不真实，市场价格波动剧烈；二是一、二级市场的分割导致普遍逢新必炒，助长市场投机之风；三是涨跌停板机制的存在使得公司股价很容易为大资金操控，导致了市场交易环节的不公现象。这些制度长期存在，客观上使公司股价市场波动范围过大，个股市场波动风险难以预期，与"有效市场"还有差距。在注册制进一步推进的过程中，应该借鉴成熟市场的做法，改革不利于市场定价和平稳发展的流通制度、交易制度，如引入规范的"做空机制"等，使实施注册制的市场真正成为一个

"有效市场"，这样才能发挥资本市场对投融资的真实导向作用。

四是完善投资者损失赔偿救济机制。投资损害赔偿机制是资本市场重要的制度保障。在信息充分全面披露的情况下，"买者自负"是市场基本的原则。但现实中，上市公司常在信息披露方面存在虚假陈述、重大遗漏以及误导性陈述等表现，投资者据此交易会遭受非正常损失。为了确保信息披露的欺诈行为受到应有的惩罚，在司法救济制度方面，必须建立与注册制实施相适应的投资者损失司法救济制度。鉴于信息披露欺诈的受害人往往人数众多，应该确立证券信息欺诈的集团诉讼制度。但我国目前法院受理此类案件的集团诉讼仍然受限，并且目前只能受理因虚假陈述引起的证券投资损失赔偿案件，前提还必须是监管部门行政监管立案后进行了虚假陈述的认定。显然，需要尽快确立投资者因信息披露欺诈而遭受投资损失的赔偿司法救济制度，如此才能及时有效保证"全面信息披露"制度能够真正得到遵从。

五是加大对虚假披露信息的违法犯罪惩罚力度。道德风险永远是金融市场第一位的风险，诚实信用原则是资本市场的基本原则。证券市场信息披露的违法犯罪破坏的是资本市场道德底线，更破坏了金融市场的基本生态。只有让信息披露欺诈行为付出的代价远远超过违法所得，才能从根本上形成惩罚效应，震慑信息披露违法犯罪，进而从根本上减少甚至杜绝上市公司信息披露的违法犯罪，提高上市公司质量。新修订的《证券法》虽然加大了违法犯罪的惩处力度，但是对欺诈发行、尚未发行证券的，规定对发行人处以 200 万元以上 2000 万元以下的罚款，已经发行证券的，处非法所募资金金额 10% 以上 1 倍以下的罚款，这样的处罚力度能否达到阻止"好人变坏"的目的，还需要市场验证。

六是严格规范退市机制。注册制要持续成为资本市场的有效制度，除了解决发行准入外，还应该严格规范并实施退市机制，实现有进有出，靠市场机制的有效运转实现资源向优势企业集中。不符合市场选择标准的或者欺诈发行的企业、发行后不能高效使用资本的企业、严重违反资本市场基本法律制度的企业，应该及时被清理出市场。邓舒文、晋田（2019）的研究表明，美国注册制实施的高效率，在绝对意义上讲，靠的是严格的退市制度。美国纽交所和纳斯达克市场上，在 20 世纪 90 年代，总共有 6500 多家公司上市，退市的超过 5300 多家，整体退市率达到 82%，实际上，美国 25000 多家上市公司持续上市时间的中位数仅为 90 个月，绝大多数美国上市公司因为被合并或者不适应市场而遭到淘汰，美国上市公司中的前 4% 完成了整个市场 20 世纪 90 年代以来全部的价值创造。一大批科技巨头和行业龙头公司正是在这样的市场选择下发展壮大的，形成了资本市场的价值创造主体。可见，注册制发挥作用的一个重要前提就是建立适应市场自主选择的退市制度。

在长期实行的核准制下，我国资本市场基本缺乏制度化的退市规范，只有一些政策性的规范。过去，《公司法》对上市公司暂停上市等有一些规范。2019年年底通过的新《证券法》取消了对退市的具体规定，改由交易所进行规范，这一措施明确体现了市场化导向的退市制度改革目标。交易所作为市场营运主体，既要制定具体的退市规则，又要执行退市规定，这就必须严格遵循市场化逻辑，坚决排除各种利益干扰，制定一套满足市场选择的退市规则，并确保得到实施。市场化的退市规则应该包括这些内涵：信息披露重大违法直接退市、内控及治理混乱坚决退市、不符合市场选择方向引导退市、固定时限内市值不达标技术性退市等。应该明确，市场化的退市机制对依据核准制上市的企业同样适用。

总之，市场化退市制度是注册制有效实施的保证。市场化退市制度的目标就是要最终由市场选择具有价值创造能力的企业留下，这样才能保证资本市场具有充分竞争力，最终促进社会融资向直接融资转化。①

3. 适时建立注册制要求的民事司法保障体系

资本市场是现代经济市场体系的最高中心。资本市场的公平正义除了需要本身的法律和基本制度规制其运行，并以有效的监管执法作为保障之外，还需要行之有效的民事司法保障制度。这三个方面的制度构成资本市场正义保障的总体框架。但目前，我国资本市场司法保障制度总体上还比较滞后，对公开上市公司因信息披露造成投资者损失的诉讼救济制度适用范围相当有限，仅仅针对因虚假陈述造成投资者损失赔偿的问题确立了可操作的诉讼规定，而且要求证券监管部门对"虚假陈述"先行通过监管执法认定，并且没有针对因信息披露义务人"误导性陈述"和"重大遗漏"而给投资者造成损失的诉讼救济机制。

因此，近年来经济学和法律界学者对注册制实施的司法保障机制建立，进行了大量的研究。为了确保注册制能够有效持续推进，应该尽快建立与之相适应的司法保障体系。鉴于投资者的分散性、现有虚假陈述损失赔偿救济诉讼周期太长等原因，建议借鉴美国的证券司法制度，引进证券信息披露违

---

① 冯锐，周林彬.证券发行注册制改革：法经济学分析与路径选择[J].财经问题研究，2016（7）：19-24.

法的"公益诉讼机制"。为此,需要设立证券投资者权益保护机构,由保护机构接受投资者授权并以自己的名义发起维权诉讼,这样能大大提高投资者因信息披露义务人的违法行为造成损失的赔偿救济效率。张俊(2015)对此进行了操作层面上的研究,这一制度不仅适用于信息披露违法救济,而且适用于因内幕交易、恶意操纵等违法事件造成的投资者损失赔偿救济。

4. 构建与注册制相适应的立体监管体制

在强化证监会行政监管地位的前提下,应该进一步加强行政授权交易所监管、市场及协会自律监管。美国注册制的成功,与其与时俱进的有效监管机制密不可分。推进注册制改革,必须审视并改革相应的监管制度。资本市场是社会储蓄转化为资本的高端市场,根据"代理人"监管理论,监管制度设计首要目的是有效保护投资人的利益,为此,应借鉴美国资本市场的监管经验,强化证监会的行政监管职能,从资金保障、市场具体监管规则制定的法律授权、人员配置、执法权限等方面给予有力保障。行政监管在执法时,可以引进各种有益的社会监督机制,对监管进行强化。

在资本市场进行注册制改革,最迫切的是要逐步构建有利于注册制改革的市场监管机制。因此还应在强化行政力量监管的前提下,强化交易所的一线监管职能,建立并强化上市公司协会自律监管,提高监管效率。

对资本市场来说,根据监管的主体来分类,可以分为行政监管和自律监管;根据监管的手段来分类,可以分为法律监管和道德监管;如果从国家制度化的秩序管理角度来看,又分为行政监管、司法监管和市场自律监管。为了推进注册制的进一步实施,有必要结合我国当前的法治环境,通过深入研究,构建有利于注册制功能发挥的立体监管体系。

资本市场是实现资本配置的平台,更是资本持续形成的场所和机制。为了实现社会融资模式逐渐由间接融资模式向直接融资模式转化,必须刷新资本市场理念,加快推进注册制改革,激发资本市场的活力,促进社会创新的形成;伴随着工业化的推进,核准制的长期实施使我国资本市场得以形成,而注册制的实施则会是我国资本市场发展的新起点。注册制的本质是在全面信息披露的前提下,由市场决定资本的配置。为实现资本市场注册制改革的目标,应该根据我国当前的经济发展和法制现状,围绕全面信息披露制度本质的要求,不断进行各方面配套制度的改革,才能构建高效、诚信的资本市场,从而提高资本市场国际竞争能力。

第二节 证券交易风险规制及制度创新

一、证券交易概述

(一) 证券交易的概念

证券交易指当事人之间在法定交易场所,按照特定交易规则,对依法发行并交付的证券进行买卖的行为。证券交易是以证券为标的的,交易行为应当符合《证券法》规定的证券交易规则,《证券法》没有特别规定的,还应遵守《公司法》有关规定。

(二) 证券交易的主要类型

证券交易的早期形式是现货交易,随着资本市场的发展和成熟,已呈现出"从低级向高级、从简单向复杂、从单一向复合"的发展趋势。证券交易形式主要包括现货交易、信用交易、期货交易和期权交易等交易形式。

1. 现货交易

现货交易指交易双方在成交后,即时清算交割证券和价款。现货交易的双方,分别为持券待售者和持币待购者。在证券现货交易中,成交和交割之间,必然存在一定的时间间隔。考虑到证券交易所和证券公司处理财务事宜(包括准备证券交收和处理往来款项)需要合理的时间,法律允许证券交易所具体规定成交和交割的时间间隔,我国目前采取 T+1 交割规则。在现货交易中,出卖人必须持有证券,购买人必须持有货币,成交日期与交割日期相对比较接近,交割风险较低。现货交易是安全程度较高的交易形式,也是我国证券交易采取的主要形式。

2. 期货交易

期货交易,与现货交易相对应,可以包括远期交易,具有以下特点:

①期货交易对象不是证券本身,而是期货合约。期货合约,是在未来购买或者卖出并交割证券的合约。期货合约由交易所制定,属于标准合约。根据期货合约,一方当事人应当在交割期限内,向持有期货合约的另一方交付期货合约指定数量的金融资产。

②期货合约期限通常比较长。有些金融资产的期货合约期限可能长达数

月，甚至一年。在合约期限来临前，期货合约持有人可依照公开市场价格向他人出售期货合约，转让期货合约项下的权利，以避免在交割日期来临时交付金融资产。

③证券交易所制订标准期货合约时，要参考期货合约项下证券资产的当时市场价格。在期货合约期限内，证券资产的实物价格会发生变动，但在交割证券资产时，期货价格已接近于期货合约项下实物资产的一般市场价格。

期货交易具有预先成交、定期交割和价格独立的特点，交易双方在达成期货合同时，通常无意等到指定日期来临时实际交割证券资产，而是在买进期货合约后的适当时机，再行卖出期货合约，以谋取利益或者减少损失，从而出现"多头交易"和"空头交易"。多头交易与空头交易，是在对期货价格走势不同判断的基础上所进行交易的称谓，都属于低买高卖、借此谋利的交易行为。

在期货合约期限届满前，有一段交割期限。在该期限内，期货合约持有人有权要求对方向其交割证券资产。证券交易所为保持信誉和交割安全性，不仅要提供担保，而且要求交割方存入需要交割的证券或者金钱。

3. 期权交易

期权交易，指当事人为了获得证券市场价格波动带来的利益，约定在一定时间内，以特定价格买进或者卖出指定证券，或者放弃买进或卖出指定证券。期权交易是以期权作为交易标的的交易形式的，分为看涨期权和看跌期权。根据看涨期权，期权持有人有权在未来某一确定时间，以某一事先确定的价格，购买一定数量的标的资产即有价证券；期权出卖方应在到期日向对方卖出标的资产。根据看跌期权，期权持有人有权在某一确定的时间，以某一事先确定的价格出售标的资产，期权买入方有义务依此价格买入标的资产。根据期权交易规则，看涨期权持有人可以在确定的日期购买证券实物资产，也可在到期日时放弃购买证券资产；看跌期权持有人，可以在确定日期出售证券实物资产，也可拒绝出售证券资产而支付保证金。在本质上，期权交易属于选择权交易。

4. 信用交易

信用交易是投资者自己提供保证金并申请取得经纪人信用，在买进证券时由经纪人提供贷款，在卖出证券时由经纪人贷给证券而进行的交易。信用交易有以下几个特点：①信用交易是保证金交易；②信用交易须有融资或者融券的内容；③信用交易是证券交易所依法创设的证券交易形式。此外，按照信用提供者的身份，信用交易还可分为经纪人提供信用以及证券金融公司提供信用两种。前者是投资者直接与经纪人进行融资融券，后者是投资者向专业证券金融公司融资融券，投资者并据此进行信用交易。

（三）证券交易制度的内涵

证券市场的交易制度指证券交易价格形成与发现的机制，具体体现为交易得以实现的市场架构、规则和制度。证券市场的交易制度有时也被称为交易机制（Trading Mechanism）、市场模式（Market Model）或市场微观结构（Market Micro Structure）。证券市场的交易制度主要包括以下七个方面的内容：

第一，价格形成方式。价格形成方式有时也称为市场类型（Market Type）或市场模式。价格形成方式指在证券市场中，能够使投资者的供给与需求相互匹配，并最终达成交易意向的方式。

第二，价格形成机制的特殊方面。如市场的开盘、收盘制度和开收盘价格的确定机制，大宗交易的价格确定机制等。

第三，订单形式。订单是投资者下达的买进或卖出证券的指令。从国际证券市场实践看，订单形式多种多样，如限价订单、市价订单、止损订单、限价转市价订单、全额即时订单、非全额即时订单、全额非即时订单、冰山订单等。

无论是报价驱动的市场，还是订单驱动的市场，订单均是必不可少的。在报价驱动的市场，订单由投资者下达给经纪商，由经纪商代理投资者处理该订单以便于做市商交易。在订单驱动的市场，投资者的订单通过经纪商直接送达市场的撮合系统（通常是电脑撮合主机），由市场的撮合系统进行处理和决定匹配与否。

市场在处理大量投资者的订单时，必须依据一定的原则（如价格优先、时间优先）对订单进行排序，这些原则即订单优先原则。订单优先原则也是订单以及价格形成机制中的一项重要内容。市场在处理大量投资者的订单时，必须依据一定的原则（如价格优先、时间优先）对订单进行排序，这些原则即订单优先原则。订单优先原则也是订单以及价格形成机制中的一项重要内容。

第四，交易离散构件。在理论上，交易（包括交易时间、交易价格和交易数量）可以是连续的，但现实中并非如此。那些使交易价格和交易数量不能连续的制度被称为交易离散构件（Discreetness）。交易离散构件主要是两个方面，即最小报价档位与最小交易单位。最小报价档位规定了买卖报价必须遵循的最小报价变化幅度（如 0.01 元、1/32 美元等），从而限制了价格的连续性。最小交易单位通常也称为交易的整手数量，即订单不能低于该数量（低于该数量的订单称为零股订单，其交易方法与整手订单通常不一样），最小交易单位限制了交易数量的连续性。

第五，价格监控机制。价格监控机制也称为价格稳定机制，指使市场波动平滑、价格稳定、有序的一系列措施，如断路器措施、涨跌幅限制、最大报价档位等。

第六，交易信息披露。交易信息披露是证券市场交易的另一个重要环节，也是形成公平、合理的价格必不可少的一环。交易信息披露包括交易前披露和交易后披露两个方面，前者主要是订单和报价信息的披露，后者主要是已成交信息的披露。无论是交易前信息披露，还是交易后信息披露，都有一个交易信息披露的数量和质量问题，即披露哪些信息、如何披露以及披露的速度等。

第七，交易支付机制。交易支付是交易机制的一个特殊方面，包括交易过程中的资金安排、清算和交割等环节。买空与卖空机制是证券交易支付机制的一项重要内容。

二、证券交易风险的类型与主要特点

证券交易所作为证券交易的组织和监督机构，是极其特殊的市场参与者，与一般的证券公司、基金公司等市场参与者不同，证券交易所无论是管理现有的产品与业务，还是开发创新产品与业务，均应对相关产品、业务所涉及的市场风险、信用风险、流动性风险和操作风险等各种风险类型进行持续的有效监测与控制，确保风险可测、可控、可承受。

（一）证券交易风险的类型

对于证券交易所而言，交易风险涵盖不同风险类型，并涉及各个市场主体，是一个高度综合的概念。按照风险来源区分，交易风险包括下述主要类型：

（1）市场风险。由于市场因素（如利率、汇率、股价以及商品价格等）的波动而导致的金融资产价格变化的风险。

（2）信用风险。由于交易对手的违约（无法偿付或者无法按期偿付）而导致交易方损失的可能性。

（3）流动性风险。由于市场参与者所持金融资产流动性降低（无法通过变现资产，或者无法减轻资产作为现金等价物来偿付债务）而导致的可能损失的风险。

（4）操作风险。由于证券机构的交易系统不完善，管理失误或其他一些人为错误而导致市场参与者潜在损失的可能性。

（二）证券交易风险的主要特点

传统风险管理理论强调风险成本而不强调风险收益，因此在面对风险时，只强调降低或消灭风险，而不是合理利用风险来获取可能具有的潜在收益。而证券市场存在与发展的价值在于其为市场主体提供了各种管理风险以及获取风险溢价的工具和手段，因此交易风险是证券市场存在的原动力，也是证券市场的固有组成部分。

1. 波动性和关联性是交易风险的根本特征

工程风险、灾难风险、财务风险等传统风险是静态与相对孤立的。与传统风险不同，交易风险的根本特征在于其永远的波动，以及各个风险因素之间的互动。在交易风险中，对于某个产品或业务，市场风险的加剧，往往导致流动性风险与信用风险的加剧，而后两者反过来推动市场风险的增大，出现恶性循环。因此，交易风险的控制是一个体系，而不是孤立的措施或制度。由于交易风险与风险收益密切相关，交易风险的控制体系也是围绕风险与收益的适当平衡而建立起来的，即风险控制与市场效率兼顾。

2. 关注极端事件是交易风险控制的核心

风险价值（VaR）的方法最初主要用于对市场风险的度量和管理，后来也被用于信用风险、流动性风险和操作风险领域，已经成为金融风险管理领域的国际标准，国际银行业巴塞尔委员会也利用 VaR 模型所估计的市场风险来确定银行以及其他金融机构的资本充足率。

但在金融危机中，曾经被认为极低概率的事件不断出现，风险价值在实践中受到重大挑战。一是事实表明市场风险的厚尾特征非常显著。"厚尾"是说明极端事件的出现概率高于其在正态分布下的出现概率，这是通过金融交易的长期大量实践所反映出来的交易风险的重要特征。风险价值一是没有考虑到尾部风险，只是表明一定置信度内的最大损失，并没有衡量高于 VaR

值的损失发生的大小，这有可能给人一种错误的安全感，从而使人们忽视小概率事件所可能导致的巨额损失而进行高风险投资。二是 VaR 不满足次可加性，不是一个具备一致性的风险度量，这在实践中给不法交易员留下了可乘之机。交易员可以在并未实际上减少其头寸的情况下，通过拆分交易账户的方法显著减少其风险度量。三是 VaR 主要适用于测量正常市场条件下的风险。如果市场出现显著波动，或者风险因子间的相关度发生重大变化，或者金融市场的波动来自市场外因素的影响，VaR 便可能反应迟钝，无法准确反映现时的市场风险。

对于证券交易所而言，交易场内产品或参与场内业务的投资者的范围非常广泛。因此，交易风险的影响面大，传播途径也多。某些潜在风险可能由此而被不断积累或不断加剧后，因超过市场的承受能力而突然爆发。因此，对厚尾风险的控制应当成为交易风险控制体系的核心。

相对于已有产品而言，创新产品更可能加大尾部事件发生的概率，使尾部更厚。新产品与新业务在提高市场效率、完善市场功能的同时，也增加了新的风险因素，或者提供了风险扩散与放大的新手段。这将可能导致现有的风险因素在尾部的分布概率增加，从总体上促使交易风险的厚尾特征更加明显。

三、证券交易风险控制体系的构建

（一）建立风险控制体系的通行做法

1. 风险控制体系的主要组成部分

尽管不同产品、业务在风险特征上存在差异，其风险控制的侧重点及具体技术手段也不同，但一般说来，风险控制体系主要包括以下几部分：①风险评估模型和风险控制指标；②风险监测，定期计算风险监测指标，实现对相关风险进行归总或分解，以监测风险的变化；③风险分析，理解风险变动的原因及趋势，然后报告给管理层和相关业务部门，并为其提供建议；④风险控制，根据事先设立的风险控制标准，执行对市场参与主体乃至整个市场风险敞口的限制。

2. 基于产品运作环节的纵向风险控制模式

以产品或业务运作的各个环节为出发点评估风险，有助于清晰了解各个环节之间的关联性。通过对每个环节上的风险点进行总体性的梳理和汇总，可以在关键节点设立风险控制措施，以防范风险扩散到下一环节，并实现在市场风险出现后迅速发现并及时解决问题。

在纵向风险控制模式下，由于每一环节的风险点各具特色，其风险类型也不尽相同，需要使用不同的方法和措施分别加以管理和控制。由此构成的风险评估框架也就在很大程度上明确了每个风险点所应采取的风险控制措施。如果风险控制措施是流程改进或技术优化，那么产品或业务就可通过方案完善消除此类风险；如果风险不能通过流程改进或技术优化而消除，那么可以考虑建立风险监测指标与风险控制机制，在日常运作中来管理此类风险。

在具体实践中，由于纵向模式非常依赖产品或业务的具体流程与运作细节，如果产品或业务的运作模式发生了较大变化，这一框架可能需要做很大调整。因此，在这种类型的维度上建立的风险控制体系更适用于运作模式较为成熟、稳定或较为简单的产品或业务。

（二）支持创新的交易风险控制体系的主要特点

我国证券交易所不但是一个市场交易组织机构，也是监管体系的重要组成部分，担负着一线监管的职责，既要培育和发展市场，也要保障市场的稳定有序运行。[①] 因此，证券交易所作为证券交易的组织者和监督者，在建立风险控制手段时，必须从维护市场整体安全与效率的角度出发，综合考虑包括个人投资者、机构投资者、证券公司、登记结算公司、证券交易所等所有市场主体之间的权责关系。

1. 树立风险管理与产品创新良性互动的理念

加强风险控制的目的是加快市场的健康发展，而不是阻碍产品与业务创新。在新产品和新业务研发阶段进行风险评估和控制机制建立时，应注意处理好风险控制与提高效率之间的关系，防止因为过度注重减少风险，而对新产品和新业务的运作、发展构成太多制约。风险控制不是单纯为了消灭风险，而是为了管理风险，实现风险的转移与分散，避免风险在体系内过度积累和在某个市场主体上的过度集中。

同时，无论是交易机制、结算制度等制度创新，还是金融产品与业务创

[①] 郝争辉.注册制下我国证券交易所的自律监管[J].法制博览，2021（5）：110-111.

新，都可以为风险控制提供更多、更有效的技术与手段。创新工作不仅增加了市场风险，而且提供了管理现有风险的有效工具。因此，在一定程度上，风险控制也成为创新的动力与目的，两者的良性互动是促进市场健康、快速发展的动力。

2.合理平衡不同市场主体之间的利益与责任

风险控制机制设计实质上就是实现系统风险在相关市场主体之间的合理分布。任何一个市场主体如果过多承担与其能力不相匹配的风险，都将构成市场不稳定的潜在因素。证券交易所必须从维护市场整体安全与效率的角度出发，考虑包括个人投资者、机构投资者、证券公司、登记结算公司、证券交易所等所有市场主体之间的权责关系。由于上述市场主体的利益诉求并不是始终一致的，所以应在强调投资者利益保护和合格投资者制度建设的基础上，通过制度创新与流程优化以尽量减少风险因素。

因此，证券交易所既要做好交易组织的本职工作，也要跳出框框，主动关注交易环节之外的风险。尤其对于产品创新来说，其风险点不仅在交易机制方面，而且广泛分布在交易前端（证券公司运作环节、投资者适当性环节）和交易后端（登记与结算制度、银行系统），因此，交易所的风险控制工作必须兼顾交易前端和交易后端，否则产品创新就会前后脱节。

3.构筑涵盖市场内外各利益相关主体的横向交易风险控制模式

如前所述，以产品运作环节为主的纵向模式适合于运作较为成熟稳定的产品，以市场内外各利益相关主体为主的横向模式弹性更足，更适合于新产品。

首先，横向模式基本全面概括了可能面对的各类风险，可以构成评估产品、业务方案可行性的出发点。市场外部风险通常影响产品、业务的合规性和可行性；而证券公司、基金管理人、投资人、登记公司与市场本身等相关主体所承担的风险提供了评估产品方案是否做到在风险可控的条件下提高市场效率，以及风险是否过于集中某一市场主体。

其次，横向模式具备灵活性和外延性。这类风险评估框架并不依赖于产品的具体流程与运作细节。即使产品或业务的运作模式发生了很大变化，这一框架仍然可以在适当拓展后继续适用，而发生变化的将是每个维度上的具体风险点的增减。

最后，横向模式具备纵向拓展性。在每个风险维度之下，可以细化出不同层级的风险点,从而为具体产品提供了有用的、带指导作用的风险分析框架。例如,对 ETF 产品而言,从基金管理人出发,可以分析基金公司是否面临了过多风险,如果答案是肯定的,那么可以考虑是否改变交易机制或交收方式以消除或转移相关风险。

(三)建立交易风险控制体系的基本步骤

1. 风险辨认

面对一个产品或业务,应首先辨认风险点,建立适合的风险评估框架。与证券公司、基金公司等证券中介机构不同,证券交易所对风险因素考查的范围更宽、角度更广。一是考察主体涵盖所有市场参与者,包括个人投资者、机构投资者、证券中介机构、登记结算公司乃至监管机构。二是不仅要考察影响资产价格变化的所有因素,而且要考察影响整个产品交易流程或业务运作流程顺利完成的所有因素。三是考察市场整体层面的风险因素,如市场流动性风险、投资者非理性行为风险。四是考察影响市场平稳运行的非市场因素,如法律风险、经济政策风险。

2. 风险度量

在确认相关风险因素以后,就需要对有显著影响的风险因素进行测度,实现对风险的定量描述,也为随后风险控制手段的建立提供基础。

(1)风险度量的设计过程。第一,适当确定风险度量的市场主体。对于一个产品或业务,市场主体通常包括证券公司、基金公司、投资者、登记结算公司和证券交易所。应根据产品、业务的特点,以及风险度量的可操作性,有重点地度量某个或数个市场主体的风险。

第二,合理选取进行风险度量的风险因素。对于某个市场主体,应该考虑度量它所面对的哪种或哪些风险。可能的风险因素类型包括市场价格波动风险、信用风险、流动性风险、操作风险、交收风险等。被选取的风险因素应反映市场主体在此产品、业务上的主要风险暴露。例如,主要风险暴露是市场价格波动风险,还是交易对手的信用风险,或者两者都重要。

第三,有效设计风险度量的指标。在设计指标时,应力求指标简明、实用,而且可以在市场层面汇总,以反映市场的整体风险状况。在这一过程中,证券交易所可以推动制定各类风险监管资本计量的技术标准,完善证券机构以净资本充足率为核心的风险控制体系。

（2）风险度量的主要类型。第一类风险度量是风险敞口。风险敞口可以是一个存量，也可以是一个敏感度。前者的例子包括衍生品交易的标的物的名义金额以及融资融券交易中的融资余额和融券余额。后者用来测量风险因素的变化与金融资产收益变化之间的关系，如针对债券等利率性金融产品的DV01、久期和凸性指标，针对股票的Beta值，针对金融衍生产品的Delta、Theta、Gamma、Vega和Rho指标等。

第二类风险度量用来描述涵盖各种金融资产的投资组合的风险，主要包括目前流行的VaR及各类风险监管资本要求。为了解决传统VaR模型的缺陷，需要同时使用期望损失（Expected Shortfall）模型和极值理论模型作为补充。

第三类风险度量主要包括压力测试，即将金融机构或资产组合置于某一特定的极端情境下，测试该金融机构或资产组合在这些关键市场变量突变的压力下的表现状况。对于日常管理中广泛应用各类风险计量模型的金融机构而言，压力测试已成为主要适用于测量正常市场条件下市场风险的风险价值模型方法的重要补充，该测试还能够帮助监管机构充分了解单个金融机构和金融体系的风险状况和风险承受能力。

3. 风险控制

一旦确认了所面临的主要风险因素，并且通过风险度量方法对这些风险有了定量的把握，就可以运用多种技术手段来对风险加以控制。当单个证券机构或市场整体的风险暴露超过了事先制定的标准时，便可以要求相关证券机构利用金融工具对冲风险，或者直接降低头寸规模。风险控制有以下两个步骤。

第一步，设置风险阈值。根据产品种类或业务类型、每个证券机构或投资者、市场整体等多个层次设置风险敞口或敏感系数的限度。

第二步，执行风险阈值。对于风险阈值的执行，证券交易所宜采取以提供风险控制建议为主，以主动实施交易限制为辅的措施。

四、证券交易制度的完善与发展策略

（一）建立差异化交易制度

1. 建立差异化交易机制的必要性

（1）市场的内生需要。板块交易机制差异化是市场投资者多元化的需求所决定的。中国证券市场投资者已经有了很大的分化,从原来以中小投资者为主的格局,已经演化成基金、社保等机构投资者日趋占主导地位的格局。不同性质的投资者对市场板块存在不同的偏好,因此板块差异化会吸引各种类型的投资者,提高市场资源的配置效率。

以大市值板块为例。市值大的市场板块往往价格不容易被操纵,市场风险相对小,适合充当标的指数的成分股和标准抵押物,能够作为多种创新业务开展的基础。因此对大市值板块可采用比较自由的交易机制,便于提高市场定价效率,也有利于增强交易所对大型公司上市的吸引力。

(2)市场创新的需求。随着市场日趋发展与成熟,市场需要更多的新型投资品种,更多的风险管理工具。另外,国际金融市场的新产品和业务不断地被引入。而大部分新型投资品种和新业务都有赖于股票市场板块的细分,有赖于丰富多样的市场差异化结构,否则市场创新的基础能力就会被削弱。

(3)有利于提高监管针对性。推行差异化板块有利于提高监管的效率,降低运行市场风险。市场股票数量越来越多,千篇一律的管理模式将会使效率非常低。不同类型股票的风险特征存在很大的差异,如果有针对性地对不同类型股票设计不同的交易机制,能够有效地克服和降低它们的风险,提高监管的效率。

2. 实施差异化策略的总体原则

(1)分步实施原则。差异化交易机制开始阶段宜逐步推进,不断积累,扩大实施的范围。第一步区分出不同的市场板块,以特色板块为突破口,实施差异化市场板块机制;第二步在总结的基础上,向市场的其他各种板块纵深推出差异化机制。

(2)提高流动性原则。差异化机制必须有利于提高市场的流动性,至少不降低市场的流动性。流动性是市场的生命线,对于提高市场定价效率、降低运行成本以及提高市场竞争力都具有十分重要的作用,尤其金融期货以及信用交易等创新业务对于标的股票的流动性要求非常高。我国的市场流动性在某些方面仍有不足,需要进一步改良。

(3)透明性原则。透明性指交易信息的披露水平,交易信息披露越多越及时,透明性越高。除了大宗交易市场外,市场的透明性越高一般越有利于吸引投资者,越有利于遏制市场操纵行为。

(4)市场稳定性原则。市场稳定性包含两方面内容:市场抵御价格随机波动和临时失衡的能力较强;发现和抵御市场价格操纵的能力较强。

(5)安全性原则(技术角度)。安全性原则指差异化机制在技术领域可行，不需要对已有的系统进行大改动，以及增加过多的运行操作，产生过多的操作风险。

3. 具体措施

下面以上海证券交易所为例（以下简称"上交所"），分析实施差异化交易机制可选聘的措施。

上交所市场分为四大板块：50G板块、180G板块（剔除50）、ST板块和普通板块。

50G板块代表了上交所最优质的蓝筹股票：①股票的业绩良好且相对稳定，具有长期的投资价值；②市值规模庞大，市场的流动性也非常好，其指数是许多衍生品的标的指数。

180G板块是由180指数成分股剔除50板块、未股改的股票组成的，是比较好的蓝筹股票：①股票的业绩比较好，稍次于50板块的股票；②市值规模也高于市场平均水平，流动性很高，其指数也是比较好的标的。

ST板块则代表了市场的另外一端：①股票的业绩很差，并且很大部分ST股票的市场信用度不好；②ST股票的波动性比较高，并且流动性比较差，容易存在市场操纵行为。

普通板块（剔除上述所有板块的股票）代表了市场的平均水平。

从提高市场效率和丰富市场交易机制出发，我们从如下十个方面对交易制度进行改革（见表3-1），为实施差异化交易机制提供可选配的措施。

表3-1 上海证券交易所差异化交易机制

序号	机制的改进措施	可实施性
1	涨跌幅制度	需报批证监会
2	日内回转制度	需报批证监会
3	发行个股权证	需报批证监会
4	信用交易制度	需等待证监会的部署
5	交易信息披露制度	上交所决定，细则需另定
6	下午开盘采用集合竞价	上交所决定，细则需另定
7	连续竞价改日内多次集合竞价	上交所决定，细则需另定
8	订单多样化	上交所决定
9	停牌期间仍可接受申报	上交所决定
10	开放式集合竞价	上交所决定

上述十方面的机制改革措施将根据不同情况，实施不同的搭配，某些改革措施在全市场范围内推广，而大部分改革措施仅仅在某些板块实施。

（1）面向全市场的交易制度改革措施。可对全市场做如下三项改革：下午开盘采用集合竞价、停牌期间仍可接受申报、开放式集合竞价。这三项措施的可实施性比较强，证券交易所可以自行决定，其中"停牌期间仍可接受申报"和"开放式集合竞价"在新交易规则中已经允许使用。

（2）面向50G板块的交易制度改革措施。50G板块率先实施差异化交易制度改革，具体包括以下措施：①涨跌幅放宽至20%；②放开日内回转交易；③增加信息披露，包括实时披露五档价位上的申报笔数、盘后披露日内回转交易成交量；④引入五档内非驻留市价指令，包括"剩余立即撤销"和"剩余立即转限价"两类；⑤引入信用交易制度；⑥发行个股权证。

（3）面向180G板块的交易制度改革措施。目前对180G板块特性的认识程度尚未足够深入，还难以设计一系列与50G板块显著差异的交易机制。180G板块的差异化交易机制应晚于50G板块推出。

（4）面向ST板块的交易制度改革措施。ST板块的特点是业绩和市场诚信都比较差，交易制度改革方面需要从强化监管和提高市场流动性角度进行设计。应为ST板块设计更加合适其自身特点的差异化交易机制，具体包括：①取消连续竞价，改为日内多次集合竞价；②加大信息披露力度，盘后披露持股集中度指标；③如果连续涨停三天或者跌停三天，第四天放开涨跌幅。

（二）发展大宗交易市场

1. 大宗交易平台的制度特点

（1）准入制度

几乎所有流动性较强的大宗交易市场都通过经纪商向投资者提供准入。这种模式相对于直接向投资者提供大宗交易服务有许多优点：

①经纪商是被有效监管的实体；

②经纪商不仅能提供大宗交易服务，还可以提供普通交易市场的服务；

③经纪商是专业的市场参与人，可以向投资者建议最佳的执行指令的方式和不同市场结构运作的细节；

④经纪商能在其他寻求流动性方面（如OTC）协助投资者，并且将组合流动性带给大宗交易平台。

另外，多数成功的大宗交易市场允许投资者通过经纪商直接进入电子平台（DMA）的方式路由指令。DMA允许投资者通过网上交易系统或专业指令管理系统直接下单，通过电子化的方式将指令传送给经纪商，然后经纪商就可以迅速以自己的名义将指令传送至大宗交易平台。

（2）大宗交易最小规模限制制度。许多交易所对于能够在大宗交易平台上进行的交易设置了最小规模限制。大宗交叉交易场所的挑战之一就是寻找足够的流动性，同时保持一定的最小准入规模。最小规模限制通常设置在10万美元左右。有的交易所完全不设置此种限制，而有的则设置比较高。

（3）价格限制制度。多数交易所为大宗交易和其他形式的场外交易设置某种类型的价格限制以保证价格与交易所的价格相符。在不同的市场，这种价格限制不尽相同。在美国，大宗交易实施的是最佳执行价格法案。在欧洲，欧盟金融工具市场法规（MiFID）使得大宗交易可以在不同交易场所间保证某种程度的价格优先。还有一些法规体系只允许在以现行价格为中心的一定价格范围内进行大宗平台交易。需要指出的是，大多数此种类型规定所参照的基础证券的价格都是交易时的现行价格，而不是前一交易日的收盘价。

（4）交易时间。一般而言，大宗交易是可在整个交易时间内进行的。在某些情况下，交易场所在盘后进行大宗交易的撮合。对于这种情况，正确的交易时点非常重要。如果盘后撮合太晚，公司信息的披露就能够导致股价和收盘价相差甚远，从而导致大宗交易对于投资者的吸引力下降，影响了大宗交易平台的发展。

（5）信息披露。大宗交易规模巨大，对市场的影响不容轻视，为保护广大投资者的利益，相关的信息披露制度是非常重要的。但是为保持大宗交易的吸引力，信息披露的范围和尺度需要多方平衡。多数成功的大宗交易场所在信息披露方面有以下特点：

①场内的大宗交易下单通常是完全不可见的；

②任何公开显示的订单都是匿名的，即市场参与者看不到经纪商名称和投资者名称；

③成交信息（成交后公布的）通常不会显示未成交部分；

④成交信息是匿名的；

⑤交易场所不应显示任何订单的多边交易信息（否则市场参与人将推断订单还有未成交部分）。

2. 大宗交易平台的发展策略

（1）新机制。对大宗交易机制改进，可以从以下几个方面进行探索。

①撮合原则。第一，可以完善当前的协商交易机制。一般地，发行中的拍卖原则，包括单一价格拍卖和多种价格拍卖两种方式。交易与转让中的自愿协商交易原则包括意向报价（适用于合格投资者之间的协商）、双边报价（适用于由做市商主动发起并与合格投资者进行的协商）和响应报价（适用于由合格投资者发起，并与做市商进行的协商）三种方式。

第二，引入撮合匹配网（Crossing Network）的交易机制，可以先在部分品种上实施。如果大宗交易在盘后运行，那么可以参照日本的ToSTNet，在现在的大宗交易时段（3∶00 pm—3∶30 pm）引入撮合匹配网的交易机制。在交易运作上可直接引用德国的Xetra XXL的模式，把半个小时的交易时段分成两个15分钟的匹配时段。如果大宗交易扩大到可在盘中运行，可参照德国的Xetra XXL，成交价可以直接从竞价市场取一个中间价。

②交易类型。提供仅限合格投资者参与的、报价为主的各种交易类型，包括现券交易、回购交易（包括质押式和买断式）、远期交易和借贷交易（包括双方借贷和三方借贷）等多种交易类型。

对意见申报可选择匿名性，增加交易意愿的保密性，这里的匿名和交易意愿的保密主要指交易进行之前（即成交之前）的匿名和保密。

③一级交易商制度。对大宗交易平台上交易的各产品，合格投资者可以申请成为一级交易商，有买卖意见的其他投资者可以随时向该产品的一级交易商征求交易意向及协商交易价格，各产品的一级交易商可定期向潜在客户发布交易意向。

④交收方式。提供多种担保交收方式。同时提供多种非担保的交收方式，包括见款付券、见券付款、券款对付、纯券过户、延期交付、多交付期交付等方式，为不同的交易类型提供相应的交收服务。

⑤信息收集与发布。通过互联网构建专门面向合格投资者的批发信息集散网站，合格投资者能够高效、低成本地从大宗交易系统获取和发布供需信息。

建立类似纳斯达克（NASDAQ）的流动性跟踪器，收集潜在大宗交易客户的数据，了解谁从事哪些股票的大宗交易和他们各种股票的持有量，具有为大宗交易客户发现流动性即潜在交易对方的能力，并向潜在客户发布相关信息。

⑥信用记录。大宗交易系统应能及时、全面地记录所有合格投资者的历史交易和交收信息,分析信用水平,并且向大宗交易系统的参与者提供对手方的信用记录,促使大宗交易系统发展成为守信践约者参与的市场。

⑦降低交易门槛。目前大宗交易门槛比较高,客观上制约了投资者使用大宗交易系统的意愿,建议将大宗交易门槛降低至50万元或10万股,或按品种交易情况划分不同标准(如伦敦证券交易所),并且提供一揽子品种组合的大宗交易方式。

⑧延长大宗交易的时间。目前投资者仅能在下午3:00—3:30通过意向报价进行协商,时间过短,影响了成交预期,进而影响了参与意愿。

⑨提供固定价格交易。对价格限定可提供弹性,增加固定价格交易,丰富定价方式选择,提高效率。

(2)新业务。扩大大宗交易的业务范围,主要从以下几个方面展开。

第一,发行类业务。主要包括三类:①股票IPO。拟上市公司可通过大宗交易系统向合格投资者进行新股询价和发行的服务,大宗交易系统聚集了大量合格投资者,能够确保新股高效发行和准确定价,特别有利于特大型上市公司的IPO。②股票定向增发。上市公司可通过大宗交易系统向合格投资者进行股票的增发要约发布、询价和增发服务,兼顾增发的效率和市场的稳定。③公司债和国债承销。债券发行人可通过大宗交易系统向合格投资者进行债券的询价、预申购和发行的服务。

第二,交易类业务。主要包括以下几点:①现行品种的大宗交易,即通过大宗交易系统为股票和债券(国债、公司债)提供交易服务;为REIT转让提供服务。②创新品种的大宗交易,通过大宗交易系统为质押式股票回购、远期交易、ETF权证、期权等各类衍生品提供交易服务。③定制品种的大宗交易,证券公司等合格投资者可以自行设计权证、票据以及各类投资产品,通过大宗交易平台向其他合格投资者进行销售。④新股上市首日前的预交易(暗盘交易),对那些已获得新股或预期可获得新股的合格投资者,在新发行证券未正式挂牌买卖前,与其他合格投资者所进行的买卖。此类交易可在新股上市后(一般为2个交易日)进行交割,类似于香港交易所的暗盘交易及德国证券市场的预发行制度,对新股上市首日的定价具有指引作用。

(3)新产品。中国资本市场尚是一个以散户为主导的市场,投资者在专业知识、信息获取能力、风险意识和风险控制能力方面均存在不足,在投资行为上存在较强的盲从和跟风倾向。这些决定了人们必须另辟新产品市场或孵化器,以及培养国际化投资者,而基于合格投资者的大宗交易平台成为了最佳的选择。①

①组合交易。组合交易是一揽子证券作为一个产品进行的交易，即在一次交易中可同时买卖多个证券的交易行为。不少交易所均允许进行组合交易，部分市场（如纽约证券交易所）允许在盘后按照收盘固定价格进行一揽子交易。

②价差合约。价差合约（Contract for Difference，CFD）是继期权、期货之后在国际金融市场尤其在欧洲市场迅速发展起来的一种结构简单的衍生产品。价差合约是交易双方（买方和卖方，或多头和空头）交换特定标的资产在未来一段时间内价格差额的合约，是准确反映一段时间内标的资产价格变化和经济收益的衍生品。标的资产可以是股票、股票指数、外汇、商品和利率，时间段是指合约开立和平仓这段时间。如果合约开立和平仓这段时间内的价差为正，也即标的资产价格上涨，则价差合约卖方向买方支付差价；反之，如果这段时间价差为负，也即标的资产价格下跌，合约买方向卖方支付差价。价差合约是不涉及实物商品或证券的交换、仅以标的资产一段时间内价格的差额作现金结算的交易方式。

③REITs。REITs（Real Estate Investment Trusts，房地产投资信托基金）是一种以发行收益凭证的方式汇集特定多数投资者的资金，由专门投资机构进行房地产投资经营管理，并将投资综合收益按比例分配给投资者的一种信托基金。

除上述三种产品外，还有备兑权证、股票期权、远期合约、黄金ETF/国际ETF、票据、其他市场产品等。挂牌其他交易市场的产品，如在沪深两市的大宗交易平台可交易境内所有股票等。

（4）新技术。通过新技术实现安全的实时信息交换，优化合格投资者开户、交易、清算和交收等环节的管理，挖掘潜在的大宗交易，并进一步整合现有多个系统。

大宗交易系统功能整合为四大基础功能，即四个子系统：信息收集与发布子系统、信用记录子系统、交易与发行子系统、交收子系统。

①信息收集与发布子系统。大宗交易系统成为机构间大宗交易的集散地，集中大宗买卖的信息，既向机构投资者提供专属的大宗信息，又吸引机构投资者向大宗交易系统发布相关的大宗信息。

---

① 马喜妹.我国交易所证券交易制度存在的问题及改善策略研究[J].时代金融（下旬），2016（12）：145+148.

②信用记录子系统。大宗交易系统成为重视和显示信用的交易场所，合格投资者必须拥有起码的信用等级，系统能够记录每一笔交易和交收的结果，并将其作为合格投资者的信用等级依据，任何大宗交易系统的参与人可以事先查询对手方的信用状况。只有达到一定信用登记的合格投资者才能参与高风险产品的业务。

③交易与发行子系统。合格投资者能够通过大宗交易系统高效地出售和购买大宗证券，通过大宗交易系统发行证券，以及实现各种新型的业务需求。

④交收子系统。大宗交易系统为买卖双方提供基于 DVP 原则的丰富多样的交收模式，非担保条件下提供 RGTS 交收模式以及 T+D 交收模式，担保条件下提供 T+1 交收模式，满足合格投资人的个性化交收要求，为各种新型业务提供拥有保障的交收渠道。

第三节　证券上市的重要规制

一、证券上市概述

（一）证券上市的概念

证券上市，是经过证券交易所的审核，证券获准在证券交易所挂牌交易的过程。证券一旦获准上市，即称为上市证券，发行人称为上市公司。在多层次证券市场结构下，证券上市还可泛指证券在场外市场挂牌交易的情况。

（二）证券上市与证券发行的区别

只有依法发行的证券，才能申请并获得上市资格，因此，证券上市不同于证券发行。证券发行，是发行人向投资者募集资金的行为，证券上市是证券获准在证券交易所上市交易。具体来说，两者的主要区别主要有以下几点：

1. 条件不同

在我国，证券发行必须遵守法律法规规定的发行条件，即符合法定的发行条件；证券上市的条件，既包括法律法规规定的条件，也包括证券交易所执行的上市条件。在国际上，各证券交易所有权制定自己的证券上市条件。有的证券交易所倾向于接受发行国际性证券的公司挂牌上市，有的倾向于接受高科技企业的股票上市，有些证券交易所鼓励中小企业挂牌上市，有些证券交易所主要接受地区性发行人的证券上市。因此，在上市条件方面，有些证券交易所的上市条件比较宽松，有的上市条件比较严格。

2. 审核机构不同

在我国，证券的发行审核机构是证监会以及国务院授权的部门，证券交易所只负责审核证券上市申请。前者属于行政审核，后者属于自律组织的审核。现行《证券法》采取了发行审核和上市审核分离的双轨制，证监会负责证券的发行审核，证券交易所负责上市审核。

3. 功能不同

证券发行是发行人筹集社会资金的手段，证券上市主要是为了提高证券的流通性。在实践中，多数公司筹备发行证券时，就已形成了上市预想，证券上市是发行人发行证券的目的。

4. 法律适用不同

证券发行和证券上市存在重大区别，公开发行的证券未必是上市证券。根据《首次公开发行股票并上市管理办法》第69条的规定，在中华人民共和国境内，首次公开发行股票且不上市的管理办法，由中国证监会另行规定。另外，已上市的证券因不符合上市资格存在条件，被依法终止上市，亦属于公开发行但未上市的证券。

（三）证券上市与证券交易的区别

证券上市不同于证券交易。通过证券上市，已发行证券取得了在证券交易所上市的资格。证券交易泛指让渡和转让证券权利的行为和过程。发行人可申请将所发行的证券在证券交易所挂牌交易，也可将已发行的证券在其他交易场所进行交易。凡未获得证券交易所接纳上市的证券，即无法在证券交易所内进行买卖，而只能在场外市场上进行交易。在此意义上，证券上市是启动证券场内和场外交易的前提，是证券取得挂牌资格的各项活动之总括，有别于证券交易。然而，上市证券必须在证券交易所内交易，上市证券通常也是可交易的。因此，在实践中，证券上市与证券交易经常并用，合称为

"证券上市交易"。

二、证券上市的条件与程序

（一）证券上市的条件

在理论上，证券上市条件是证券交易所和上市申请人协商达成的合同条件。为了更好地保护公众投资者的利益，《证券法》明确规定了证券上市的法定条件。同时，《证券法》规定证券交易所可以规定高于法定的上市条件，并报国务院证券监督管理机构批准。

1. 股票上市的条件

股份有限公司申请股票上市，应当符合下列条件：
（1）股票经国务院证券监督管理机构核准已公开发行；
（2）公司股本总额不少于人民币3000万元；
（3）公开发行的股份达到公司股份总数的25%以上；公司股本总额超过人民币4亿元的，公开发行股份的比例为10%以上；
（4）公司最近3年无重大违法行为，财务会计报告无虚假记载。
证券交易所可以规定高于前款规定的上市条件，并报国务院证券监督管理机构批准。

2. 公司债券上市条件

公司申请公司债券上市交易，应当符合下列条件：
（1）期限：公司债券的期限为1年以上；
（2）数额：公司债券实际发行额不少于人民币5000万元；
（3）实质要件：公司申请债券上市时仍符合法定的公司债券发行条件。

（二）证券上市的程序

1. 证券上市的审核机构

在理论上，证券上市属于民事合同关系，因此审核证券上市申请原本就是证券交易所的职权。这样规定的原因在于：第一，突出证券上市的民事法律关系性质。第二，确立了证券交易所规则的相对独立性。证券交易所是场内交易的组织者，有权根据不断变动的情况确定上市政策，有权自行确定接纳上市的证券类型，有权决定接纳上市的发行人类型，有权制定高于法定上市标准的更严格标准。第三，避免了证券公开发行与证券上市之间的规则冲突。

2. 证券上市申请和保荐

申请人必须是依法设立、合法存续至今的股份有限公司和有限责任公司。保荐人必须是取得保荐人资格的保荐机构。

（1）股票上市申请。上市申请人提出股票上市交易申请时，应当向证券交易所报送以下文件：①上市报告书；②申请股票上市的股东大会决议；③公司章程；④公司营业执照；⑤依法经会计师事务所审计的公司最近3年的财务会计报告；⑥法律意见书和上市保荐书；⑦最近一次的招股说明书；⑧证券交易所上市规则规定的其他文件。

（2）公司债券上市申请。公司债券上市申请人申请公司债券上市交易的，应当向证券交易所报送以下文件：①上市报告书；②申请公司债券上市的董事会决议；③公司章程；④公司营业执照；⑤公司债券的募集办法；⑥公司债券的实际发行数额；⑦证券交易所上市规则规定的其他文件。

（3）上市保荐书。上市申请人向证券交易所申请证券上市的，应当依法提交保荐人出具的上市保荐书。在我国，保荐分为发行保荐和上市保荐，不排除申请人在证券发行和上市阶段分别聘请不同的保荐人。然而，为了提高证券发行和上市效率，减少不必要的工作重复，发行保荐人通常兼任上市保荐人。

报送上市保荐书，主要是适用于股票的上市申请以及与股票性质相似证券的上市申请。申请普通公司债券上市的，不需要提供上市保荐书。因为公司债券是发行人承诺到期还本付息的权利凭证，发行人的偿付能力取决于其财产能力和信用等级等，保荐制度无法解决发行人的偿付能力，申请普通公司债券上市的，无须提交上市保荐书。

3. 证券交易所的审核同意

上市审核，是证券交易所依照法律以及上市规则，对申请人的上市资格和条件进行的审查；同意上市，是证券交易所基于审核结果，接纳发行人以及证券挂牌交易的肯定性意思表示。在通常情况下，证券交易所在内部设立上市审核委员会，负责具体审核工作；上市审核委员会审核合格后，再由证券交易所作出同意上市的决定。

（1）上市审核委员会的审核。上市审核委员会，是证券交易所内部设立的工作机构，专门负责审核证券上市申请。上市审核委员会的成员包括证券交易所内部成员和外部成员，上市审核委员会按照"少数服从多数"的原则审核每宗上市申请。

上市审核委员会审核时，主要考虑上市条件和产业政策两个方面。产业政策是极具变动性的概念，在不同时期，产业政策不尽相同，斟酌产业政策作出的审核结果，具有某种不确定性和差异性。正因如此，证券交易所以及上市审核委员会应当站在公平、不偏不倚的立场上，慎重，作出审核决定。

（2）证券交易所的同意。在完成审核程序后，证券交易所应将审核结果通知申请人。如果同意证券上市申请的，证券交易所应当与申请人尽快正式签订上市协议；如果需要申请人补充文件、资料的，应当以书面形式告知申请人；如果证券交易所不同意上市申请，应当尽快通知申请人。对证券交易所做出的不予上市决定不服的，可以向证券交易所设立的复核机构申请复核。

4. 上市协议的签订

上市申请人收到证券交易所发出的证券上市通知后，应当与证券交易所正式签订上市协议。上市协议是上市申请人与证券交易所签订的、用以明确彼此权利义务关系的民事协议。

上市协议主要条款如下：①上市公司名称及法定代表人；②上市费用的项目与数额；③双方的权利与义务；④上市公司证券事务负责人；⑤上市公司定期报告、临时报告的报告程序及回复交易所质询的规定；⑥证券停牌事宜；⑦违反上市协议的处理方式；⑧仲裁条款；⑨证券交易所认为应当规定的其他内容。

5. 上市公告

申请人收到证券交易所上市通知书并签订上市协议后，应当安排上市公告书及其他文件的公告。上市公告，是上市申请人向社会公众发布的、告知证券获准上市交易的行为。股票和公司债券上市交易申请经证券交易所审核同意后，签订上市协议的公司应当在规定的期限内公告股票上市的有关文件，并将该文件备置于指定场所供公众查阅。

（1）披露规则。根据《证券法》的规定，股票或者公司债券上市申请获得证券交易所同意后，证券发行人应当在上市交易的 5 日前，公告经核准的股票上市或公司债券上市的有关文件，并将该等文件置备于指定场所供公众查询。主要披露规则如下：

①披露期限。上市公告文件应在证券上市交易的5日前进行披露。在实践中，早在股票或者公司债券发行准备阶段，就已完成了公告文件的起草。由于尚未获得证券交易所的同意，已起草的文件属于公告文件的初稿。在审核上市申请期间，任何人不得擅自披露公告文件的相关信息。

②披露文件。股票上市公告文件，主要分为上市公告书和简要上市公告书，应当根据情况，分别采用上市公告书和简要上市公告书。

③披露方式。可采取三种方式披露上市公告文件：a.报刊刊登方式，即在证监会指定的上市公司信息披露的全国性报刊上刊登上市公告文件；b.置备查询方式，即将公告文件置备于证券发行人所在地、证券交易所、有关证券经营机构及其网点；c.按照规定的份数，报送证监会。

（2）上市公告书。证监会于2007年1月30日发布了《上市公司信息披露管理办法》，该管理办法第15条针对上市公告书的制作和披露，原则规定如下："申请证券上市交易的，应当按照证券交易所的规定编制上市公告书，并经证券交易所同意后公告。发行人的董事、监事、高级管理人员，应当对上市公告书签署书面确认意见，保证所披露的信息真实、准确、完整。上市公告书应当加盖发行人公章。"

（3）其他公告事项。根据《证券法》第54条的规定，签订上市协议的公司还应公告下列事项：①股票获准在证券交易所交易的日期；②持有公司股份最多的前10名股东的名单和持股数额；③公司的实际控制人；④董事、监事、高级管理人员的姓名及其持有本公司股票和债券的情况。

（4）公司债券上市公告。公司债券上市交易申请经证券交易所审核同意后，签订上市协议的公司应当在规定的期限内公告公司债券上市文件及有关文件，并将其申请文件置备于指定场所供公众查阅。

6.挂牌交易

证券获准上市后，即可在证券交易所指定的日期上市交易，挂牌交易是完成证券上市程序的最终标志。挂牌上市的证券，即称为"上市证券"。上市证券只能在证券交易所内、按照证券交易所的交易规则进行买卖。

三、暂停、恢复与终止上市

(一)暂停上市

1. 暂停股票上市的法定事由

根据《证券法》规定,上市公司有下列情形之一的,由证券交易所决定暂停其股票上市交易。

(1)公司股本总额、股权分布等发生变化不再具备上市条件;
(2)公司不按照规定公开其财务状况,或者对财务会计报告作虚假记载,可能误导投资者;
(3)公司有重大违法行为;
(4)公司最近3年连续亏损;
(5)证券交易所上市规则规定的其他情形。

2. 暂停公司债券上市的法定事由

根据证券法规定,公司债券上市交易后,公司有下列情形之一的,由证券交易所决定暂停其公司债券上市交易。

(1)公司有重大违法行为;
(2)公司情况发生重大变化不符合公司债券上市条件;
(3)发行公司债券所募集的资金不按照核准的用途使用;
(4)未按照公司债券募集办法履行义务;
(5)公司最近2年连续亏损。

债券暂停上市和股票暂停上市的条件之中,有重大违法行为的情形是相同的。对连续亏损要求,债券定为2年,股票定为3年,这是因为股票的风险本来就比债券要大。公司情形发生重大变化与股份总额、股权分布发生变化相类似,只是详略之差。第3、4项本身是上市的条件,上市条件中包括了所募资金按审批机关批准的用途使用。债券募集办法本身具有合同的效力,对发行人具有约束力,不遵守募集办法的行为就构成违约,应当承担违约责任。

(二)恢复上市

恢复上市指在法律和证券交易所规定的暂停上市之事由消除之后,由暂停上市证券的发行人提出申请，证券交易所核准暂停上市证券的恢复上市。恢复上市是与暂停上市对应的概念，与终止上市无关。

恢复上市的申请、核准程序如下。

第一，聘请具有主办券商业务资格的保荐人保荐。保荐人应当对公司恢复上市申请材料的真实性、准确性和完整性进行核查，在确信公司具备恢复上市条件后出具恢复上市保荐书，并保证承担连带责任。保荐人应当在规定期限内如实回复证券交易所就公司恢复上市事项提出的问询，并提供相应补充文件。恢复上市保荐书应当由保荐人的法定代表人（或者授权代表）和相关保荐代表人签字，注明日期并加盖保荐人公章。

第二，聘请律师对恢复上市申请进行审查。上市公司申请其股票恢复上市的，应当聘请律师对恢复上市申请的合法性、合规性以及相关申请材料的真实性、准确性和完整性进行核查验证，就公司是否具备恢复上市条件出具法律意见书，并承担相应的法律责任。

第三，上市公司提出恢复上市的申请及文件。

第四，证券交易所审查并作出决定。证券交易所在收到上市公司提交的恢复上市申请文件之日后5个交易日内，做出是否受理的决定并通知公司。证券交易所在受理上市公司恢复上市申请之日后的30个交易日内，做出是否同意其股票恢复上市的决定。证券交易所上市委员会对上市公司恢复上市申请进行审议，做出独立的专业判断并形成审核意见。

第五，及时通知上市公司，并报中国证监会备案。证券交易所在做出同意其股票恢复上市的决定后2个交易日内通知上市公司，并报中国证监会备案。

（三）终止上市

终止上市也称"退市"，指证券交易所根据法律和证券交易所规定的事由，取消或者终止已上市证券的上市资格，证券便不再是上市证券。

1. 股票终止上市的法定事由

根据《证券法》规定，上市公司有下列情形之一的，由证券交易所决定终止其股票上市交易。

（1）公司股本总额、股权分布等发生变化不再具备上市条件，在证券交易所规定的期限内仍不能达到上市条件；

（2）公司不按照规定公开其财务状况，或者对财务会计报告作虚假记

载,且拒绝纠正;

(3) 公司最近3年连续亏损,在其后1个年度内未能恢复盈利;

(4) 公司解散或者被宣告破产;

(5) 证券交易所上市规则规定的其他情形。

2. 公司债券终止上市的法定事由

根据《证券法》规定,公司债券终止上市的事由如下:

(1) 公司有重大违法行为,经查实后果严重的;

(2) 未按照公司债券募集办法履行义务,经查实后果严重的;

(3) 公司情况发生重大变化不符合公司债券上市条件,在限期内未能消除的;

(4) 发行公司债券所募集的资金不按照核准的用途使用,在限期内未能消除的;

(5) 公司最近2年连续亏损,在限期内未能消除的;

(6) 公司解散或者被宣告破产的。

3. 终止上市的基本程序

(1) 证券交易所作出决定。

(2) 证券交易所在做出公司股票终止上市的决定后2个交易日内通知上市公司,并于2个交易日内发布相关公告,同时报证监会备案。

(3) 证券交易所指定代办机构。证券交易所做出终止上市决定时仍未聘请代办机构的公司,证券交易所在做出公司股票终止上市决定的同时为其指定临时代办机构,通知公司和代办机构,并于2个交易日内就上述事项发布相关公告。

(4) 公司发布公告。公司在接到终止上市决定时应及时披露股票终止上市的公告。

(5) 安排进入代办股份转让系统进行代办转让。

4. 与终止上市相关的特别程序——退市风险警示

上市公司出现财务状况或其他状况异常,导致其股票存在终止上市风险的,证券交易所有权对该公司股票实行特别处理。被实行特别处理的公司股票,应冠以"ST"字样,以区别于其他股票,股票报价的日涨跌幅限制为5%。

第四章 私募投资基金风险及监管

第一节 私募基金概述

一、私募基金的概念与特征

私募基金指通过非公开的方式面向特定的少数投资者募集资金而设立的投资基金。私募基金是与公募基金相对应的概念。

私募基金有如下特征：

第一，私募基金通过非公开方式募集资金。换言之，私募基金不在公开场合发售，也没有公开推广，不得利用任何传播媒体做广告宣传的方式来吸引客户，其参加者主要通过获得的所谓"投资可靠消息"，或者直接认识基金管理者的形式加入。

第二，在募集对象上，私募基金的对象只是少数特定的投资者，仅对合格的机构和个人投资者私募发行。即私募基金具有针对性较强的投资目标，其投资对象并不是大多数人，它更像为中产阶级投资者量身定做的投资服务产品。

第三，购买门槛较高。私募基金的起点金额较高，投资额不少于100万元。

第四，信息披露要求较低，政府监管宽松，投资具有隐蔽性，运作较为灵活。私募基金所要求的信息披露较少，其没有强制的季度信息披露要求，通常每周、每双周或每月公布一次净值即可。

第五，私募基金追求绝对正收益，私募基金管理人的利益和投资者的利益高度一致，主要原因是私募基金的固定管理费很少，主要依靠超额业绩费生存发展，而超额业绩费是在净值每次创出新高后才可提取的。

二、私募基金的优势

相对于公募基金，私募基金有如下几方面的优势。

第一，私募基金的投资目标针对性强，更能满足投资者的需求。由于私募基金的对象是少数特定的投资者，主要针对高净值人群，且是以不公开宣传的方式向特定人群发售，因此，其投资的目标更具有针对性，能够通过为客户量身定做投资服务产品，进而满足客户的投资需求，使投资产品具有多样性和差别性。目前，市场上的公募基金特色不明显、收益不突出，对于具备一定的经济实力和抗风险能力的投资者和机构来说吸引力不大，追求高效益、承担高风险的私募基金则更能满足其投资需求。

第二，私募基金的运作期稳定，没有资金回赎的压力。一般情况下，私募基金采用封闭式的模式，即私募基金成立之后，封闭运作时间较长的，封闭期限一般为5年至10年，在此期间，投资者和基金管理者不能对基金进行买卖和操作，也不能上市流通。此时，基金管理的主动权便由基金经理掌握，其可以根据自己的策略在封闭期内对基金进行更灵活的投资管理，而无需像公募基金那样为了应对客户随时赎回资金的压力，必须留一定的资金在活期账户上以备赎回。一般情况下，投资者在封闭期限内撤资，则需要根据双方签订的合同来执行。

第三，私募基金的结构简单，运作灵活性高。由于私募基金的组织结构比较简单，经营机制灵活，设立私募基金所需的手续和文件较少，一般法规对它的要求没有像公募基金那样严格、详细，不需要进行《证券法》意义上的注册，运行中受到的限制较少，也不必定期披露详细的投资组合，日常管理和投资决策自由度高。私募基金组织结构简单，经营机制灵活。投资组合随机应变，而且能节省发行和核准登记的时间，往往获得高收益、高回报的机会更大。

第四，私募基金的投资周期稳定，信息披露要求低。由于私募基金投资门槛比较高，投资项目的回报周期比较长，投资基金的流动性比较低，故投资者投资私募基金产品时也会更理性。在信息披露方面，私募基金无需像公募基金一样定期披露详细的投资组合，一般只需半年或一年向监管机构及投资者公布投资组合及收益即可。

第五，对管理者的激励性强。私募基金之所以可以激励管理者，主要源于私募基金的运作成功在很大程度上与基金管理人自身的利益息息相关。通常发起人和投资人会签订"优先收益条款"，在分配本金给发起人、投资人后，一般先发起人在赚得的收益中提取 20% 的收益。当投资收益超过某一门槛收益率，基金管理人才能按照约定的附带权益条款从超额投资利润中获得一定比例的收益。所以，基金管理人只有确保基金投资表现优良时才能从受益中获得一定比例的回报。

三、私募基金的类型

一般来说，私募基金按投资的市场方向可分为私募证券投资基金和私募股权投资基金。

（一）私募证券投资基金

私募证券投资基金指基金管理者以非公开的方式面向少数具有特定资格的投资者募集资金而设立的投资基金。其主要特点如下。

1. 募集方式必须为私募

私募证券投资基金是基金管理者以非公开的方式向合格投资者募集的，《证券投资基金法》第 92 条规定其不得向合格投资者之外的单位和个人募集资金，不得通过报刊、电台、电视台、互联网等公众传播媒体或者讲座、办公会、分析会等方式向不特定对象推介。投资者参加的主要渠道只能有知晓"内部消息"或者认识基金管理者等，且累积不得超过 200 人。正是因为消息渠道的来源比较单一，所以作为资金雄厚的投资者，其对基金管理者的口碑、信誉和投资理念等方面要求更高，因而私募证券投资基金合同是基于信任成立的，信誉度高的基金管理者往往更受青睐。

2. 发行对象必须限于合格投资者

对于投资者，私募证券投资基金做了严格限制，如新修订的《证券投资基金法》第 88 条就加以了原则性设定：合格投资者，是指达到规定资产规模或者收入水平，并且具备相应的风险识别能力和风险承担能力，其基金份额认购金额不低于限额的单位和个人。而《私募投资基金监督管理暂行办法》第三章也对合格投资者的资产、类别及认购金额等做出了更为详细的规定。可见，私募证券投资基金的发行对象，必须限定于具有投资所需的知识和经验,具备判断风险的能力,能够自我保护,不需要通过《证券法》的注册制度或审批制度来予以保护的成熟投资者。

3. 投资对象主要限定于已上市的公司股权或其他金融衍生产品

根据投资对象的不同,私募基金可以划分为私募股权投资基金和私募证券投资基金,前者指将从特定投资者处募集而来的资金交由基金管理者投资于未上市股权的私募基金,后者则指将从特定投资者处募集而来的资金投资于上市交易的证券的私募基金。这两者最大的区别在于,投资对象是否属于上市企业,是否主要位于二级市场。新修订的《证券投资基金法》就规定了,当非公开募集基金投资于公开发行的股份有限公司股票时,基金的投资行为便纳入基金法监管;当私募基金投资于非公开发行的股权或者股票时,则仍按现行部门的职责权限分工管理。所以,当前情形下,新修改的《证券投资基金法》还只将私募证券投资基金纳入其调整范围。

4. 投资方式灵活多变

当资金市场发生变化时,私募证券投资基金的投资者可以在风险承受能力范围内自由变换选择投资基金,或者对其基金管理者提出调整投资方式的要求,这正是私募证券投资基金具有灵活投资方式的表现。同样,由于基金管理者所受限制较少,多样化的投资技术以及金融衍生工具得到自由而有效的运用,如卖空、杠杆交易等。自然而然地,基金管理者趋向追逐那些高风险却又低成本、高回报的金融产品。接着,具备专业知识、丰富经验的基金管理者再通过自己对资金市场的把握,将这些金融工具和金融产品配以复杂的组合设计,达到降低风险、获取利润的最终目的。

5. 监管程度相对宽松

公募基金的募集对象是普通的社会大众,其中包括很多自我保护能力弱、投资经验缺乏的中小投资者,如果发生投资失败或者引发利益纠纷将会造成极为严重的社会影响,所以为了保护这些公众投资者的利益、维护证券市场的稳定发展,公募基金在发行的前中后期,无论是对基金募集文件的书写、发行前的审批、发行后的信息披露,还是资产组合比例或者投资比例等方面都有着严格的规定。相对地,对私募证券投资基金的监管,在范围、力度等方面却要小得多。一方面,是因为私募证券投资基金面向的是少数投资者,并且是少数合格投资者,即具备相应的风险识别和风险承担能力的投资者，一定程度上可以自我把控风险；另一方面，是因为许多私募证券投资基金的投资者就是其管理者，基于自身利益的投资行为势必会加倍谨慎。

(二) 私募股权投资基金

私募股权投资基金有广义与狭义两层含义。广义的私募股权投资基金既包括投资于种子期、成长期企业的创业投资基金，也包括投资于扩展期企业的直接投资基金、参与管理层收购的并购投资基金、投资于过渡期企业或上市前企业的过桥基金等。即任何投资于一家未上市前企业的股权投资基金都是私募股权投资基金。狭义的私募股权投资基金重点针对已形成一定规模，并产生稳定现金流的成熟企业的私募股权投资，通常指创业投资后期的私募股权投资部分，并购基金和夹层资本是其中规模最大的两部分。

私募股权基金的特点可以归纳为以下几个：

1. 风险高

私募股权基金的高风险性通常存在于企业的创新活动，或是早期公司的创建中。风险投资者一般都要面对技术产品开发风险、市场未知风险、风险投资控制及投资过程中外部因素带来的不确定性。所以私募基金最重要的特征就是高风险。

2. 流动性低

创业投资型私募股权基金一般为中长期投资，投资者没有任何短期投资回报和分红。私募股权基金在投资期间还要用额外资金向有希望的企业进行资金投入。通常情况下，私募股权基金投资项目的寿命一般为3—8年。

3. 信息不对称

在私募股权前期投资项目的选择、后期监督和控制环节，信息不对称现象一直存在。由于信息的不对称，投资者在投资项目前期很难做出准确的判断；获得投资后，由于信息不对称可能导致严重的道德风险，从而损坏投资者的利益。所以，信息不对称现象在私募股权基金中的表现非常明显。

4. 存续期有限

为了便于对私募股权投资进行监督管理，必须建立一种声誉机制来克服它的不透明性。私募股权基金的存续时间通常为7－10年，到期必须清算

（如果需要可延长至两年）。而且私募基金持有人的资金也是有限的，必须小于私募股权基金的上限。

5. 注重企业成长

私募基金一般在企业成长阶段和扩张阶段进入，然后在企业上市后逐渐退出，其间为企业发展提供必要的资金和相应的服务。在项目选择时，私募基金不仅关注企业自身的成长，而且还将考虑产业整体阶段的发展潜力，确定企业是否处于产业发展曲线中的快速发展期。

6. 遵循财务投资策略

私募股权投资的利益是通过资本收益而非经营收入获得，私募股权投资者是金融投资者而非战略投资者，投资者进行投资的目的是在股权升值后售出再得到相应收益，他们并不是为了进入这一行业，也不是想长期持股，他们的投资策略是"入股 — 增值 — 出售"。

7. 专家进行股权管理

对于股权投资者来说，需要帮助企业创造价值，这就要求投资者不仅能够准确判断项目的后期盈亏情况，更要有企业的管理能力。所以相比于证券投资，股权投资者的素质要求更高。

第二节 私募证券投资基金监管制度的优化

一、私募证券投资基金监管的原则

私募证券投资基金监管指私募证券投资基金监管主体依据法律、法规、规章及相关规定，对私募证券投资基金的设立、投资、运作及管理等活动，私募证券投资基金主体及其行为规范进行监督干预，以保护私募证券投资基金投资者利益并维护私募证券投资基金市场秩序的行为。一个国家要建立私募证券投资基金监管体系，必须要遵守一些原则，从我国私募证券投资基金监管制度来看，应该具备以下基本原则：

(一)适度监管原则

适度监管原则是私募证券投资基金监管的第一原则,要求政府根据市场要求适当地选择对私募证券投资基金市场的干预程度。适度监管指在私募证券投资基金监管过程中必须充分发挥市场机制自身的作用,以行业自律监管为主、政府监管为辅,不能过度监管限制了私募证券投资基金的发展。[①] 因此,政府在对私募证券投资基金市场进行干预时,在不涉及社会公众利益的前提下,应首先尊重私募证券投资基金当事人的意思自治,适当运用市场准入、政策引导、规章约束和法律监督等综合手段予以宏观监控,充分调动行业协会自律组织、律师事务所和会计师事务所等中介机构辅助监管的积极性,实行市场化监管。

(二)依法监管原则

依法监管原则是证券投资基金监管的基本原则,而私募证券投资基金作为一种非公开发行的基金,其监管自然也应当遵循该原则。依法监管原则指私募证券投资基金监管必须依据法律、行政法规的规定对监管职权进行合适的设定、行使,不得与法律相违背。同时,也要求政府建立完善系统化的法律体系,具体地规定私募证券投资基金监管中的每个环节,从而让私募证券投资基金的监管有法可依。

(三)投资者保护原则

投资者保护原则指监管当局应该将对投资者的保护作为私募证券投资基金监管制度设计的宗旨,要从保护投资者的视角来看,确切地保障投资者的权利。这是因为在法律关系中,当投资者给予基金管理者基金管理权限之后,投资者已经无权对基金管理者的经营与管理进行干预,所以必须对投资者采取更多的保障措施,从而使投资者的投资风险保持在可控范围内,让投资者保持足够的信心。此外,私募证券投资基金的内部法律关系是一种信托契约关系,一旦建立这种关系,资金支配权就由投资者转移至基金管理者手中,投资者将处于不利的地位,所以私募证券投资基金监管制度的设立应该更多地考虑对投资者的保护,以改变这种不对等的权利义务关系。

---

① 刘健钧.创业投资制度创新论[M].北京:经济科学出版社.2004:259.

二、我国私募证券投资基金监管现状

(一) 现行法律制度

1. 合格投资者制度

新《证券投资基金法》第八十八条规定:"非公开募集基金应当向合格投资者募集,合格投资者累计不得超过二百人。"《私募投资基金监督管理暂行办法》十二条规定:"私募基金的合格投资者是指具备相应风险识别能力和风险承担能力,投资于单只私募基金的金额不低于100万元且符合下列相关标准的单位和个人:(一)净资产不低于1000万元的单位;(二)金融资产不低于300万元或者最近三年个人年均收入不低于50万元的个人。"这些规定结合定量和定性两方面对合格投资者提出了要求。①从定量上看,主要考察投资者的风险承担能力,即财产状况,包括两个要求,一是自身拥有的资产达到一定规模,或者具有较高且稳定的收入来源;二是将这种资产规模或者收入水平具体表现为其在基金中的投资能力,即必须认购不低于规定限额基金份额。②从定性上看,主要考察投资者的风险识别能力,即金融知识、经验、能力等。如果投资者有足够的能力了解其投资对象的成本、风险、收益等内容,自身就可以对投资与否、投资方式等做出正确判断,实现自我保护;而单位投资者,基于其金融性等特点,要求具备相对个人投资者更高的风险承担能力,故净资产需不低于1000万元。同时,《私募投资基金监督管理暂行办法》第十三条还补充规定:"下列投资者视为合格投资者:(一)社会保障基金、企业年金等养老基金,慈善基金等社会公益基金;(二)依法设立并在基金业协会备案的投资计划;(三)投资于所管理私募基金的私募基金管理人及其从业人员;(四)中国证监会规定的其他投资者。"这是因为资本市场处于飞快的发展变化过程中,合格投资者的标准也需要不断适时调整,制定该授权性规定有利于妥善处理法律稳定性和市场变动性的关系。

2. 基金管理者注册或登记制度

新《证券投资基金法》第九十条规定:"担任非公开募集基金的基金管理者,应当按照规定向基金行业协会履行登记手续,报送基本情况。"《私募投资基金监督管理暂行办法》第七条规定:"各类私募基金管理人应当根据基金业协会的规定,向基金业协会申请登记,报送以下基本信息:(一)工商登记和营业执照正副本复印件；（二）公司章程或者合伙协议；（三）主要股东或者合伙人名单；（四）高级管理人员的基本信息；（五）基金业协会规定的其他信息。基金业协会应当在私募基金管理人登记材料齐备后的20个工作日内，通过网站公告私募基金管理人名单及其基本情况的方式，为私募基金管理人办结登记手续。"所以，有关私募证券投资基金管理者的规定，可以从主体、条件和程序这三个方面分析：

（1）目前可以担任私募证券投资基金管理者的主体有两类，一是基金管理公司，二是原本不具备基金管理资格的公司或者合伙企业。基金管理公司已经具备管理基金的条件，要求其履行登记手续，主要是为基金行业协会全面掌握行业情况；而要求原本不具备基金管理资格的公司或者合伙企业履行登记手续，则是为了通过基金行业协会审查其是否符合国务院金融监督管理机构规定的条件，由行业协会实行自律管理。

（2）担任私募证券投资基金管理者一方面要满足新《证券投资基金法》第十三条设立的包括公司章程、注册资本、主要股东、从业人员、高级管理人员、场所设施以及内部治理、内部稽核监控和风险控制等在内的条件，另一方面，又不必像上述条件规定的那么严格，可以由政府相关部门予以适当变通、适度放宽条件。

（3）对于私募证券投资基金的管理者采取登记制，以基金行业协会为登记机构，而且只需将其基本情况进行登记报送。这表明，只要私募证券投资基金的管理者符合政府相关部门规定的条件，基金行业协会就应当予以登记，不得拒绝。而对于所需报送的基本情况，也不宜规定过宽，一般包括基金管理者的名称、住所、组织形式、注册资本、人员等事项即可。

3. 基金非公开宣传制度

新《证券投资基金法》第九十二条规定："非公开募集基金，不得向合格投资者之外的单位和个人募集资金，不得通过报刊、电台、电视台、互联网等公众传播媒体或者讲座、报告会、分析会等方式向不特定对象宣传推介。"《私募投资基金监督管理暂行办法》第十四条规定："私募基金管理人、私募基金销售机构不得向合格投资者之外的单位和个人募集资金，不得通过报刊、电台、电视、互联网等公众传播媒体或者讲座、报告会、分析会和布告、传单、手机短信、微信、博客和电子邮件等方式，向不特定对象宣传推介。"这些规定从宣传推介对象和宣传推介方式两个方面对私募证券投资基金的宣传推介提出了要求：①"认识客户"原则是所有金融机构都应当遵循的基本原则,它要求金融机构在销售金融产品、提供金融服务或者从事金融交易前,应当充分了解客户的需求和承受风险的能力。而私募证券投资基金不得向合格投资者之外的单位和个人募集资金的规定,正是对这一原则的正面响应,以防普通投资者购买超出自己可承受风险之外的私募证券投资基金产品,从而保护普通投资者的利益。②私募证券投资基金,一般不得采用报刊、电台、电视台、互联网等公众传播媒体形式或者讲座、报告会、分析会等方式宣传推介;除非基金管理者能够证明,虽然采用了上述方式,但是仍然将宣传推介的对象控制在符合合格投资者标准的特定对象的范围内,并未波及不符合上述标准的普通社会公众。这一要求也与私募证券投资基金的推介对象要求前后呼应,既然私募证券投资基金只能向合格投资者募集,那么其宣传推介行为就只能采取限制方式向限定的合格投资者展开。

4. 基金合同制度

新《证券投资基金法》第九十三条、第九十四条和《私募投资基金监督管理暂行办法》第二十条都规定了募集私募证券基金,应当制定并签订基金合同、公司章程或者合伙协议(以下统称"基金合同")。这些都是对于私募证券投资基金合同应当包含的内容,以及基金份额持有者转让基金份额的限制的规定。在理论上,私募证券投资基金的管理者和投资者可以根据各自的情况协商是否签订基金合同,以及在基金合同中应该有哪些约定事项。由于我国的私募证券投资基金行业处于起步阶段,基金管理者、投资者的经验还有所欠缺,笔者认为要求私募证券投资基金的相关利益者签订具有相关约定事项条款的基金合同,有利于明确私募证券投资基金各方参与者的权利义务,引导私募证券投资基金行业稳步发展。

5. 基金备案制度

新《证券投资基金法》第九十五条规定:"非公开募集基金募集完毕,基金管理者应当向基金行业协会备案。对募集的资金总额或者基金份额持有人的人数达到规定标准的基金,基金行业协会应当向国务院证券监督管理机构报告。"《私募投资基金监督管理暂行办法》第八条还进一步规定了备案应该报送的基本信息,如主要投资方向、基金合同、公司章程等内容,且要求基金业协会在私募基金备案材料齐备后的20个工作日内,通过网站公告私募基金名单及其基本情况的方式,为私募基金办结备案手续。根据这些规定,私募证券投资基金只需在基金行业协会进行备案,就可以直接开始资金的募集，不必向国务院证券监督管理机构注册。之所以规定向基金行业协会备案，而不是直接在国务院证券监督管理机构备案，一方面是因为私募证券投资基金数量众多，如果一律向国务院证券监督管理机构备案，国务院证券监督管理机构的工作量太大，无法突出政府监管重点；另一方面是为了充分发挥基金行业协会的作用，由基金行业协会对进行行业自律监管。而备案的意义主要有三点：①了解每一只私募证券投资基金的募集情况，规范其募集行为，防范出现违法公开或者变相公开募集的情形。②通过汇总各私募证券投资基金的基本情况，全面掌握私募证券基金的市场规模和运营情况，研究和推动行业发展，防范系统性风险。③由基金行业协会进行筛选，将规模较大、对资本市场影响较大或者特殊性较强的重点私募证券投资基金项目筛选出来，向国务院证券监督管理机构报告，由国务院证券监督管理机构重点监管和把控。

（二）现行机构体系

通过对新《证券投资基金法》和《私募投资基金监督管理暂行办法》的上述分析解读，不难发现我国当前对私募证券投资基金的监管采取的是折中型监管体制，既包括行政监管，即中国证监会及其派出机构；也包括行业自律监管，即基金行业协会的自律性监管。但是，除此二者之外，还有多个其他政府部门在承担着私募证券投资基金的部分监管职能，如依据《信托法》的规定，中国人民银行对信托契约型私募证券投资基金行使了一定的监管权，而依据《公司法》的规定，工商总局对公司型私募证券投资基金行使了一定的监管权等。很显然，这种"政出多门、多头管理"的监管体制不仅会形成监管上的真空，造成"九龙治水水不治"的尴尬局面，而且还会降低监管效率，加剧市场混乱，使私募证券投资基金的自身优势无法得到有效发挥，错失投资良机。因此，从监管的专业、便利、公平和国际惯例来看，私募证券投资基金的行政监管权由统一的行政监管机构行使，再辅以有效的自律监管，似乎更为妥当。而中国人民银行、财政部、商务部、银保监会和国家工商总局等相关部门，只要就涉及本部门的领域出台相关鼓励、扶持、优惠或限制的措施，配合行使相关的监管权限就好。

三、我国私募证券投资基金监管制度的完善

(一) 基本思路

1. 统一监管部门

传统金融理念认为政府监管将致使私募证券投资基金缺乏灵活性，约束其运作能力，使其失去价值；如果引入自律型监管，就能够弥补政府监管的不足，发挥私募证券投资基金的创造力和营运力。所以，私募证券投资基金的监管体制应为政府监管与自律监管相结合，且自律监管为主。但是，由于我国金融法律制度不完善、立法经验不足，我国长期实行分业经营和分业监管，这与我国立法和经营都在向混业经营转变的现状不适应，为适应我国市场的发展和进步，我国的监管体制应逐渐过渡为混业经营和统一监管的模式。即借鉴各发达国家的经验，成立一个统一的金融监管部门，对私募证券投资基金进行全面系统的监管，获得统一的金融运行数据，防止系统性风险发生；同时，我国应尽快在现有的信用体系下，设立全国性的私募证券投资基金行业协会，从市场的角度进行行业自律监管。这样就对私募证券投资基金形成了政府监管和行业监管的折中型监管模式。

2. 明确监管目标

明确监管目标是为了做到立法有的放矢。我国私募证券投资基金监管的首要目标应该是对投资者予以严格的保护。因为与基金业相对发达的国家历经数十年发展而成熟的私募证券投资基金市场不同，我国的投资市场和投资者都还不够成熟，私募证券投资基金投资复杂和隐秘，基金管理者会为了片面追求业绩表现而违规操作，以致侵害投资者利益。而随着中国经济的蓬勃发展，中国国民的个人可支配资产也逐渐增多，因此更多的社会大众希望投资于金融市场，其中不乏投资私募证券投资基金的投资者；但是我国私募证券投资市场风格相对比较粗犷，风险较大，中小投资者难以进行有效判断，在私募证券投资基金市场中处于弱势地位，所以现阶段的私募证券投资基金监管的首要目标应为投资者保护，其后才是促进融资便利、维护市场稳定和安全。

3. 规范监管对象

规范私募证券投资基金的监管对象，即到底应该对谁进行监管。私募

证券投资基金是一种市场的金融行为，其法律监管则是对基金本身及其经营活动的整个过程进行监管，而私募证券投资基金的经营活动的主体是基金管理者、基金托管者以及基金投资者，所以说私募证券投资基金的监管对象就是上述三个主体。详细言之，对这三者的监管要从不同的方面进行特定的规范：私募证券投资基金管理者是这个基金的运作者和掌控者，因此对其监管应该集中在准入资格的审批控制以及其对募集基金把控运营情况的监管；私募证券投资基金托管者则是负责资金的托管，这一步骤对私募证券投资基金的资金安全有着重要的作用，因此将对私募证券投资基金进行强制托管予以加入法律规范十分必要，同时还应该设立统一的基金托管机构以及明确托管监督制度；私募证券投资基金投资者是整个行业的资金提供者，同时也是市场中相对信息比较滞后的参与者，因此应该明确市场投资的准入门槛，重点审核合格投资者的投资资格，对投资者的风险防范能力和自我认知保护能力进行严格识别，尽可能地将合格投资者控制在有一定的经济实力同时有较强的风险识别及承受能力的投资者中。

4.健全监管路径

健全私募证券投资基金的监管路径，实际上就是要解决应该采用何种方式进行监管。对于私募证券投资基金的监管应该伴随其整个审核、发行和运营管理的过程，而其中最重要的是事前的审核和事后运营管理的监管。①

第一，目前我国私募证券投资基金只需要管理者向基金行业协会组织进行登记，且只需报送基金的基本情况即可，根本没有相应的注册准入手续。虽然就法律理论而言，私募证券投资基金当事人之间的关系属于民事法律关系，应该在私法的范畴内加以调整，而不是由公法过多地介入。然而，我国的证券投资基金市场还处于幼生期，未能建立完善的信用体系，难以仅仅靠市场主体的自觉自律实现市场的完好运作。因此，在我国现阶段的私募证券投资基金监管中有必要加入适当的公权力对其进行事前的市场准入审核。

第二，我国私募证券投资基金还处于幼生成长期，很多信息难以得到有效的披露和传递，为了防止私募证券投资基金利用信息资源的相对优势进行内幕交易的操控，损害市场形象和投资者利益，我国必须采取严格的信息披露制度进行监管。详细言之，在私募基金发行期间，基金管理者应该向投资者提供基金的基本信息并说明其风险所在，以备投资者根据自身的风险承受

---

① 罗捷.我国私募基金监管浅议[J].合作经济与科技，2017（15）：184-185.

能力进行抉择；在基金成立运营过程中，基金管理者应当定期将基金的基本运营情况（包括但不限于资产、负债、盈利情况等）向投资者、行业协会及监管部门予以披露备案，并且承诺经营的透明化以及随时接受政府监管部门的审查。

（二）具体制度设计

1. 投资者准入制度

（1）增加专业水平培训。一个合格的私募证券投资基金投资者最重要的是具备风险识别和承受能力，这就要求投资者有一定的金融知识、投资经验、承受能力等，能够对其投资对象的成本、风险、收益等内容进行分析，从而判定投资与否、选择何种投资方式，做到自我保护。因此，除了采取问卷调查等方式对投资者的风险识别能力和风险承担能力进行评估，以及由投资者书面承诺符合合格投资者条件以外，我国还可以适当地在风险承受能力、金融知识等方面对投资者进行培训，用以提高投资者在专业判断上的能力，事先避免因专业知识不合格而产生不必要的投资者损失。

（2）完善资产规模的具体要求。结合我国社会主义初级阶段的基本国情，笔者认为，对于投资于私募证券投资基金投资者，除了要求净资产不低于1000万元（单位）、金融资产不低于300万元或者最近三年个人年均收入不低于50万元（个人）外，还应该规定每次可用于投资的资产在20万元人民币以上。

（3）禁止隐名股东或股份代持。我国在新《证券投资基金法》中对投资者人数有着明文规定限制：私募证券投资基金投资者的人数不能超过两百人。虽然私募证券投资基金市场的准入条款相对严格，但由于我国公众存在着盲目的投资现象，因此往往会出现多人委托一人进行投资的情况，即所谓的隐名股东或股份代持现象。虽然这种现象名义上看来其投资者人数符合《证券投资基金法》的规定，即人数不超过两百人，可如果加上其幕后的隐名股东，却已经远远超过了两百人的人数限制。而私募证券投资基金与公募证券投资基金的根本性区别就在于私募证券投资基金的投资者只能是符合相关条件的合格投资者，并且在人数上有着严格的限定，而隐名股东或股份代持这一现象意味着私募证券投资基金有了向非特定投资者进行募集发行的可能性，更有可能导致非法集资现象的发生，这就大大违背了建立私募证券投资基金监管法律体系的初衷。故《私募投资基金监督管理暂行办法》第十三条第三款规定了基金管理者或基金销售机构对最终投资者加以穿透核查，以合并计算投资者人数。除此以外，笔者认为，政府还应该在明确禁止的同时，标示其相应的法律后果。

（4）拓宽机构投资者的准入通道。私募证券投资基金的投资者大部分是富裕的、有着一定背景的个人，但是最近世界各国的趋势是机构投资者逐渐成为私募证券投资基金最主要的资金来源，个人和家庭的重要性降低。而我国目前对于机构投资者投资于私募证券投资基金有着严格的限制性规定，获得准入许可的机构投资者数量相对不足，这使得我国私募证券投资基金募集来源依旧是"散户"时代，从而导致私募证券投资基金的资金来源过窄、资金募集困难，资金募集违规现象更加严重。因此，进一步调整机构投资者投资私募证券投资基金的准入机制，扩大私募证券投资基金机构投资者的来源，合理设定机构投资者投资私募证券投资基金的投资比例要求，拓宽机构投资者的准入通道，合理疏导而非一律严堵，是规范私募证券投资基金募集监管的有效途径，也是我国私募证券投资基金健康发展的必要条件。

2. 管理者准入制度

（1）规范资产条件的具体要求。对于私募证券投资基金管理者而言，具备一定的资产规模和风险承受能力是必不可少的，笔者认为基金管理者的资产规模不能少于1000万元人民币；同时基金管理者对于基金份额的认购要控制在其净资产的1.5倍之内，即保证投资后其资产负债率低于50%。这样，一方面基金中存在着基金管理者的份额，使得其在运营过程中也会考虑自己的切身利益，而防范其因利己行为违规操作；另一方面，一旦管理者出现利己行为，可以对其进行追偿，而有足够的资金实力能更大地保障投资者追偿的有效性，切实保障投资者的利益。

（2）完善人数和资质的限制。私募证券投资基金行业相对的专业化，要求参与者有足够的专业认知能力，而一般的私募证券投资基金投资者虽然有一定的学识背景，但与合格的管理者相比而言却差之甚远，所以才会对私募证券投资基金进行委托管理和经营，这凸显了合格的基金管理者在私募证券投资基金行业的重要性。而我国在该行业的发展还处于幼生期，管理者的人才储备和资质认定还比较薄弱。因此，笔者认为要建立严格的从业人员管理体制对基金管理者的资质进行认定，同时对单个基金的管理者人数进行限制，保证管理者能够对基金进行有效的控制，从而保障投资者利益。其中对于管理者的资质认定可以采取以下两种方式：一方面可以考察基金管理者的从业历程，只有在整个从业过程中无污点的具有职业道德素养的管理者才能被认可；另一方面可以由行业协会组织专业资格认定考试，确保其具有专业资质。

（3）建立保证金制度。私募证券投资基金行业相对其他的金融投资行业而言具有较大的投资风险，而基金管理者如果没有基金份额或者仅仅有很少一部分，主要是通过管理获取回报，那么其将有很大的可能性进行投机冒险以求获取高额回报，基金的风险无疑将进一步被扩大。因此，笔者认为有必要设立基金管理者保证金制度，限定基金管理者认购私募证券投资基金的合理份额，使得管理者和投资者成为利益共同体，促使管理者在运作时采取更为谨慎的模式；同时私募证券投资基金一旦出现亏损，将优先使用管理者的份额进行弥补，这样能够大大地保障投资者的利益。当然，基金管理者保证金的多少是由基金管理者的份额决定的，份额的多少又是按投资者对其信任程度来决定，在美英德日等市场相对发达成熟的国家，保证金额度在1%—3%，鉴于我国私募证券投资基金市场处于幼生期的实情，笔者认为我国可以将这个比例定位20%—30%。

3. 信息披露制度

信息披露制度是私募证券投资基金运营过程中相当重要的一环，规范化的信息披露准则可以对私募证券投资基金的管理者和托管者的行为进行严格的限制，从而避免可能的信息不对称风险。基金合同中的信息披露规则应该如何制定，笔者有如下建议：

（1）区别对待。笔者认为，机构投资者与个人投资者相对而言在信息的获取和专业知识判断上有着明显的差别，因此在构建私募证券投资基金信息披露制度实施细则时，应该对机构投资者和个人投资者有一定的区别。对于机构投资者，因为其自身具有的优势，所以就没有必要再进行强制性的信息披露义务，只是在机构投资者提出要求对私募证券投资基金的基本情况进行了解时，基金管理者、基金托管者应当予以配合披露；而个人投资者作为一个单独的个体，不论是风险承受能力还是知识的构造、经验的积累都难以与机构投资者同日而语，更不用说去发掘基金信息进行投资判断；由此可见，信息披露制度对个人投资者尤为重要。因此法律应该明确规定基金管理者、基金托管者主动向个人投资者进行信息披露，对于披露的内容，法律的相关规定也最好能够给出参照标准。

（2）披露内容。信息披露不仅仅是简单地将信息进行公开，还应该对自身内部信息进行整理归集后,再提供给相关参与者,以供其根据信息判断投资与否,投资方式等问题。因此笔者认为,为保障投资者特别是个人投资者能得到准确使用的信息,信息披露的内容除了基金投资、资产负债、投资收益分配、基金承担的费用和业绩报酬、可能存在的利益冲突情况以及可能影响投资者合法权益的其他重大信息之外,还应该包括以下几个方面:①基金发行人、基金管理者和基金托管者的基本情况;②基金份额的转让条件;③相关警示说明;④私募证券投资基金章程。

4. 法律责任制度

私募证券投资基金法律责任按照法律关系的不同,可以分为民事法律责任、行政法律责任和刑事法律责任,其中行政法律责任和刑事法律责任在行政法和刑法上得到了比较完善的规定,所以此处着重探讨私募证券投资基金民事法律责任制度的构建。笔者认为,私募证券投资基金的民事法律责任主要应该建立在基金管理者和基金托管者对基金投资者的法定义务上,即主要是基金管理者和基金托管者的民事法律责任。

(1)基金管理者的保证金责任。私募证券投资基金的投资风险较大,所以设立基金管理者保证金责任很有必要,一方面可以保证基金管理者与基金投资者的利益捆绑,促使基金管理者自觉回避风险;另一方面可以用于弥补私募基金运作亏损,维护基金投资者的资本安全。至于基金管理者保证金的多少,则可以按基金投资者对其的信任程度决定,参考国外1%—3%的份额,我国可以适当提高至20%—30%。

(2)基金管理者的损失赔偿责任。私募证券投资基金监管法律还应设立基金管理者的损失赔偿责任,即因为基金管理者的过错行为导致基金投资者的利益受损时,基金管理者在基金中的出资应首先用来弥补基金投资者的亏损,不足部分再由基金管理者的其他财产加以补偿,从而有效抑制基金管理者过度追求风险的冲动。

(3)基金托管者的合同约定责任。新《证券投资基金法》赋予了私募证券投资基金托管更大的自由度和灵活性,即基金投资者可以通过合同约定不再聘请基金托管者托管,而是由基金管理者统一行使基金管理和基金财产保管的职能。但是,如果基金合同没有另外约定,则私募证券投资基金还是应当由基金托管者托管,基金托管者需要承担相应的损失赔偿责任,如基金托管者没有尽到保管义务导致基金财产灭失的,或者基金托管者与基金管理者串通造成投资损失的,都要承担损失赔偿责任。

第三节　私募股权投资基金风险预测与治理

一、私募股权投资风险

（一）私募股权基金双重委托代理风险

私募股权投资在实际运作过程中存在着双重委托代理关系，如图 4-1 所示。第一重委托代理关系是私募基金管理者受投资人委托，代理其投资业务，此时二者之间由于信息不对称容易形成理解障碍，使得投资人无法准确掌握私募基金管理者的业务水平、职业品德和风险偏好，从而极易发生私募基金管理者只考虑自身利益而忽视投资人利益的情况。第二重委托代理关系发生在私募基金管理者和企业家之间，即企业家受私募基金管理者的委托，代理私募基金管理者执行被投项目的管理业务，此时由不对称信息所引起的风险使私募基金管理者对企业的获利水平、发展机遇、财务情况缺乏深入了解。

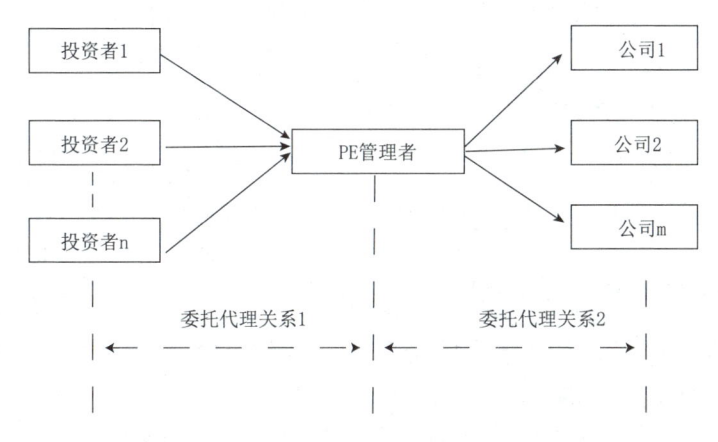

图 4-1　私募股权基金的双重委托代理关系

私募股权基金为常投资于未上市企业的股权机构，一般在非公开信息的市场中进行投资，在进行投资时具有较强的倾向性，如选择一些高风险的创业企业或需要财务重整的企业，那些未来有极大发展潜力的企业也是私募股权基金重点关注的企业，而这些企业往往具有高科技性、不稳定性与高风险性，这就导致了在双重委托代理中存在着极大的信息不对称问题，极易诱发私募股权投资风险的发生。

（二）私募股权投资的分阶段风险

1. 私募股权投资的生命周期

私募股权投资的风险贯穿于投资过程的始终，要想有针对性地进行风险管理，私募股权投资的生命周期问题是人们不得不关注的一个问题。通常而言，私募股权投资周期可以分成三个主要阶段：预投资、投资中期及投资后期，这三个阶段是最重要的部分，涉及私募资本投资的选择、投资项目、干预管理和退出跟踪。具体而言，各个阶段的细分环节如图4-2所示。

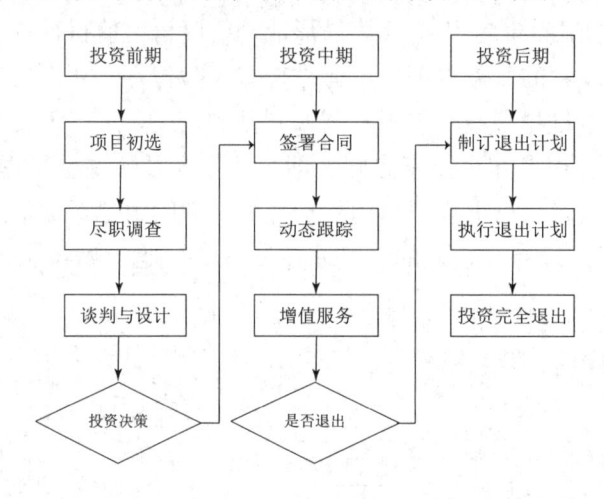

```
投资前期            投资中期            投资后期
  ↓                  ↓                  ↓
项目初选     →     签署合同            制订退出计划
  ↓                  ↓                  ↓
尽职调查           动态跟踪            执行退出计划
  ↓                  ↓                  ↓
谈判与设计         增值服务            投资完全退出
  ↓                  ↓
投资决策           是否退出
```

图4-2　私募股权投资基金的投资周期

2. 私募股权投资的前期风险

私募股权投资前期主要由筛选项目、初步审查、尽职调查、深入研究、合同谈判和审核决策等几个部分组成。

投资项目的选择是投资前期最主要的工作，而筛选项目、初步审查是一个项目的开始，也是最基础的工作，是该投资成败的关键。投资者通过各种渠道收集项目信息，并从项目的技术、经济、市场等方面来确定投资及投资组合策略、退出策略等，从而选择感兴趣的项目进入尽职调查阶段。在这个阶段，由于在通过中介获取信息过程中可能存在信息的误报，造成信息失真；或者由于收集信息的途径不够宽，造成很多优质项目根本没有进入选择项；或者由于选择者个人或团队的能力有限，很多有时机价值的项目惨遭淘汰等多种因素，导致筛选项目初步审查阶段的风险。

进入尽职调查阶段的企业，投资者会与其达成初步合作意向，并对本企业的一切资料进行调查分析。该项目的主要内容包括行业分析、产品竞争力分析、财务分析，企业的历史调查、取证调查、业务人员调查。该调查是非常复杂的，因为其不仅深入最初的项目，而且也是项目评估、投资方案设计、后续工作的先决条件。在创业投资中，早期风险投资项目的失败原因至少有 50% 是机构投资者没有做充分的尽职调查。该环节主要有以下两类风险。①道德风险。现代经济学假设人都是自私的，由于自身利益的追求，目标公司可能自行包装，隐瞒经营劣势，粉饰财务报表，这将严重影响调查结果。如果投资机构获得虚假的企业信息，不仅会影响后续的工作，也对判断目标公司的股权及未来资本升值预期造成错误估值，进而导致投资失败。②法律风险。目前我国除了《证券投资基金法》《公司法》等法律对私募股权投资有一些模糊规定之外，私募股权投资的法律地位尚未明确，存在一定法律风险。因此我国在私募股权投资方面的法律需要进一步完善。避免法律风险不仅需要投资者有丰富的市场经验，也需要政府及时完善相关的法律法规。

通过了前几个阶段的企业，投资公司会与其谈判和设计合同，项目合同是投融资双方相互博弈的最终结果，合同中除了制定了融资双方的权利和义务等，最重要的是投资计划，其中包括投资者的权利，制定投资计划和入股比例，选择合适的投资工具，制定相关事宜的解决办法等，并最终签订投资合同。该环节为投资前期的最后一个环节，主要风险是法律风险。如果投融资双方的权利和义务在合同中界定不清，某些未尽事宜解决办法没有达成协议，一旦在投资过程中出现了问题，法律纠纷就会导致投资停滞不前，严重影响投资转化进度，甚至可能导致投资的失败。

3. 私募股权投资的中期风险

私募股权投资进入投资中期以后，投资机构的工作由原来的研究调查变为跟踪监控，并尽自己最大的努力为被投企业提供援助。由于投资机构的管理者大多是投资人才，所以他们对被投企业的监控主要采取财务跟踪的方式，关注被投企业各个阶段的财务报表，研究其财务数据，从而判定企业的运营状况和所面临的潜在性风险，及时提醒被投企业改变经营战略，优化资产结构和财务融资结构，规范财务管理等。除此之外，投资机构还应利用自己的各种资源，为被投企业提供管理咨询、制订发展计划、帮助被投企业物色高层管理人才等。总之，就是尽自己最大能力为其提供一切有利于企业发展的帮助，减少投资风险。私募股权基金投资通常涵盖种子期、初创期、成长期和成熟期。每个阶段都有不同的风险，中期私募股权投资主要有以下三种风险。

（1）委托代理问题。委托代理是当前主要存在着所有权与管理权相分离、投融资双方信息不对称的问题。由于人都是自私的，代理机构如果不按事先约定，而是以自己的利益最大化为行动准则的话，在代理的过程中就会做出损害投融资双方利益的行为。例如，误传虚假信息，则会提高代理费用，延长投资进度等。另一方面，如果存在代理行为，投资方始终是间接的信息获得者，而信息在传输的过程中难免会失真；更有甚者，如果被投企业和代理机构有意不将有效的信息通知投资机构，就会造成投资机构对被投企业发展认识的滞后甚至错误，从而带来更大的投资风险。

（2）营业风险。营业风险又被称"经营风险"，通常是因为企业生产经营上的失误给企业的发展所带来的不确定性，营业风险贯穿于企业发展的始终，因为在经营的过程中，任何一个细小的决定都有可能造成营业风险。例如，产品上市时间没选好、广告投入有偏差、产品技术更新换代延迟等，这些都有可能使企业陷入难以预料的低谷，从而给投资方带来投资风险。广义的营业风险又分为系统性营业风险和非系统性营业风险。系统性营业风险是由企业经济因素、法律因素、社会环境因素、技术因素、行业因素和环境因素共同作用造成的；非系统性营业风险主要是人力资源管理、市场营销战略、财务管理、投资政策的综合效应。

（3）管理风险。管理风险是由于创业投资企业在管理过程的不合理行为造成的决策失误，通常是由管理者的融资能力、资金的管理团队、组织结构三要素影响决定的。失败的私募股权投资很大程度上是被投企业管理者能力欠缺造成的。一个成功的管理者必须有创新意识、敏锐的洞察力、较好的决策水平和企业责任感；一个好的团队是由职业经理人、技术人员、财务专家以及市场营销专家组成的有机结合，他们相互配合协作是项目成败的关键；一般来说，处于发展期的企业组织结构都是不完整的，融资成功后，随着企业的快速发展要不断优化调整企业的组织结构以适应新形势。

4. 私募股权投资的后期风险

私募股权投资主要有上市、并购、破产清算等资本退出方式，一般在被投企业经过3~5年的发展，企业价值达到一定水平以后进行。通常来说，通过企业上市退出资金是投资机构最偏好的退出方式，因为该方式不仅安全有效，而且收益最高。

私募股权投资后期的风险主要体现在以下几种资本退出方式上。

（1）通过上市退出。虽然该方式收益较高，但是由于创业板市场不健全，以及市场条件比较苛刻，很多想去海外上市的公司，由于国外资本市场外汇管制太多，同时对公司自身条件有较高的要求，所以一般企业想通过上市来收回资本并不是那么容易。

（2）通过并购退出。一个企业如果经营不善，很有可能会被同行业其他企业兼并收购，虽然不会全部亏损，但这种方式也不能完全保证投资机构能收回全部资金。

（3）破产或清算退出。这是前景不佳企业通过退出方式规避风险的一种，这种方式使投资企业能收回一部分投资资金，是一种"长痛不如短痛"的做法，虽然能避免一定的损失，但它也意味着本次投资的失败。

二、私募股权投资风险预测体系的构建

（一）私募股权投资项目运作的一般流程与风险评价层面

1. 私募股权投资项目运作的一般流程

私募基金管理团队要想制订规范合理的内部投资管理流程，需要考虑投资方案、决策及维持团队稳定等重要因素。通常来说，投资决策委员会由基金核心成员组成，对私募项目的投资、投后管理及退出事项的决策一般采取多数票通过原则，少数服从多数。

（1）项目挖掘。私募基金投资专业团队通过各种渠道寻找优质项目，这个过程包括行业扫描、人脉网络资源、行业协会举荐，通过"天使投资人"推荐或其他渠道资源的紧密合作，在多种方式中发现优质项目。

（2）项目立项。私募投资团队对预投行业深入研究之后，对其有了一定的了解，对于大多数项目，私募投资团队经过长期的跟踪，认为到了可以投资的地步。在研究行业发展趋势、模型可行性、项目开发性、技术先进性、团队管理能力的基础上，团队成员进行多角度讨论并初次筛选；然后准备初步投资备忘录，在周例会上进行正式讨论，包括阐述企业融资需求、项目的基本信息等，还包括其中所涉及的重大风险。多次进行材料补充和研究，投资决策委员会就是否立项作出决定，并做进一步的尽职调查。

（3）尽职调查与评估。私募项目立项以后，投资小组根据项目的详细内容，调查项目的每一方面。投资小组为了更好地了解项目公司，应与企业领导和职员进行交流，对公司的管理能力和信用水平予以评级，综合了解行业、市场、财务、法律、团队等内容。

（4）交易谈判。通过深入调查及利用多年的合作关系，分析企业的真正需求和融资动机，并和企业一起设计有利于多方利益的投资方案。

（5）投资决策。在投资决策委员会还没有做出正式的投资决定前，每个团队人员都可以尽情发表自己的观点和看法，最终做出的决定应以整个团队为基础，而且在每周的例会上都要进行报备。在最终的私募项目投资方案申请发给投资决策委员会之前，项目负责人将会准备一份包括所有与投资决策相关的信息文件，并在正式会议中进行商讨，最终由投资决策委员会做出投资决策。倘若决策通过，准备相关项目的法律文件以及投资条款，确保项目工作的顺利进行。

（6）后续投资。正常情形下，对于大多数的私募项目都会留下一部分资金作为对已投资项目的后续投资，留下的资金数量根据项目不同而适量增减。在后续投资进行时，还要对企业进行调研，再决定是否进行后续投资以及数量，后续投资的决策流程和初期投资决策类似。

（7）投资退出。在进行项目投资后，还需要对企业进行支持和服务来帮助企业发展。投资小组根据企业的发展水平做出评估，并在一定的时机提出退出方案。方案需要收集大多数人的意见，再用表决的方式看是否通过。

2. 私募股权投资项目的风险评价层面

根据私募股权基金的投资特点，相关分析内容主要包括投资项目阶段、项目单笔投资额、领投能力、项目所占股份比重、典型投资项目、投资模式、项目行业、投资伙伴、单个项目投资回报情况、投资成功率、投资时间等，剖析基金投资历史，要对以下几个方面进行考察。

（1）私募项目投资时机选择。不同的基金选择投资的频率和投资的时机是不同的，但无论市场环境如何改变，一些资金都会按照既定的方式投资，如一些基金将根据金融市场环境制订不同的投资策略，调整投资频率和时间。

（2）分析私募基金的投资模式。不同的私募基金运用的投资策略各不相同，一些基金希望跟随其他投资基金，若投资基金相对较少或占投资项目的股份比例较低，自然相应的投资项目的增值服务价值也会相应减少。而有一些基金采取引导投资或独资投资，投资金额高的单一项目或占据投资项目份额高的，其相应的增值服务也会增多。

（3）分析私募投资项目的行业和阶段。根据关于私募投资项目行业的研究，对私募投资项目的行业和阶段策略也需进行分析。

（4）分析私募投资项目的成功率及回报特点。基金不同，其对应的获利模式和特点也不尽相同，体现在项目成功率和回报特点这两个方面。分析各期基金的成功率与某个项目的投资回报之后，将基金管理的获利模式进行归纳。同时，分析共同投资人、投资轮次、领投能力的特点；分析项目的成长性（见图4-3），有效评价基金经理人获取、筛选项目的能力，能够提高项目的增值服务能力。基金团队对项目的后续增值服务能力包括战略制定、构建治理结构、规范财务、拓展业务等。

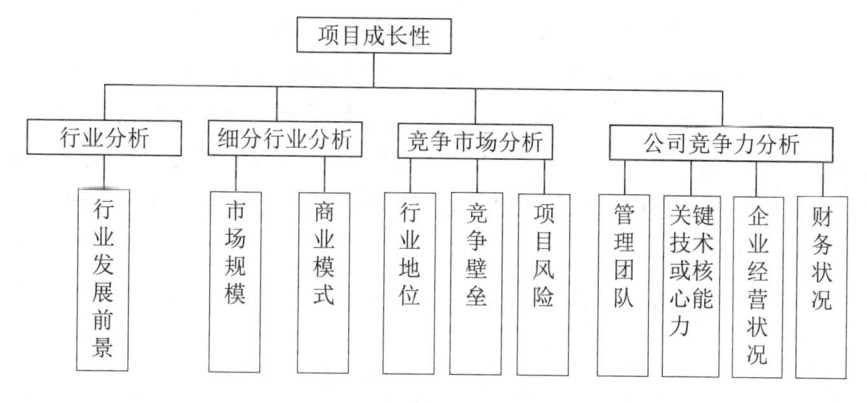

图4-3 项目成长性评价模型

（二）私募股权投资风险预测体系的多层次架构

笔者构建的私募股权投资风险多层次预警体系架构包括三个层面，分别是实时监控单项财务指标、以机器学习为基础的投资风险预测、以专家经验为基础的投资风险预测，从而对私募股权投资风险展开全面的控制。定量和定性结合、机器学习和专家经验互补是此私募股权投资风险预测体系的优点，其预测体系架构如图4-4所示。

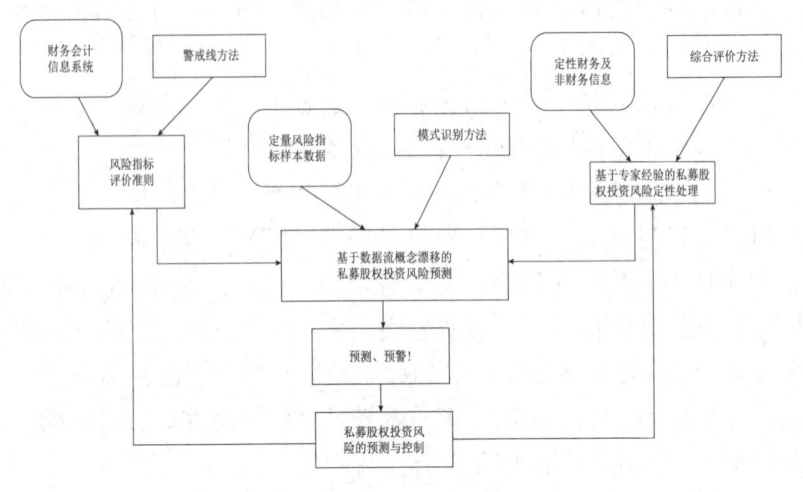

图 4-4　私募股权投资风险预测体系的多层架构

第一个层面为实时监控风险指标。其监督私募项目的整个经营流程、及时反馈项目财务情况的风险指标，让私募基金管理者能在接收到报警信号的同时及时采取相应的控制措施，避免其中某个风险指标脱离平衡状态。基于机器学习的私募股权投资风险预测层，则是从预测警情的角度自动处理反映私募股权投资风险征兆的定量风险指标数据，采用一定方法进行模式识别，发现异常的同时发出风险预警信号，从而实现自动化定量预警。基于专家经验的私募股权投资风险预警层，是通过组织专家组对投资项目各种财务及非财务信息以及可能导致私募股权投资风险的各种内外部风险因素进行警源分析，用综合评价方法给出风险可能性的预警，基金管理者以此为依据，对私募股权投资风险可能性的来源点对症下药，并采取相应的处置措施。

由此可知，风险指标实时监控层和基于机器学习的私募股权投资风险预测层，对定量风险指标数据实施处理、建立模型和识别其模式，运用现代计算机技术进行自动化报警和预警过程，给基金管理者提供及时、准确和高效的预警信息。第三层基于专家经验的私募股权投资风险预警层则是充分利用专家经验知识，寻求专家的支持与合作，运用综合评价方法，对所投资项目内外部情况以及项目未来出现风险的可能性进行预警监测。私募股权投资风险预测体系的每个层面都是不可或缺的，把这三个层面有机结合，可以发挥投资风险信息系统平台、定量分析和模式识别及专家经验综合评价的最大作用，最终可以有效地发挥对私募股权投资风险的监控。这三个层面能够按照顺序依次运行，也能够并行运行，依次运行为上一层面报警或预警时发出信号，下一层面进一步执行预警；并行运行则为私募项目管理者在不同时间段执行不同层面的报警或预警过程。

三、私募股权投资风险的治理策略

（一）私募股权基金信息披露体系的建立

次贷危机过后，世界各国加强了对私募股权基金的监管，主要集中在对私募投资信息全面披露的管理上。从20世纪后期开始，虽然私募股权信息披露制度在监管的标准与口径方面已经有了一致性，但在私募股权行业领域，人们必须以发展的眼光看问题，对私募股权信息披露监管工作，从以下几个方面予以加强：

1. 对私募投资风险的信息关注与监督控制需要进一步强化

私募股权有关项目及最终控制等方面相关信息不仅出现在自己的领域，而且也会经常出现在其他领域，因此私募股权投资信息披露必须遵循严以律己、自我监管的原则。随着经济的快速发展，新退出渠道日渐被提出来，私募股权投资信息也日渐被披露。但是还存在一些信息没有明确的关于披露形式的规定。例如，作为模拟上市公司股东的有限公司合伙私募基金，在相关信息披露方面不仅加强了对日常生活信息的监督与关注，还提高了私募股权行业对外的公开度，提高了基金运作的公开性、公平性和公正性。

2. 构建完善的私募股权投资信息披露体系

私募股权投资信息披露体系应包括三部分的内容：第一，若机构向社会大众披露信息时，这种信息的内容要包括通过筹集的方式在资本市场筹到的资金这一信息；第二，若向投资机构披露信息时，内容除包括经营、财务管理等相关信息，还应包括招聘、有重大影响事件以及潜在风险预警等相关信息；第三，若向监督管理机构披露信息时，内容应包括投资者总数量的检验、股票基金准备方案、与信息披露有关的主要人物、披露对象、账户和业务的制定、投资范围的规定等一系列问题。①

3. 对私募股权信息披露的进一步分级

随着我国经济的不断发展，私募股权投资基金出现了多种方式的分类，产生了多种投资组合和具有创新性的产品。从我国现有的私募股权投资基金

---

① 张晓光. 浅析我国私募股权基金监管存在问题及制度构建[J]. 法制与社会,2021(18):53-54.

发展速度来看，我国私募股权投资基金主要根据投资涉及的主要人物、投资的大小以及投资的特点进行分类，目前市场上出现了多种新的基金类型：房地产私募股权基金、银行直接投资的基金、夹层基金、证券商直接投资企业的基金、政府简介投资基金、外资私募股权投资基金、行业合并基金、基于信托制度的私募股权投资基金等。因此，针对不同种类的私募股权基金，有必要对其信息披露作进一步的分级管理。

4. 进一步加强私募基金创新产品和业务的监督管理

创新是发展的动力，没有创新就无从发展。我国是发展中大国，随着经济不断发展，我国互联网金融也在不断地创新，金融企业日益向着混合经营的方向发展，私募股权投资基金为了赶上时代的发展，正在逐渐探索自己未来转型与创新的道路。为了保障投资者的合法权利，避免私募股权投资基金出现一系列的风险，阻止监管出现落空的情况，必须对私募股权投资基金的创新产品与业务监管进行强化，制定替代投资产品的披露准则和监管的标准，提高信息披露的有效性。

5. 构建基于动态管理的财务信息披露架构

对于监督管理机构和投资者而言，信息披露具有非常重要的作用：第一，信息获取的不完全性降低；第二，道德风险有所下降；第三，阻止内幕交易。就私募股权行业的监督管理来看，其重要作用主要在于阻止杠杆风险和获得不完全信息这两个方面。投资者要想把握公司的真实状况、阻止基金风险以及加大监管部门对风险的调控力度，动态信息披露是人们必不可少的重要手段。为了防止私募股权投资风险的发生，必须构建一个以财务信息披露为主，辅以非财务信息披露的动态监督管理机制。

总体而言，我国现有的私募股权投资信息披露制度还不完善，随着我国法律的不断发展与金融实践的不断创新，我国私募股权投资信息披露制度只会越来越完善，并且推动着私募股权向更加规范的方向发展。

（二）私募股权投资风险保护机制的构建

1. 政府对私募股权基金监管系统的构建

中国特色的私募股权基金监督管理系统的构建，主要从以下三个方面着手。

第一，完善法律监督管理体系。法律监督管理体系的完善是人们必须重视的首要环节。目前虽然我国存在相关法律制度，但是关于私募股权基金的法律还是比较少的，因此，必须对私募股权基金涉及的各种法律法规加以健全和完善，特别是针对有限责任合伙公司的私募股权基金，有关法律法规必须跟上，只有这样才能降低私募股权基金投资风险，让私募股权基金行业更加规范化。

第二，建立特定的私募股权基金监督管理部门，明确相关部门职责。建立特定的监督管理部门是应当考虑的第二个环节，特定的监督管理部门是针对私募股权基金进行设置的，其不仅可以管理私募股权基金的交易与发布活动，还可以针对私募股权基金的管理向人大提出制定相关法律的建议，以保护私募股权基金的合法权益。在私募股权基金管理部门的建设方面，我国仍然有很长的路要走，因此，必须建立特定的针对私募股权的监督管理部门，明确职能部门的有关职责，这对推动私募股权基金行业的发展具有积极的作用。

第三，建立私募股权投资基金行业协会。建立完善的监督管理体系，还需要考虑全国性的私募股权基金行业协会的构建，使行业内部对自身的约束管理得到进一步的强化。针对私募股权基金监督管理的一系列法律只会在基金的提出和运营上起到约束、规范的作用，要想在行业内部保护该行业的相关利益、对行业内部的道德行为进行规范以及加强行业的整体化管理，必须通过私募股权基金的行业协会得到实现。

2. 私募股权基金产业链的构建

（1）建立和完善私募股权多级资本市场。建立和完善私募股权多级资本市场，主要从以下几个方面着手：

①为了给创业投资基金的股票发行或退出打造一个合适的舞台，必须推出企业的创业板。私募股权基金要以合理的价格将创业板推上大众市场，不能为了获得较高价格而选择不符合规定的渠道进行传播，所以必须树立良好的创业板发展观念。一般而言，保荐机构就是中介机构，它的主要职责就是为创业板市场寻找符合其条件的企业，并将它们推荐给创业板市场，经过审查符合条件的企业就会在创业板市场上上市，对于那些符合上市要求的企业，保荐机构在一段时间内要承当该上市公司的顾问，监督企业把相关义务完成，并且对公司的经营管理方面提出改进建议。为了使创业板市场中的企业可以更好地履行它们相应的义务，必须加强对创业板市场上保荐机构的监

督管理，督促它们承担相关法律责任。

②为了给股权转移创造一个买卖平台，必须建立和完善三个新三板市场。三板市场是随着我国经济发展建立起来的新兴市场，其与传统产权买卖市场有很大的不同，主要体现在买卖形式上，前者以股票为买卖形式，而后者则主要以股权为买卖形式。基于目前的情况，我国当前正处于三板市场的初始阶段，处于一个摸索期，因此，在三板市场上市的企业相对来说比较少，而且买卖次数和规模也较小，但三板市场给我国企业开辟了一个新的买卖交易平台，尤其是对于那些新成立的高新技术中小企业私募股权基金。在三板市场上市前，必须对三板市场进行调查，进一步完善买卖规则，吸取经验教训，推进私募股权基金资本市场的发展。

（2）建立高层次私募股权基金管理团队。目前我国正处于私募股权基金行业发展初期，相关专业人才相对缺乏，而私募股权基金业务发展的关键就是需要能够对基金进行有效管理的人，因此人们必须提高基金管理人员的水平，培养出一大批优秀的高层次的基金管理人员。

①努力提高对私募股权基金的科学研究。基于我国目前的形势，必须督促学术界加强对私募股权基金的研究，努力提高私募股权基金方面的科研水平。我国对私募股权基金的研究起步较晚，对其研究具有代表性的机构也较少，直到20世纪末，清科集团的创立为我国在私募股权基金研究方面做出了巨大贡献，在私募股权基金和风险投资方面其是一家具有开创性的综合服务机构，它不仅在资金的筹集和兼并收购方面帮助了很多公司，而且每年在规定的时期对海外和国内企业的上市以及兼并和收购、国内私募股权的投资以及针对创业投资发布相关的研究报告书。这样不仅能加强对私募股权基金的相关研究，而且能培养出更多的高素质的管理人才，北大、清华等一批国内著名高等院校已经开始增加针对私募股权基金的研讨会。为了建立一批高质量的人才管理队伍，无论是国内高等院校还是相关科研部门，都应该加强对私募股权基金的研究，并将理论付诸实践。

②将国外尖端人才和国内地方人才进行有机结合。我国正处于私募股权基金发展的初期，而私募股权基金在国外发达国家已有多年的发展历史，在基金管理方面拥有非常丰富的管理经验和一大批优秀管理人才，虽然国内地方人才是我国私募股权基金发展的根基，但必须将国外先进管理经验吸收进来使更多的人员加入我国私募股权基金行业，提高我国本土管理人员的素质，这对我国私募股权基金行业运营的科学化、相关机构的健全等方面具有非常重要的影响。

③建立私募股权基金信用评价级别制度。我国现在最迫切的任务就是构建一个完善的私募股权基金行业信用评价层级，私募股权基金行业信用评价层级的建立与完善在行业内是独一无二的，任何方法和途径都不能取代它，它不仅可以为行业内部提供非常全面的信息，而且可以推动资本市场的建设以及私募股权基金行业的快速发展。建立私募股权基金信用评价级别制度，可以从以下三个方面着手：

第一，推动资本市场朝国际化方向发展。私募股权行业在我国正处于发展初期，相关制度还不完善，这就需要专业的信用评价机构来发挥作用。虽然私募股权行业在我国起步较晚，但该行业的信用评价机构已初具规模，如投资中国、清科研究中心等一些专业调查公司的出现，以及中国股权投资基金协会的成立等，这些机构在私募股权基金研究方面已经有了一定的成果。在推动私募股权基金信用评价级别制度建设方面，人们需要注意以下几点：在对待国外信用评价机制问题上，必须加强监督管理；构建的信用评价机构必须是服务政府的，以政府为基础，并且具有明确的监管职责；对于信用评价系统有关理论方面的研究我国还相对落后，必须督促有关部门加快步伐；必须根据我国基本国情建立一套适应我国经济发展的信用评价指标，加强与审计机构的配合，使信用评价体系成为我国监督管理体系的重要组成部分。

第二，构建信用评价机构主导的资本市场金融评价体系。信用评价机构的建立对于我国私募基金行业的发展具有重大影响，伴随着私募基金规模的不断扩大，对于资金的需求也在逐渐增加，随之而来的是各种各样的融资工具的出现，而信用评价机构的业务范围已远远超过了融资工具，它可以为基金出具具有说服力的信用凭证，提高基金的知名度，使基金在公众面前树立良好的形象和信誉，从而使基金在进行筹集资金时降低相关成本，有更多的筹资方式，能筹集到更多的资金。

第三，构建信用评价机构主导的信息共享平台体系。构建信用评价机构主导的信息共享平台体系可以使资本市场上的投资人做出正确决策，信息对人们的生活具有非常重要的影响，尤其是在资本市场，信息的重要性更是显而易见的，对资本市场的交易活动发挥着越来越重要的作用。现在资本市场上已经存在着大量的投资产品，在众多投资产品面前，投资者很难区分出好与坏，信用评价机构能够很好地判断出证券种类以及证券中介机构所面临的各种市场风险、证券的盈利能力、证券在市场中的地位等，因此，信用评价机构的出现不仅有利于投资者在最短的时间内得到更加全面的信息，选择更好的投资工具，还可以将资本市场的风险安全化解，使资本市场朝着更加健康的方向发展。

3. 私募股权基金社区管理体系的构建

构建良好的私募股权基金社区管理体系，应从以下几个方面入手：

（1）增加私募股权基金筹资渠道。外国的私募股权基金与中国的私募股权基金在资金来源方面有很大不同，国外私募股权基金的资金来源于保险公司、大学基金、银行、集团企业以及养老基金等一些资金充裕的投资机构，这些机构对于私募股权基金来说是最好的选择。国内私募股权基金的资金来源范围比较窄，因此，政府应该积极采取措施，扩大我国私募股权基金的筹资渠道。比如，政府可以利用财政进行资助，成立所谓的基金中寻找投资的基金，同时，还可以让更多的民间资本以及保险资金、全国社保等机构加入到我国私募股权基金投资的行列中来，拓宽我国私募股权基金的来源渠道。

（2）建立私募股权基金协会自治机制。私募股权基金行业协会就是基金协会，就当前中国基金协会而言，对于协会成员管理的规章制度和有关职业道德方面的约束还有待进一步完善，私募基金协会必须加强对这方面的管理。我国在私募股权基金管理过程中，如果要想达到基金监管的预期目标，仅仅凭借政府机构的行政管理活动以及司法部门的法律手段是远远不够的，基金协会有效的自主管理是对政府干预以及基金自治的一个重大补充。目前，我国具有自律性质的机构已经发展得非常完善，通过这种具有自律性质的机构进行行业自主管理，可以促使基金自主管理体制逐渐走向完善，让所有与基金活动有关的投资人都加入基金协会，使投资人不受时间和空间的阻碍进行沟通交流。

（3）私募股权基金社会群体管理的基层组织建设。社会群体管理在私募股权基金治理过程中扮演着非常重要的角色，中国私募股权基金合作伙伴的社会群体是逐步发展起来的，起初只是我国局部城市私募股权基金合作伙伴的社会群体，后来逐步发展成具有全国性质的私募股权基金合作伙伴的社会群体。一般而言，应该在私募股权机构比较集中的城市（如北京、上海、深圳、天津等）建立各自地方性质的私募股权基金社会群体，使其在私募股权基金中尽可能地发挥作用，形成自己的优势，等到这些私募股权基金社会群体发展完善后，形成全国性质的私募股权基金社会群体。这些社会群体的功能是实现私募股权基金的自我管理，其功能应包括三个部分：管理、服务和监督。包括对群体中基金合作伙伴的组织管理、对数量有限的私募股权基金合作伙伴行规和标准的建立、执行和监督管理，对此行业的调查研究、相关信息的收集以及合作人是否遵守承诺等各个方面。

（三）构建私募股权基金多层次资本市场

构建私募股权基金多层次资本市场，主要从以下三个方面着手：

1. 创建有利的创新技术交易平台

创新型企业的发展需要高新技术和资金的支撑，其发展决定了创新型经济的发展，要想不断取得创新技术，就需要扶持研发人员进行技术创新活动，并建立知识产权保护制度和技术交易市场，保证研发人员能够得到良好的回报和收益，从而鼓励更多的人从事技术创新活动。从国外私募股权基金的发展经验不难看出，一个国家的技术创新能力和知识产权与技术交易市场存在着极其密切的关系，技术创新型企业是私募股权基金的重要投资对象，拥有先进技术企业的数量决定了私募股权基金的发展空间和市场。

由于我国缺乏对知识产权保护的强有力的内外部环境，对知识产权价值的重视程度明显不足，技术交易市场又不发达，这就导致了我国能够转化为产业和商品的技术很难支撑大量创新型企业的发展。此外，我国可投资对象的减少与私募股权基金持续增长背道而驰，这就造成了私募股权投资供不应求的局面。因此，提高知识产权的保护力度刻不容缓，而且有必要推动私募基金和技术创新市场的联合发展，推动二者协同发展和持续进步。

2. 加快推出创业板，为创业风险投资基金IPO的退出创建良好的环境

确立创业板的正确发展观应选取那些具有高成长性和发展潜力的实体类高新技术中小企业，而不是那些传统产业或失实包装的企业，这是因为私募股权基金对创业板的上市应具有合理的心理价位，不能弄虚作假来抬高上市溢价。考虑到入市公司对创业板风险的影响，创业板的入市关卡对于公司的质量掌控是十分必要的，因为无论是中小型企业，还是高科技企业，其营运风险和业绩浮动相较于其他企业更大，影响更严重。创业板上市需要具有保荐资格的中间机构担任保荐人来进行推荐，保荐人有协助改善公司经营管理，并督促公司履行相关的义务，其在担任上市公司的顾问，应推荐符合条件的企业上市，并承担连带的推荐责任。因此，明确规定创业板保荐人的责任义务，加强对保荐人的监督和相应惩处力度，将有利于降低私募基金行业

风险，营造良好的投资环境。①

3. 完备三板上市交易规定，提供初创型中小科技公司稳定的股份转让交易平台

三板市场明显有别于产权交易平台，三板市场是按照股票的形式交易，而产权交易平台按照股权的形式进行交易：三板市场的准入介于创业板和产权交易市场之间，较之前者更低，比后者更高。三板市场一方面开辟了投资高新技术初创企业的私募股权基金的退出渠道，另一方面利于前移私募股权基金的投资阶段，进而加快我国创新型经济的建设步伐。目前，我国三板市场刚刚起步，而且具有上市资质企业的数量较少，市场交易规模小，交易频率偏低。因此，不管是上市制度和交易规则的完善与试点推广，还是适当条件下交易额和交易规模的适当扩大，都是目前迫切需要加快推进的工作。

（四）构建私募股权基金的退出机制

1. 完善国内 IPO 的退出制度

信托制私募股权基金 IPO 的退出以及私募投资市场的存在取决于证券市场体系的完备程度。为了实现法定标准在不同层级市场之间的互通互联、双向流动，考虑到不同投资者的不同需求，构建一个多层次市场体系势在必行，这个市场体系应包括全国性的证券交易市场、创业板市场以及区域性交易。具体而言，有以下两点：

（1）适当放宽中小板市场的上市条件。虽然我国中小板市场与主板市场不同，但是对处于创业初期的高新科技企业而言，中小板市场上市标准却与主板一样严苛。以《证券法》中的相关规定为例，要求公司在最近三年都没有违法行为，没有虚假的财务记录，会计报表完备。这条规定表明公司成立不能少于三年的年限要求，对于前景不错的中小型企业而言，这种局限性在很大程度上影响了其发展。与此不同，美国的纳斯达克采用了差异化对待方式，可以充分发挥企业的潜在优势。因此，应该降低中小板市场诸多方面的准入限制，但要加强监管与审核，以便降低市场上的系统性风险。

（2）逐步完善创业板的配套制度。完善创业板的配套制度可以从以下几个方面着手：一是明确创业板与中小板之间的界限，这两个市场虽然都包

---

① 周志程，吕星都. 我国私募股权基金监管制度研究 [J]. 法制与经济，2019（2）：102-104.

含创业，但是内容上有所差异，前者侧重于创业初期的高新科技企业，而后者侧重已经取得了一定经济效益、成长中后期具有一定的规模企业。二是注意信息披露中商业秘密的保护问题，信息披露应该引起足够的重视，它不仅仅是投资者和监管部门关注的焦点，也是一个易被操纵利用的部分。"小规模、产品市场不确定性、投资风险大"均为创业板的典型特点。另外，创业板企业大部分是高新技术企业，专利和技术是它们的命脉，因此，严格、真实、全面的信息披露是极为重要的，在信息披露中，为保证知识产权的完整性和私密性，向证监会申请商业豁免是必需而且必要的事项。三是完善保荐人制度。创业板企业的前景往往不够明朗，存在很多未知的变数，在这种情况下，在保荐人就成为一个极其重要的角色，相关制度的健全将成为投资者利益保全的有力保障。除此之外，多重保荐人制度也可以尝试建立，如独立财务顾问等中介机构担任保荐人的角色，负责对企业上市进行推荐和监督引导工作，并对发行人的法律行为按照《证券法》的规定进行评估与审查。

2. 完善并购退出机制

完善私募股权并购退出机制，应该从以下几个方面入手：

（1）摒弃地方政府管理的制度体系，建立全国统一的监督管理机制。要尽快设立统一的监管机构，推出全国性统一的监管制度，这有助于各地监管制度的健全，以及产权管理机构的统一；为提高自律监管能力，对于信息披露相关的重大影响责任人，要完善追责制度，加强刑事、行政处罚的强度和力度。另外，可以在行业内部成立相关的机构来加强监督管理。

（2）尽早建成国内统一市场。因为长时间的封闭性操作模式使得私募产权交易环境过于松散，即使国内产权交易的局域连接性有所提高，也依然出现了各种难以解决的问题，因此，迫切需要建立全国性的统一市场。全国性统一市场建成后，交易和信息披露的标准化进程也可以随之向前推动。前几步工作完成后，只需要持续做好涉及信息平台的资源整合以及关于机构组织的重组工作，一个统一全国性的私募股权交易市场便能够构建完成。

（3）实现多元化的产权交易。私募产权交易形式随其市场发展愈发多样化，但在这个过程中，也暴露出私募产权交易双方实力失衡的问题，这主要源于我国各地市场的相互独立，信息共享存在着障碍。所以适度限制协议转让比例不失为一个好方法，即在一定比例内强制性转让，可以采用新型转让策略，如电子竞价和现场竞价等。以此消除私募产权交易各地之间的信息阻隔，进而拓宽可供选择范畴，让更多具备交易可能性的主体成为非协议转让的交易者。若这些情况都可以实现，则会更加活跃私募产权交易，增强信息聚集力，使私募产权交易出现多元化，并能够促进交易环境向良性方向发展。

（4）促进产权交易所规范化。人们可以借鉴证券交易所的相关经验，创设私募股权交易组织体系，制定交易的规程，提高从业人员的资格和资质，提高私募产权交易所准入门槛，完善私募产权交易市场的各种软环境。除此之外，也要明确和完善私募产权交易所的剔除机制，对于不合格、交易不规范的私募股权交易所实施裁汰。

3. 完善私募股份回收的退出机制

我国私募股份回收机制比较严苛，这在一定程度上阻碍了私募股权行业和资本市场的发展，有必要对私募股权基金的相关法律法规条例进行合理调整，尤其是私募股权股份回收的退出机制，可以从以下几个方面找到切入点：

（1）拓宽私募股份回购的界限。对回购特例——信托制私募股权基金做出明确的说明，此外还应该对企业收购的私募投资者的股份从法律上加以保障。

（2）适当增加私募股份的数量。创业投资股份回购量取决于受股份收购的比例限制，所以适当提高创业企业私募股份回购的比例，在确保公司资本和资本结构安全的前提下，有助于规范私募股份回收的流程，提高私募投资者的积极性。

（3）制定程序应因特定私募股份回购而不同。经过股东大会的决议后，一方面，对私募股份的注销和减资的回购方式，应该加以限制；另一方面，对于市场和员工买入的回购方式，应该适度降低要求，不要过于严苛。

（4）提高私募股份回购的随机应变性。通常来说，股份回购最佳策略是库藏股注销，库藏股有两大优势：一是可以根据需要再次出售或者进行注销，二是可以作为股票期权计划。

第五章 证券法律业务及律师作用机制

第一节 证券法律业务概述

一、证券法律业务的基本概念

2007年5月1日起施行的《律师事务所从事证券法律业务管理办法》第2条对证券法律业务做了一个概括性描述:"前款所称证券法律业务,是指律师事务所接受当事人委托,为其证券发行、上市和交易等证券业务活动,提供的制作、出具法律意见书等文件的法律服务。"

作为律师事务所和证券律师,从事证券业务,由于接受委托人的委托,需要按照委托人的委托行事,但是作为独立的服务机构和专业人士,律师事务所和律师为证券发行上市、交易等证券业务提供法律服务的,还应当具有公信力,其出具的法律意见书、律师工作报告是广大投资者做出投资决策的重要依据,也是相关政府部门对证券发行予以审核、批准、备案所依赖的重要依据。因此,在证券法律业务委托代理关系中有三点需要注意:首先,律师及律师事务所应当独立地发表法律意见,律师事务所作为证券业务服务机构其意志是独立的,非从属性的。律师及律师事务所出具的法律意见书及律师工作报告等文件是其独立意志的表示。其次,律师及律师事务所代理的行为只能是合法的行为。因此,委托人不能要求律师出具违法、虚假的法律意见书与律师工作报告。最后,作为其主要工作成果的律师工作报告与法律意见书之格式与内容均由有关法律法规及规范性文件规定,因此,律师及律师事务所在从事证券法律业务中必须符合一定的格式和内容要求。

二、证券法律业务的范围

经过多年的发展，律师的证券法律业务越来越丰富多样，对律师的专业化也提出了更高、更严格的需求。根据《律师事务所从事证券法律业务管理办法》第 6 条的描述，律师及律师事务所从事证券法律业务，可以为下列事项出具法律意见：

（1）首次公开发行股票及上市；

（2）上市公司发行证券及上市；

（3）上市公司的收购、重大资产重组及股份回购；

（4）上市公司实行股权激励计划；

（5）上市公司召开股东大会；

（6）境内企业直接或者间接到境外发行证券、将其证券在境外上市交易；

（7）证券公司、证券投资基金管理公司及其分支机构的设立、变更、解散、终止；

（8）证券投资基金的募集、证券公司集合资产管理计划的设立；

（9）证券衍生品种的发行及上市；

（10）中国证监会规定的其他事项。

由此，根据《律师事务所从事证券法律业务管理办法》，证券法律业务大致可以分为以下几类：境内外股票发行和上市业务、上市公司业务（并购重组、股权激励、股东大会等）、场外市场业务（包括新三板、地方股权交易中心等）、债券和证券衍生产品业务（含企业债、公司债、资产证券化，及期权等证券衍生产品等）、证券投资基金业务以及证券类公司（证券公司、期货公司、基金公司等）服务业务等。

在证券法律业务实务中，目前证券律师可以开展的证券法律业务共有 25 项，其中行政许可类 22 项（发行上市类 13 项、证券公司类 4 项、基金公司类 5 项）、非行政许可类 3 项（上市公司股东大会见证、股权激励计划方案、基金公司相关报告事项）。但近年来，随着多层次资本市场体系的建设，使证券法律业务推广到了新三板、区域性股权交易市场领域，加之 2016 年中国基金业协会发布的《关于进一步规范私募基金管理人登记事项若干问题的公告》实施，传统的证券法律业务已经拓展到了私募基金管理人登记和私募产品备案领域。

三、证券业务的基本法律法规

中国资本市场尤其是股票发行制度经历了从指标制到核准制的转变,目前正在从核准制向注册制改革方向做出努力。注册制的一个重要特征是对参与股票发行与上市工作的中介机构(尤其是律师)提出了更高的要求,也意味着中介机构将承担更大的责任,这对律师及律师事务所提出了更高的要求。作为一名律师从事证券法律业务,需要考虑证券业务的综合性及特殊性,具备一定的知识结构。当然,证券业务基本法律法规是作为一名证券律师执业前首先要了解并熟悉的内容。

(一)《中华人民共和国证券法》

《证券法》设有"证券服务机构"专门章节,对投资咨询机构、财务顾问机构、资信评级机构、资产评估机构、会计师事务所律师事务所的资质及业务做出了规定。其中,第173条规定:"证券服务机构为证券的发行、上市、交易等证券业务活动制作、出具审计报告资产评估报告、财务顾问报告、资信评级报告或者法律意见书等文件,应当勤勉尽责,对所依据的文件资料内容的真实性、准确性、完整性进行核查和验证。其制作、出具的文件有虚假记载、误导性陈述或者重大遗漏,给他人造成损失的,应当与发行人、上市公司承担连带赔偿责任,但是能够证明自己没有过错的除外。"

从上述规定可以看出,《证券法》对律师从事证券法律业务提出了勤勉尽责的基本要求,律师及律师事务所制作、出具的法律文件不得有虚假记载、误导性陈述或者重大遗漏的要求。如果因文件有虚假记载、误导性陈述或者重大遗漏给他人造成损失的,律师与律师事务所应当与发行人、上市公司承担连带赔偿责任(实际上就是民事责任),除非律师及律师事务所能够证明自己没有过错。因此,律师及律师事务所制作、出具的法律文件,具有法律赋予的公信力,一旦丧失了公信力,必将受到严厉的惩戒和责任。

(二)《中华人民共和国律师法》

我国《中华人民共和国律师法》(以下简称《律师法》)对律师及律师事务所从事法律业务做出了一般性的规定。《律师法》第3条规定:"律师执业必须遵守宪法和法律,恪守律师职业道德和执业纪律。律师执业必须以事实为根据,以法律为准绳。律师执业应当接受国家、社会和当事人的监督……"

作为法律业务的重要组成部分，律师从事证券法律业务也应遵循所有法律业务普遍适用的各项要求和规定。譬如，律师应当以"事实为依据、以法律为准绳"，应当严格遵守法律和法规的规定，应当恪守专业人士的职业道德和执业纪律，应当按照依法制定的业务规则，勤勉尽责，审慎履行核查和验证义务，还应当受到来自国家、社会、行业协会和当事人的随时监督。因此，只有具备了一名合格律师所应具备的职业道德和执业纪律，才能做好一名证券律师。

第二节　证券法律业务的基本业务规范

根据《律师事务所从事证券法律业务管理办法》和《律师事务所证券法律业务执业规则（试行）》的相关规定，律师从事证券业务的基本业务规范，主要包括核查与验证、法律意见书、工作底稿三个方面。

一、核查与验证

（一）查验原则

律师事务所及其指派的律师对受托事项进行查验时，应当独立、客观、公正，遵循审慎性及重要性原则，应当依法对所依据的文件资料内容的真实性、准确性、完整性进行核查和验证；在进行核查和验证前，应当编制核查和验证计划，明确需要核查和验证的事项，并根据业务的进展情况，对其予以适当调整。律师进行核查和验证，可以采用面谈、书面审查、实地调查、查询和函证、计算、复核等方法。①

律师在出具法律意见时，对与法律相关的业务事项应当履行法律专业人士特别的注意义务，对其他业务事项履行普通人一般的注意义务，其制作、出具的文件不得有虚假记载、误导性陈述或者重大遗漏。

律师从国家机关、具有管理公共事务职能的组织、会计师事务所、资产评估机构、资信评级机构、公证机构（以下统称公共机构）直接取得的文书，可以作为出具法律意见的依据，但律师应当履行规定的注意义务并加以

---

① 中国证监会，司法部.《律师事务所从事证券法律业务管理办法》解读[J].中国司法，2007（5）：20-25.

说明；对于不是从公共机构直接取得的文书，经核查和验证后方可作为出具法律意见的依据。

律师进行核查和验证，需要会计师事务所、资产评估机构等证券服务机构做出判断的，应当直接委托或者要求委托人委托会计师事务所、资产评估机构等证券服务机构出具意见。

律师在从事证券法律业务时，应当要求委托人真实、完整地提供有关材料，委托人不得拒绝、隐匿、谎报。律师发现委托人提供的材料有虚假记载、误导性陈述、重大遗漏，或者委托人有重大违法行为的，应当要求委托人纠正、补充；委托人拒不纠正、补充的，律师可以拒绝继续接受委托，同时应当按照规定向有关方面履行报告义务。

律师应当归类整理核查和验证中形成的工作记录和获取的材料，并对法律意见书等文件中各具体意见所依据的事实、国家相关规定以及律师的分析判断作出说明，形成记录清晰的工作底稿。工作底稿由出具法律意见的律师事务所保存，保存期限不得少于7年，但中国证监会对保存期限另有规定的，从其规定。

（二）查验的具体步骤和方法

律师事务所及其指派的律师应当按照《律师事务所从事证券法律业务管理办法》编制查验计划。查验计划应当列明需要查验的具体事项、查验工作程序、查验方法等。查验工作结束后，律师事务所及其指派的律师应当对查验计划的落实情况进行评估和总结；查验计划未完全落实的，应当说明原因或者采取其他查验措施。

律师应当合理、充分地运用查验方法，除按《律师事务所证券法律业务执业规则（试行）》和有关细则规定必须采取的查验方法外，还应当根据实际情况予以补充。在有关查验方法不能实现验证目的时，应当对相关情况进行评判，以确定是否采取替代的查验方法。

待查验事项只需书面凭证便可证明的，在无法获得凭证原件加以对照查验的情况下，律师应当采用查询、复核等方式予以确认；待查验事项没有书面凭证或者仅有书面凭证不足以证明的，律师应当采用实地调查、面谈等方式进行查验。

律师进行查验，向有关国家机关具有管理公共事务职能的组织、会计师事务所资信评级机构、公证机构等查证、确认有关事实的，应当将查证、确认工作情况做成书面记录，并由经办律师签名。

律师采用面谈方式进行查验的，应当制作面谈笔录。谈话对象和律师应当在笔录上签名。谈话对象拒绝签名的，应当在笔录中注明。

律师采用书面审查方式进行查验的，应当分析相关书面信息的可靠性，对文件记载的事实内容进行审查，并对其法律性质、后果进行分析判断。

律师采用实地调查方式进行查验的，应当将实地调查情况做成笔录，由调查律师被调查事项相关的自然人或者单位负责人签名。该自然人或者单位负责人拒绝签名的，应当在笔录中注明。

律师采用查询方式进行查验的，应当核查公告、网页或者其他载体相关信息，并就查询的信息内容、时间、地点、载体等有关事项制作查询笔录。

律师采用函证方式进行查验的，应当以挂号信函或者特快专递的形式寄出，邮件回执、查询信函底稿和对方回函应当由经办律师签名。函证对方未签署回执、未予签收或者在函证规定的最后期限届满时未回复的，由经办律师对相关情况做出书面说明。

除《律师事务所证券法律业务执业规则（试行）》规定的查验方法外，律师可以按照《管理办法》的规定，根据需要采用其他合理手段，以获取适当的证据材料，对被查验事项做出认定和判断。

律师查验法人或者其分支机构有关主体资格以及业务经营资格的，应当就相关主管机关颁发的批准文件、营业执照、业务经营许可证及其他证照的原件进行查验。对上述原件的真实性、合法性存在疑问的，应当依法向该法人的设立登记机关、其他有关许可证颁发机关及相关登记机关进行查证、确认。

对自然人有关资格或者一定期限内职业经历的查验，律师应当向其在相关期间工作过的单位人事等部门进行查询、函证。

对不动产、知识产权等依法需要登记的财产的查验，律师应当取得登记机关制作的财产权利证书原件，必要时应当采取适当方式，就该财产权利证书的真实性以及是否存在权利纠纷等，向该财产的登记机关进行查证、确认。

对生产经营设备、大宗产品或者重要原材料的查验，律师应当查验其购买合同和发票原件。购买合同和发票原件已经遗失的，应当由财产权利人或者其代表签字确认，并在工作底稿中注明；相关供应商尚存在的，应当向供应商进行查询和函证。必要时，应当进行现场查验，制作现场查验笔录，并由财产权利人或者其代表签字；财产权利人或者其代表拒绝签字的，应当在查验笔录中注明。

对依法需要评估才能确定财产价值的财产的查验，律师应当取得有证券、期货相关业务评估资格的资产评估机构（以下简称"有资格的评估机构"）出具的有效评估文书；未进行有效评估的，应当要求委托人委托有资格的评估机构出具有效评估文书予以确认。

对银行存款的查验，律师应当查验银行出具的存款证明原件；不能提供委托查验期银行存款证明的，应当会同委托人（存款人）向委托人的开户银行进行书面查询、函证。

对财产的查验，难以确定其是否存在被设定担保等权利负担的，律师应当以适当方式向有关财产抵押、质押登记部门进行查证确认。

对委托人是否存在对外重大担保事项的查验，律师应当与委托人的财务负责人等相关人员及委托人聘请的会计师事务所的会计师面谈，并根据需要向该委托人的开户银行、公司登记机关、证券登记机构和委托人不动产、知识产权的登记部门等进行查证、确认。

向银行进行查证、确认，采取查询、函证等方式；向财产登记部门进行查证、确认，采取查询、函证或者查阅登记机关公告、网站等方式。

对有关自然人或者法人是否存在重大违法行为、是否受到有关部门调查、是否受到行政处罚或者刑事处罚、是否存在重大诉讼或者仲裁等事实的查验，律师应当与有关自然人、法人的主要负责人及有关法人的合规管理等部门负责人进行面谈，并根据情况选取可能涉及的有关行政机关、司法机关、仲裁机构等公共机构进行查证确认。

向有关公共机构查证、确认，可以采取查询、函证或者查阅其公告、网站等方式。

从不同来源获取的证据材料或者通过不同查验方式获取的证据材料，对同一事项所证明的结论不一致的，律师应当追加必要的程序，做进一步查证。

二、法律意见书

（一）基本要求

法律意见（及律师工作报告）是律师事务所及其指派的律师针对委托人委托事项的合法性出具的明确结论性意见，是委托人、投资者和中国证监会及其派出机构确认相关事项是否合法的重要依据。法律意见应当由律师和律师事务所在核查和验证所依据的文件资料内容的真实性、准确性、完整性的基础上，依据法律、行政法规及相关规定做出。

法律意见书（及律师工作报告）应当列明相关材料、事实、具体核查和验证结果、国家有关规定和结论性意见，法律意见不得使用"基本符合""未发现"等含糊措辞。

有下列情形之一的，律师应当在法律意见（及律师工作报告）中予以说明，并充分揭示其对相关事项的影响程度及其风险。

（1）委托人的全部或者部分事项不符合相关规定；

（2）事实不清楚，材料不充分，不能全面反映委托人情况；

（3）核查和验证范围受到客观条件的限制，无法取得应有证据；

（4）律师已要求委托人纠正、补充而委托人未予纠正、补充；

（5）律师已依法履行勤勉尽责义务，仍不能对全部或者部分事项做出准确判断；

（6）律师认为应当予以说明的其他情形。

律师从事证券法律业务，其所出具的法律意见（及律师工作报告）应当经所在律师事务所讨论复核，并制作相关记录作为工作底稿留存。法律意见（及律师工作报告）应当由2名执业律师和所在律师事务所负责人签名，加盖该律师事务所印章，并签署日期。法律意见书（及律师工作报告）的具体内容和格式，应当符合监管机构的相关规定。法律意见书（及律师工作报告）等文件在报送监管机构后，如发生重大事项或者律师发现需要补充意见的，律师应当及时提出补充意见。

（二）具体要求

法律意见书的标题为《××律师事务所关于××的法律意见书》，并应当列明以下基本内容。

（1）标题；

（2）收件人；

（3）法律依据；

（4）声明事项；

（5）法律意见书正文；

（6）承办律师律师事务所负责人签名及律师事务所盖章；

（7）律师事务所地址；

（8）法律意见书签署日期。

法律意见书应当载明收件人的全称，收件人为法律意见书的委托人。

法律意见书正文应当载明相关事实材料、查验原则、查验方式、查验内容、查验过程、查验结果、国家有关规定、结论性意见以及所涉及的必要文件资料等。

法律意见书发表的所有结论性意见，都应当对所查验事项是否合法合规是否真实有效给予明确说明，并应当对结论性意见进行充分论证、分析。

律师事务所对法律意见书进行讨论复核时，应当制作相关记录存入工作底稿，参与讨论复核的律师应当签名确认。

法律意见书随相关申请文件报送监管机构后，律师事务所不得对法律意见书进行修改，但应当关注申请文件的修改和监管机构的反馈意见。申请文件的修改和反馈意见对法律意见书有影响的，律师事务所应当按规定出具补充法律意见书。

三、工作底稿

工作底稿为律师工作过程的记载文件。《律师事务所证券法律业务执业规则（试行）》对工作底稿也做了明确规定。

律师事务所应当完整保存在出具法律意见书过程中形成的工作记录，以及在工作中获取的所有文件资料，及时制作工作底稿。工作底稿是判断律师是否勤勉尽责的重要证据。中国证监会及其派出机构可根据监管工作需要调阅、检查工作底稿。

工作底稿应当包括以下内容：

（1）律师接受委托事项的基本情况，包括委托人名称、事项的名称；

（2）与委托人签订的委托协议；

（3）查验计划及其操作程序的记录；

（4）与查验相关的文件，如设立批准证书、营业执照、合同、章程等文件、变更文件或者上述文件的复印件；

（5）与查验相关的重大合同、协议及其他重要文件和会议记录的摘要或者副本；

（6）与政府有关部门、司法机关、中介机构、委托人等单位及相关人员相互沟通情况的记录，对委托人提供资料进行调查的访问记录往来函件、现场查验记录、查阅文件清单等相关的资料及详细说明；

（7）委托人及相关人员的书面保证或者声明书的复印件；

（8）法律意见书草稿；

（9）内部讨论、复核的记录；

(10) 其他与出具法律意见书相关的重要资料。

上述资料应当注明来源，按照本规则的规定签名、盖章，或者对未签名、盖章的情形予以注明。工作底稿内容应当真实、完整，记录清晰，标明目录索引和页码，由律师事务所指派的律师签名，并加盖律师事务所公章。

第三节　律师角色对资产证券化的影响

本节将从如下四个角度剖析律师角色。第一，从理论的层面按照审核、发行两个递进的步骤来分析证券律师在作为必要的中介机构角色时对证券发行的影响。第二，资产证券化的结构及涉及领域千差万别，相比于公司债券，其所包含的法律、税务问题也更为复杂，因此需要对资产证券化中的几个重要的法律问题加以分析，以此证明律师卓有成效的工作对资产证券化的推动作用是巨大的。第三，从实务操作的层面以不同类型的资产证券化为划分依据，来分析不同资产证券化产品的法律关键点和律师的职责要点。第四，分析目前我国市场上律师角色对自身声誉的建设所做出的努力，并简要分析律师做出的努力是否得到市场的回应，即市场是如何选择他们的。

一、证券律师对证券发行的影响

证券律师作为资本市场的"看门人"，最主要的职责是审核与披露，减少各方的信息不对称现象，进而降低综合成本。下面笔者，按照证券发行步骤，从审核、发行和发行后管理三个角度进行理论分析。

（一）证券申报审核

就目前中国的证券市场而言，三种最主流的证券发行方式，即首次公开发行（Initial Public Offering，IPO）、债券发行、资产支持证券发行，都有律师作为顾问，就其中的法律问题出具法律意见书。这是目前监管部门强制要求的，如果没有或者不能满足监管要求，则不予以批准通过。而律师角色一般从如下两个方面影响证券申报审核。

1. 申报材料质量

不进行实质审核并不代表审核质量的下降，反而监管对申报材料完整性的要求更高了。这一方面表现为对发行底稿的细致要求，如《律师事务所从事证券法律业务管理办法》等规范性文件中都明确要求了律师工作底稿的范围和格式，经验丰富的律师个人或者实力雄厚能派出更多人手的律所（以下简称"律师事务所"），可以更快完成满足要求的支撑材料，进而推动项目进度；另一方面表现为申报材料的完整性，如资产证券化项目申报时需要将法律意见书、尽职调查报告、标准条款、计划说明书中的法律部分等全套交易文件提交给监管机构，而这部分文件既需要足够的底稿做支撑，同时本身也应尽量避免出现法律瑕疵。对于专业程度较高的律师而言，其丰富的法律知识可以帮助其有效识别项目中的法律漏洞，进而在出具规范文件时避免法律瑕疵。高完整度的申报材料可以提升监管审核效率，减少审核时间，减少重复工作，进而降低时间成本。

2. 监管沟通能力

自2014年资产证券化的"备案制＋负面清单制"落地以来，监管机构已不对一系列申报材料进行实质审核，但在实际操作过程中，监管机构仍然会对项目中出现的敏感法律问题提出反馈，并要求券商和律师进行回复。而近几年资产证券化业务的高速发展同样使得资产证券化的品类大量增加，其中部分新兴品类缺乏明确的法律条文作为指导，这就增加了监管的审核难度。而律师的沟通集中体现在如下几个方面。

第一，律所与监管机构存在定期的"借调"现象，即律师去监管机构中的审核部门全职工作一段时间（一般为1年），以此加深业界与监管的相互了解。而被选中借调的律师一般需要本人业务能力较强（通过考试选拔），且出自较大的、对业界有一定贡献或在业界享有声望的律所。而这部分人在回到资产证券化业务中时，由于最直接地接触了发行审核，对于项目尺度把握、法律条文解释能做到更符合审核要求。

第二，已有经验证明，一部分资深律师在向监管机构申报复杂的资产证券化业务模式时，以邮件汇报、电话汇报的方式直接将项目中的法律疑难点向监管解释，其丰富的法律知识与项目经验可以帮助其在与监管当局沟通时"说服"监管机构，进而直接减少审核时间。[1]

第三，当面对一个全新的资产证券化业务模式时，一部分律师能做到与发行人、券商、评级等其他中介的高水平人员连З同监管机构一起，敲定业务运作模式。甚至在这之后形成一个市场范式，为后来的申报者提供"模板"，而这部分律

---

[1] 郭雳. 证券律师的职责规范与业务拓展[J]. 证券市场导报, 2011(4): 14-21.

师参与者在之后类似的项目申报时,自然是"轻车熟路",需要花费的时间极大降低。

(二)证券发行利率

律师涉及的领域曾经仅限于为当事人的利益进行辩护,而到目前,依据律师行业的工作内容已经可以将律师分为"诉讼"和"非诉"两个群体。前者不必赘述,而后者所凭借的就是律师通过语言文字技巧对司法作出解释的能力。所以对于"证券律师"这一角色,其专业程度是证券的投资者对证券做出价值判断的重要依据。资产证券化业务作为证券市场中第二大规模的融资工具,证券律师对其发行利率的作用可从两个理论角度分析。

律师在尽职调查之后可以了解到企业更多的信息,同时,依据其专业知识对企业信息进行披露可直接减少信息不对称的现象。"看门人"一词由来已久,其本质就是律师通过披露让信息更完全,从而让投资者不必要求更高的回报率,来弥补因为"不确定性"而带来的额外风险。

对于一部分特殊情况,如律师已经尽其所能向投资者披露了企业信息,但仍然不能打消投资者的疑虑,这时证券律师可以以其自身的声誉做"担保",让投资者感受到更大的"安全感",从而愿意接受更低的价格。这是因为律师是"重复玩家"(Repeat Player),律师希望能通过日复一日的口碑来获得持续收益而并非"一锤子买卖",所以律师声誉可以帮助证券发行获得投资方的认可。

资产证券化项目在发行后还存在发行后管理的任务,例如,在具有循环购买结构的项目进行循环购买时出具收益分配报告。如果一个资产证券化项目存续期较长,存续期间的工作比较繁杂,这也会构成对律师能力的考验。同时,存在一小部分已发行的资产支持证券在二级市场上交易,律师的工作同样会影响其即时的交易价格。

二、资产证券化中的法律问题

笔者在上文已从理论方面论述了律师在证券审核和发行期间可能产生的影响,而对于一种能隔离风险、重组资产收益、"变废为宝"的结构化融资来说,其中涉及的法律问题是多种多样的。下面笔者从"理论联系实际"的视角,梳理资产证券化过程中的法律难点,证明律师的工作能降低资产证券化的法律风险。

（一）设立 SPV 与破产隔离

对于一次资产证券化项目的过程，简要概括可以按如下列示：第一，根据律师确定的资产要求建立资产池；第二，设立 SPV；第三，把资产池打包出售给 SPV；第四，通过信用增级让证券的正式评级达到要求（一般优先级达到 AAA）；第五，销售给投资者之后到期偿付。其中设立 SPV 的本质目的就是破产隔离，让整个资产证券化产品对于投资者来说不会受到来自发起人存在破产或其他经营状况可能的"威胁"。对于参与证券化过程的顾问律师来说，监管当局也要求其在出具无保留的法律意见书时，披露破产隔离的效果。

1.SPV 的设立

传统的债券融资所依据的是发行人本身的信用，但并不是所有企业都具有可以发债的主体信用，而对于主体信用较差，但是具有一部分能产生稳定现金流且可以做证券化的资产的企业来说，其本身运营状况和资产支持证券无关。而为了打消投资者的疑虑，就需要建立一个新的法律主体，用来在资产证券化的过程中负起专门的责任，即消除破产时风险对资产支持证券的传递。在这样的背景下，SPV 无疑成了最好的选择。SPV 的行动是受到项目文件的严格约束的，其业务范围只能与资产支持证券的交易相关，按照约定收集、持有、管理资产，收取的现金流按照约定分配给受益人，直至资产支持证券到期。SPV 的形式也是多样的，目前有特殊目的公司 SPC（Special Purpose Corporation）、特殊目的信托 SPT（Special Purpose Trust）和有限合伙等形式。对于设立 SPV 的选择，则需要根据一国的实际法律情况来定。在实际过程中，选择税收负担很小或没有纳税义务的主体是选择考虑的重要因素之一。

2. 我国的 SPT 与 SAMP

根据央行和银监会（现为银保监会）颁布的《信贷资产证券化试点管理办法》，我国信贷资产证券化的 SPV 主要以 SPT 模式存在。根据《信托法》，信托财产具有独立性，与发起人固有的剩余财产是分离的。信托的实际意义是一种类似委托的代理，受托人并未掌握所有权，资产只为了信托目的而存在，转移资产也应注意区分不要产生混同其他资产的情况，由此达到了破产隔离。在这种情况下，基础资产和实际的债务主体是"割裂"开的，在《标准条款》等项目关键交易文件中对于信托的相关程序会进行明确约定：在约定的时间内，须完成 SPV 作为新的受益人在管理人处的变更登记手续，在变更登记完成后才具备正式的运转效力。

由于我国仍然是"分业监管，分业经营"的监管格局，对于企业资产证券化，监管机构设置了中国特色的 SPV 模式——专项资产管理计划 SAMP (Specific Asset Manangement Plan)。对于现金流不稳定、基础资产存在法律瑕疵等情况，还会有"信托+专项资产管理计划"和"私募基金+资产支持专项计划"等双 SPV 的模式来隔离风险，而对于目前我国现存法律而言，SAMP 还没有在正式出具的法律条文中以法律主体的形式出现，所以在设立 SPV 的过程中，需要律师注意不要违背《证券法》等位阶更高的法律条文。

（二）资产转让与真实出售

在设立 SPV 后，需要发起人把资产池中的基础资产转让给 SPV，这一步骤是否能真实且完整地实现，是实现风险隔离的重要环节。基础资产转让即意味着一系列债权的转让，而债权的合法转让后不再属于转让人，就此与转让人的风险隔离。对于这一过程，可以从"真实出售"的判断条件和"真实出售"的实现方式两个维度来理解。

1. 真实出售

认定所谓"真实出售"，并不是简单的商业买卖行为，在资产证券化实际操作角度中，指发起人将符合《标准条款》中"合格入池标准"的资产转让给一个具有破产隔离效力的账户的行为。而是否达到了破产隔离的效果，则要判定该行为有没有让转让后的资产或债券排除在转让人原有的财产范围之外。在实践过程中，律师在审查时一般从以下几个方面来判断：第一，SPV 是否对转让人拥有追索权；第二，SPV 所得的超额收益是否由 SPV 享有，这一部分权益如果被发起人也就是转让人拥有的话，可能会被认定为"担保融资"；第三，发起人对所转让的基础资产有无赎回权；第四，SPV 对基础资产及其产生的收益是否进行实质的控制和管理；第五，基础资产池是否是以合适的价格或折价率出售的。

对于真实出售的资产是否真的可以"真实出售"，监管部门也有相应的要求，律师主要关注如下三点：第一，权属完整，即发起人是不是完整地拥有基础资产的债权，会不会存在与其他主体共有的情况；第二，权利负担，即基础资产对应的债权是否存在涉及诉讼、是否被担保或是否被抵押等情况;第三,可转让性,即确定是否在交易结构设计过程中或合同文本拟定中存在基础资产债权不得转让的条款。在实践中,律师会审慎地确保债权转让是完整有效的,是"真实出售"的。

对于"真实出售"的过程,还应当注意如下几点:第一,我国采用通知主义原则,债权转让的有效需要以做出合理的通知动作为前提,未经通知的债权转让事项对债务人不产生效力。如果债务人未接到通知,那么其有可能对其履行偿还债务的义务进行抗辩。第二,如果没有或者不能达到"真实出售"的判断标准,那么律师应该根据资产池或者交易结构等客观因素设置信用触发机制和权利完善措施,并将其客观地披露在法律意见中。

2. 真实出售实现

就目前来说,实现"真实出售"的方式主要有"债务更新""债权转让"和"从属参与"等。其中"债务更新"指把旧的债权债务关系更替为新的债权债务关系,即发起人和SPV之间建立新的债权债务关系,代替旧的债权债务关系。"债务转让"即发起人与SPV签立转让协议。"从属参与"指发起人和SPV签立协议,基础资产不必转移,由SPV发行证券,进行融资,继而全额支付对价,其中SPV对发起人仍然享有追索权。

而对于其实现方式的关键点,律师在实务操作中一般会明确两点:第一,风险性。在"从属参与"的方式下,在发起人破产的情况下,从属参与人是普通的债权人,也没有完全做到破产隔离,故而风险较大。第二,效率性。债务更新涉及的步骤繁多,且债务人数量较大的时候,会极大增加操作成本,故而也不是常用方式。"债务转让"相比前两者更高效、更经济,是目前实践中的主要方式。

(三)内部增信与外部增信

资产证券化作为一种结构化融资,其结构化设计一方面为了隔离破产风险,阻断发起人在转让债权之后对证券产生影响,但另一方面,基础资产在脱离发起人相对优质的主体之后,资产反而成了流动性较低、信用较差的部分,达不到发行的要求了。所以为了吸引投资者,结构化之中会加入信用增级的因素,这同样是律师需要考虑并确定的重要因素之一。以下从内部信用增级和外部信用增级两个角度简要分析。

1. 内部增信

内部增级指发起人通过保证、账户安排等方式，自己为资产支持证券提供信用增级，其主要方式有如下几种。

第一，优先级/次级分层。其指将基础资产按照信用、流动性等要素分成优先级证券和次级证券，分别对有不同需求的投资者销售，优先级证券的持有者拥有优先获取固定收益的权利，次级证券持有者的偿付次序在优先级之后，但是可以享有证券的超额收益。次级证券为优先级证券提供信用支撑，在很多情况下，发起人会自己认购次级证券以此来保证优先级证券的信用。

第二，超额抵押。其指把基础资产以一定的折价比例出售给原始权益人，这样证券的发行价格在计算本息之后仍然是高于基础资产本身的总体价格的。高出的部分则变成了资产支持证券的保障，即为本金的偿还建立了一个缓冲。在实操中，超额抵押率通常是有一定要求的，但也要注意，一般情况下超出的部分由次级获得，在债务主体自身不持有次级的情况下，超额抵押实质上来说增加了发行人的融资成本。

第三，流动性支持。通常的做法有建立储备金账户、利差账户或现金抵押账户等，其本质都是根据筹集到的资金按一定比例放置一些额外的现金，当现金流因为一些意外因素不能按时流入账户时，这一部分资金会为其提供流动性支持。

第四，信用触发机制。其指原始权益人出现突然事件导致其长期信用下降或其他在《标准条款》中规定的风险事件后，启动相应的加速清偿或现金流重新安排机制，以保障优先级证券的本息兑付。常见的信用触发机制包括加速清偿事件和违约事件。加速清偿事件包括资产池累计违约率上升到一定比例，偿付表现不佳，参与方短期内无法履行职责，循环购买产品未能实现有效的循环购买等；违约事件包括优先级利息无法及时偿付，法定到期日无法偿还优先级本金等。触发后果一般包括停止支付次级证券的收益及专项计划费用等。

2. 外部增信

外部增信一般由与发起人没有关联关系的第三方来完成，第三方的信用水平一般来说会明显高于原本的发起人，所以其高水平的资金偿付能力也同样会为资产支持证券带来更高的信用。主要方式有如下几种。

第一，保证担保。通常是信用增强级别最高的外部增信手段，其本质是对原发起人本息偿付的连带责任。但是其效力明确的同时，也会使担保方成为实际上的资产支持证券的信用主体,且有可能影响会计上的出表认定。

第二,差额支付承诺。差额支付承诺人对发起人或者资产支持专项计划的管理人承诺,如果基础资产回款产生的现金流不足以偿付本息,或者基础资产本身就出现了无法回款的情况,差额支付承诺人会把这部分差额补足,以使资产支持证券顺利到期。

第三,信用证。通常是银行承诺在资产支持证券出现风险事件导致还款有问题时,由付款行来偿付,并根据实际风险状态以及发行之前签订的相关合作协议收取一定的费用。

三、各类产品与核查要点

依据我国目前分业监管的格局,目前我国的资产证券化产品可以划分为三个大类:银保监会监管的信贷资产证券化(Collateralized Loan Obligations,CLO)、证监会监管的企业资产证券化和交易商协会监管的资产支持票据。在上文中已经确定了律师对于法律风险的降低是必要的,而对于律师来说,除了根据《信息披露指引》等规范性文件出具相关法律意见之外,其在不同项目中所关注的要点也不尽相同。因此,还需要从实务操作的角度对各类资产证券化项目和律师的审核要点进行简要的梳理,其中资产支持票据因为与企业资产证券化的交易结构和律师审核要点都较为相似,故不做单独讨论。三类资产证券化产品的主要区别如表5-1所示。

表5-1 资产证券化产品要素对比

项目名称	企业资产证券化	信贷资产证券化	资产支持票据(ABN)
项目简称	企业ABS	信贷CLO	交易商协会ABN
主管部门	证监会、基金业协会	央行、银保监会	交易商协会
审批方式	备案制+全面清单管理	备案制+注册制	注册制
发起人	非金融企业	银保监会监管金融机构	非金融企业
SPV	专项资产管理计划	信托计划	信托
基础资产	应收账款、租赁租金、小额贷款、保理融资等	企业贷款、汽车贷款、金融租赁、信用卡贷款等	票据收益、收费债权、应收债权、租赁债权等,与企业ABS类似
发行方式	私募	公募	私募/公募
交易场所	沪深交易所、柜台、中小企业股转系统等	银行间市场	银行间市场
信用评级	单评级	双评级	单评级
登记管理机构	中证登	中债登	上清所

（一）信贷资产证券化

自2014年以来，信贷资产证券化快速发展。目前市场上的产品以企业贷款、个人住房抵押贷款、汽车贷款和消费性贷款为主。律师为信贷资产证券化项目提供法律服务，服务内容包括起草《主定义表》（发起机构和受托机构签署）、《信托合同》（发起机构和受托机构签署）、《标准条款》、《基础资产转让协议》、《监管协议》、《贷款服务合同》、《资金保管合同》等，以及按照监管要求出具《法律意见书》《法律尽职调查报告》等全套交易文件。

1. 法律意见书

法律意见书审核方面重点审核核查项目交易架构及其前述的交易文件是否符合我国现行法律、法规及规范性文件的相关规定；核查项目交易主体是否有效存续；是否具备完全的民事权利能力和行为能力，能够对外签署和履行其作为一方的交易文件；该等交易文件约定的生效条件全部满足后，相关交易主体是否可以据此主张权利；核查该等交易主体是否具备开展具体交易所需业务资质；核查项目交易的发起机构和受托机构是否已就开展本次交易履行了内部审批、授权程序，以及本次交易尚需履行的外部监管机关备案、注册程序。

由于信贷资产转让涉及债务人及担保主体众多，通知债务人或担保主体贷款债权/担保权益转让的成本也相对较高，故《管理办法》第十二条规定"发起机构应在全国性媒体上发布公告，将通过设立特定目的信托转让信贷资产的事项，告知相关权利人"。因此，在信贷资产证券化业务中，信贷资产的转让通常不采取事先告知债务人或相关担保主体的做法，也不办理相应担保权益的转移登记（或权利凭证的交付），但委托人和受托人会在《信托合同》中约定，待触发任一"权利完善事件"后即办理担保权益的转移登记（或权利凭证的交付）。

2.《法律尽职调查报告》

律师在《法律尽职调查报告》中披露的核查要点主要是对基础资产池合法合规性进行尽职调查的情况、过程和结果的简要说明；对基础资产池合法合规性所做出的判断，包括但不限于入池信贷资产是否符合《主定义表》约定的合格标准、核查信贷资产是否合法发放以及被委托机构合法持有等；对该基础资产池是否可依法设立信托做出的判断。

（二）企业资产证券化

相比于信贷 CLO 和 ABN，企业 ABS 的发展最为迅猛，其发展的种类也十分丰富，以基础资产类型划分，目前主流的有应收账款、融资租赁、小额贷款、基础设施收费收益权等。对于不同类型的资产支持证券，律师的职责和贡献度并不一样，下面就几种主流的产品做简要分析。

1. 应收账款

目前市场上的应收账款类 ABS 通常指发起人将其所拥有的应收账款按照一定的标准出售 SPV，由于应收账款的法律认定条件相对比较清晰，用这一部分作为基础资产还可以有效改善公司的资产负债结构，增强公司流动性，其已经成为最受欢迎的资产证券化产品之一。从广义上讲，应收账款泛指用企业一切将在未来收到现金流的债权作为基础资产，从细分类来看，包括购房尾款、供应链等相关产品。从狭义上讲，应收账款指企业在日常经营中的因销售商品、提供劳务等产生的款项，类型有贸易款、工程款等。

主要表现形式有如下三种：第一，应收账款。指企业在日常经营过程中的贸易款、工程款、结算尾款，结算方式有现金、商票和银票。第二，保理应收账款，债权人找保理公司贴现而产生的应收账款。第三，反向保理应收账款。由于当前重点的工程、贸易企业实力强大，其对上游的供应商和下游客户都具有一定的对比优势，因此形成了以该企业为核心的供应链，反向保理指把在整个供应链按级数一层一层流转的过程中产生的应收账款进行归结后进行资产证券化的动作，其本身可以提高效率。

律师在审核阶段的要点有如下几点：第一，在应收账款资产证券化业务过程中，通常会要求纳入资产池的基础资产项下买受人不存在要求减少应收账款或者换货等抗辩权，律师在尽调过程中，需通过查阅销售合同条款有无关于退货等限制性条款及核查了解历史退货情况和应收账款冲销情况等手段核查有无抗辩权。第二，在应收账款归集阶段，转让价格应该公允且产生真实，不应出现不合理的高价或者低价。第三，一般企业 ABS 对于入池的资产和整个资产池的管理都比较严格，出于不能随意使用以及避免资金混同的考虑。对于存在期限错配问题的专项计划会设置循环购买机制，对于过程中产生的沉淀资金的管理，基本也都会做出明确的规定。

2. 融资租赁

融资租赁出现在我国 20 世纪 80 年代，自 2007 年颁布《金融租赁公司管理办法》允许国内商业银行介入金融租赁之后，融资租赁行业自 2008 年以来在主体数量和业务规模上都经历了爆发式增长。其本质是承租人基于产业设备作为租赁物向出租人获取资金的融资方式，租赁期内租赁物的所有权属于出租人所有，而使用权属于承租人所有。租赁期到期，租赁物按合同约定确认归属（一般归承租人所有）。

融资租赁资产证券化的交易结构已经相对确定，律师审核主要关注如下两个方面：第一，基础资产入池。明确审核标准的同时注意基础资产转让手续的完整和有效，转让对价的公允合理。同时如果基础资产中某一个单一的债务人占比例过大，其一个人的风险问题对资产支持证券的影响也就相对比较大，因此律师审核要设置分散度，同时依据债务人的地域、行业等要素做出分析和披露。第二，对现金流的审核。现金流归集的过程要直接由债务人回到资产支持专项计划的账户或者监管账户，专项计划的账户和原始权益人即发起人的资金应该有效隔离，不要有资金混同或挪用。

3. 基础设施收费权

基础设施收费权资产支持证券指以燃气、供电、供水、供热、污水及垃圾处理等市政设施，公路、铁路、机场等交通设施，教育、健康养老等公共服务产生的收入为基础资产现金流来源所发行的资产支持证券。基础设施类收费权作为一种未来收益权类的资产，与运营实体或者能够产生现金流的实务资产密切相关，基础资产现金流稳定性依赖于运营实体或实务资产的运行情况，风险也主要来自各种经济因素导致的现金流波动风险。相比于债权类资产，收益权的未来现金流尚未明确，需要依据未来运营实体的实际运作状况进行推断，因此律师审核时主要关注两方面。

第一，实际运营方的经营实力。如是否依法取得相关特许经营等经营许可或其他经营资质，且其资质时间能覆盖资产支持专项计划的持续时间；是否存在抵质押情况；是否存在违法失信行为；如资质不足是否存在足够的外部增信。

第二，现金流的稳定性。关注基础设施所对应行业、地域的宏观经济环境，有可能存在基础设施属于产能过剩行业并因此受到较大的政策影响；关注市场占有率或市场空间上升率是否会影响价格；关注行业竞争与竞争排他性等因素是否会冲击产品本身等。

四、律师声誉建设与市场选择

(一) 律师声誉建设

当发起人对法律服务质量的信息不完善时，他们从律师的个人声誉和法律职业的集体声誉两个方面中获取信息。声誉被认为"质量的代言人"或"服务质量的事前指标"。声誉模型通常假设客户不完全地观察到供应商过去生产的跟踪记录，并使用这些信息来更新他们当前对所购买产品质量的信念。当过去的商品质量是可观察到的，即对于经验商品，声誉提供了提高产品质量的激励。然后，提供高质量服务的律师收取高于市场价格的能力来维持服务的高质量，从而使未来收入的现值高于提供低服务质量产品的一次性收益。

在法律服务市场上，好的声誉能吸引客户并增加未来收入。这种对声誉的关注激励律师提供高质量的标准化和日常服务。对于具有高品质的法律服务，客户能够事后评估质量。同时，律师的个人声誉来源于口碑和各种信息手段，因为客户之间能够相互传递有关质量的信息。由于客户们有相似的需求，他们扮演着裁判和推荐人的角色。

在国内，其实声誉本身的定位比较"模糊"。仅对资产证券化领域中"高声誉律所"这一概念而言，除了代表较高的专业能力以外，还有可能有诸如其拥有的杂志榜单排名和是否成功发行资产证券化创新产品等其他因素产生影响。

关于资产证券化市场中高声誉的衡量标准或者说律师如何建设自己的声誉，可以从如下两个方面来分析。

第一，专业能力。毫无疑问专业能力是对声誉影响最大的部分，既包括资产证券化业务的承做能力，也包括对客户的服务能力，如良好的态度、顺畅的沟通等。值得一提的是，在我国资产证券化市场处于高速发展的如今，"市场首单"或"创新单"的发行既是对资产证券化领域的开拓，也可以为律师自身赚取极高的声誉。

第二，社会影响。由于我国资本市场尚不成熟，法律制度也还需完善，有相当一部分律师积极参与我国的司法建设，而这部分律师自然会在成功参与后获得较高声誉。同时，会有监管机构的法律服务者在退出监管机构之后会继续活跃于资本市场，这部分人也许参与资产证券化业务的时间并不长，但其具有的社会影响却很大，声誉也较高。

（二）市场选择

声誉使律师在市场中有更高的"概率"被选中，然而事实上，"律师选择"的问题在资本市场中是非常普遍的。发起人在选择律师的过程中会考虑很多因素。对于市场中发起人如何选择律师，从如下几个方面来分析。

1. 律师声誉

根据上文分析，毫无疑问，律师声誉还是发起人的第一考虑，其理论机制比较简单：第一，相同的收费，发起人会选声誉更高的；第二，声誉越高的律师收费相对更高，这就需要考虑性价比；第三，如果发起人自己或者所选择的其他中介声誉较高，就会减少对律师声誉的需求。

2. 律师收费

发起人对价格的考虑也非常多，尤其是在资产证券化业务形式较为固定的情况下。这个时候声誉高的律师和声誉低的律师并不能为审核结果和发行结果带来实质差异，而声誉高的律师通常收费较高，这个时候发起人可能会倾向于选择声誉不那么高，但是收费较为低廉的律师。比如地方国企自身实力强劲声誉较高，但在发行过程中非常注重成本降低，在选择律师的过程中就会偏向于收费低廉的一般律所。

3. 长期关系

这类因素可以从两方面考虑：第一，许多资产证券化业务参与企业都有自己的法律顾问，负责其日常的法律事务，其对于企业法律问题的理解是其他新入场的律师所无法企及的，由他们作为证券化业务的顾问律师可以有效降低项目成本。第二，如果企业对于在第一次资产证券化业务过程中所选的律师提供的服务较为满意，那么他们往往在之后的合作中都会继续选择他们，从而建立一个长期合作关系。

4. 他人意见

在资产证券化业务过程中，发起人会受到各方意见的影响，最主要的有两个：第一，根据目前中国资产证券化市场的普遍惯例，券商一般作为计划管理人或主承销商或兼任两者，是资产证券化项目过程中最重要的牵头角色。在现实场景中，发起人大多出于礼貌会咨询券商意见。而如果发起人本身对于律师选择并无意见，那么券商会选择自己青睐的律所，强势的券商也会出现"强强联合"。第二，中国的行政部门具有一定的"监管父爱主义"[①]，而发起人与地方政府的联系又较深，地方政府的意见也是发起人的重要考虑之一。

---

① 林新波，程金华.中国律所 IPO 业务声誉报告：1990-2017 年[J].中国法律评论，2019（6）：103-124.

证券公司合规篇

第六章 证券公司合规管理概述

第一节 合规相关概念界定

一、合规

合规指金融机构及其员工对法律、监管规定、规则、自律性组织制定的有关准则,以及适用于这些企业自身业务活动的行为准则的遵守。[①]

合规中的"规"即合规的渊源。巴塞尔委员会的《合规与银行内部合规部门》中列举合规的渊源包括:①立法机构和监管机构发布的基本的法律、规则和准则;②市场惯例;③行业协会制定的行业规则;④适用于金融机构职员的"内部行为准则"等。因此,合规中的"规"不仅指来自企业外部的具有法律约束力的文件,而且包括更广义的诚实守信和道德行为准则,它们可能来自企业外部,也可能是由企业自身制定的。所以"规"应当包括内外两大渊源,外部的"规"主要是国家法律法规和行业自律规则;内部的"规"主要是企业根据国家法律法规、结合自身条件与需要进一步细化或制定的各类管理规定及内部控制规则。

合规中的"合"包括两个层面的意思。一方面要求企业内部的规章制度、业务规则必须符合外部的法律法规、监管规定和行业准则;另一方面,要求内部的规章制度、业务规则等都能得到有效的落实。从这个角度讲,相

[①] 陈瑞华.论企业合规的性质[J].浙江工商大学学报,2021(1):45-60.

对于其他的风险管理活动，合规管理是一个更加积极、主动、强势的过程。

本书关于合规概念的定义来源于中国证监会2008年7月14日发布的《证券公司合规管理试行规定》，"证券公司及其工作人员的经营管理和执业行为应符合法律、法规、规章及其他规范性文件、行业规范和自律规则、公司内部规章制度，以及社会公认并普遍遵守的职业道德和行为准则（统称法律、法规和准则）"。该规定在引入"市场惯例"概念的同时，考虑到现行的一些证券公司的通行做法本身并不合规，《证券公司合规管理试行规定》将"市场惯例"这个概念衍生为"行业公认并普遍遵守的职业道德和行为准则"。

这里需要说明的是，"依法合规"一词虽然在金融监管和日常经营中经常被使用，但它并不是一个严谨的概念，人们对它的理解往往是非常模糊和不统一的，如果仅停留在字面，将"依法合规"理解为"遵守国家法律法规及监管规则"是片面的。

二、合规风险

（一）合规风险的概念

纵观近十余年国际金融发展历史，人们对合规风险的认识逐步加深，在全面风险管理的框架下，合规风险作为金融机构的一项核心风险活动，被逐渐从操作风险中分离出来。

1988年《巴塞尔协议》正式出台后，随着国际一系列重大金融事件的爆发，巴塞尔委员会愈加认识到原协议中净资本规定在防范银行业重大风险方面的局限性，于是从1999年开始对1988年《巴塞尔协议》进行修订，对银行业面临的重大风险进行重新归类，分为信用风险（Credit Risk）、市场风险（Market Risk）、操作风险（Operational Risk）三大类别，把操作风险定义为由不完善或有问题的内部程序、人员及系统或外部事件所造成损失的风险。可见，操作风险内容十分广泛，既包括技术风险，广义范围还包括未遵守内外部规章导致的风险（如合规风险）等。

2004年《巴塞尔新资本协议》正式推出一年后，巴塞尔委员会将合规风险从操作风险中分离，并于2005年4月发布了《合规与银行内部合规部门》高级文件，该文件明确指出，合规风险指银行因未能遵循法律、监管规定、规则、自律性组织制定的有关准则，以及适用于银行自身业务活动的行为准则而可能遭受法律制裁或监管处罚、重大财务损失或声誉损失的风险。

中国证监会在2008年7月14日发布的《证券公司合规管理试行规定》对证券公司合规风险进行了严格的定义，明确指出，合规风险是指因证券公司或其工作人员的经营管理或执业行为违反法律、法规或准则而使证券公司受到法律制裁、被采取监管措施、遭受财产损失或声誉损失的风险。

《证券公司合规管理试行规定》关于"合规风险"的定义及范围均参考了《巴塞尔协议》的概念，但又与国内证券公司的法规环境、成长历程及监管背景相适应。例如，由于产生证券公司合规风险的主体除了证券公司的公司行为，也包括证券公司工作人员的个人行为，因此定义涵盖了证券公司及其工作人员两个方面。根据《证券业从业人员资格管理办法》，证券从业人员是指"从事证券业务的机构中从事证券业务的专业人员"，并不能涵盖证券公司的全部人员，因此这里采用了比较宽泛的"工作人员"的概念。

在经营管理或执业行为之外，证券公司工作人员也可能存在违反法律、法规和准则的行为，但是在这种个人行为没有对证券公司造成损失的情况下，并非证券公司合规管理关注的范畴。为了明晰证券公司合规管理的责任边界，也便于实际操作，将合规风险仅界定在经营管理活动及执业行为中。此外，由于行政处罚依据的是《中华人民共和国行政处罚法》，所以这里的"法律制裁"也应包括行政处罚，而监管措施为监管机构日常大量使用，会对证券公司产生直接影响，但又不在"法律制裁"的范畴内，所以《证券公司合规管理试行规定》将"监管措施"单列出来。

（二）合规风险与其他风险之间的关系

当前，法律风险概念被普遍接受，法律风险指企业因不遵守法律规定、监管规则或者因和交易方产生合同纠纷，而导致财务损失、被处罚或者产生诉讼纠纷的风险。从巴塞尔委员会的定义来看，合规风险与法律风险既有联系又有区别。二者有重合的一面，比如金融机构因为某项业务违规而遭受处罚时，它所面临的合规风险同时也是一种法律风险，因此业界常常将"合规风险"和"法律风险"并称为"法律合规风险"。但是，合规风险并不完全等同于法律风险，各有其独立性，彼此不能涵盖。合规风险中有些部分无法归入法律风险的范畴，如合规风险中因不遵守诚实守信和道德行为的准则（包括自律组织制定的某些准则、企业内部制定的管理制度和业务规则等）而致使企业遭受声誉甚至财务损失的风险，就不是法律风险范畴。相应地，因合同不能执行或合同纠纷而导致企业损失的风险也是法律风险，但不属于合规风险。

金融行业风险包括信用风险、市场风险和操作风险，并称为"三大风险"，合规风险是位于三大风险之下的更基本的风险，与三大风险既有不同之处，又有紧密联系。合规风险是企业做了不该做的事（违法、违规、违反业务准则、违德等）而招致的风险或损失，企业的内在因素是触发风险的主要原因；而三大风险主要是基于客户信用、市场变化、员工操作等内外环境而形成的风险或损失，外部环境与内部偶然因素是触发风险的主要原因。过去金融机构往往将合规风险视同操作风险，多注重在业务操作环节和操作人员方面加强管理，但效果并不理想，这说明简单地把合规风险等同于操作风险的认识是不全面和不准确的。金融机构合规风险在绝大多数情况下发端于企业制度决策层面和各级管理人员身上，往往带有制度缺陷和上层色彩。因此，就现实情况而言，金融机构即使防范了基层机构人员操作风险的发生，也未必能防范制度或管理上合规风险的发生。所以，合规风险是金融机构最先面对的、最为基本的风险，不对合规风险进行管理，可能会造成比操作风险带来的损失更为严重的直接危害，并有可能引致操作风险和其他风险。因此，合规风险管理应当是金融机构风险管理的基础和底线，在此基础之上，再来谈论其他风险管理才有意义。其联系之处在于：合规风险是其他三大风险特别是操作风险存在和表现的重要诱因，而三大风险的存在使得合规风险更趋复杂多变而难以控制，且它们的结果基本相同，即都会给企业带来经济或名誉上的损失。在一定程度上甚至可以说，它们之间有着某种因果或递进关系。通常来说，合规风险起因于企业违规，若是违背外部的法律法规，则可能受到监管机构的查处及相关法律责任的承担，若是违背内部的规章制度，则产生操作风险，并由此可能导致相关监管处罚及法律风险。而操作、市场、信用等风险均可能带来合规风险，如内部员工不按公司规章操作，可能违背了外部的"规"，操作风险即传递到合规风险；市场风险爆发可能导致企业关键风险控制指标不达标，如果应对不及时，也将传递到合规风险。

由此可见，不同风险之间的传导效应十分明显。合规风险造成的后果，从法律风险角度看，可能会引发法律风险事件，进而可能引发相关法律责任的承担；从政策风险及操作风险角度看，不规范运作会为业务发展埋下诸多隐患，诸如增加公司运营成本，甚至给公司经营管理带来混乱；从道德风险角度看，可能会造成员工职业素质、职业道德的滑坡以及公司不良风气的恶化。[1]

---

[1] 耿丹，孙江东.企业合规制度探析[J].中国市场，2022（10）：98-100.

三、合规管理

合规管理，其内涵指企业通过制定合规政策，按照外部法规的要求统一制定并持续修改内部规范，监督内部规范的执行，建立独立的机制来识别、评估、提供咨询、监控和报告企业的合规风险以实现增强内部控制，对违规行为进行早期预警、防范、化解、控制合规风险的一整套管理活动和机制。

其一，合规管理是金融机构内部一项独立的风险管理活动，是金融机构进行全面风险管理的一项核心内容。金融机构只有以有效的合规风险管理为基础，操作风险、市场风险、信用风险等其他相关风险的管理才会更加有效。正如中国银监会（现为银保监会）在《商业银行合规风险管理指引》中所指出的那样，"合规管理是商业银行一项核心的风险管理活动。商业银行应综合考虑合规风险与信用风险、市场风险、操作风险和其他风险的关联性，确保各项风险管理政策和程序的一致性"。可以说，合规管理是最浅层次、最基本的风险管理活动，即只要求制度合乎法律法规、道德准则、职业操守等规则，内外制度相一致并得到执行。

其二，合规管理应融入金融机构核心管理体系，其目的不是基于金融机构的经营效益，而是预防与控制金融机构的合规风险。"合规性"对于金融机构的运作是内在的要求，金融机构必须建立相应的制度或程序，以确保员工遵守所有有关法律、行为规范和良好的实践标准，以保护客户利益，减少违法违规风险、经济损失或名誉损害。为此，金融机构应主动识别合规风险，避免违规事件的发生，采取各项纠正措施以及适当的惩戒措施，持续修订相关制度流程和详尽描述具体做法的岗位手册，以有效建立合规风险管理机制，确保机构合规稳健运行。

其三，合规管理既是金融机构采取的自律措施，从某种程度上来说也是监管职能的自然延伸。监管机构对金融机构实施监管的出发点和根本目的就是要确保金融机构以保护客户利益及维护市场健全的方式运作，确保金融机构遵守法律法规和规章是市场公平有序和保护客户的核心基础之一。由于监管毕竟是外部强加的，不可能替代金融机构的自觉行动，再加上外部监管存在一些天然、固有的局限性，例如，受制于监管资源和能力的不足，难以做到对众多的金融机构实行全方位、全天候监管，仅凭外部监管不可能从根本上解决金融机构的合规风险问题。然而，在防止可能的不当行为、倡导合乎道德的行为方面，合规管理在金融机构中能够发挥外部监管所不可替代的重要作用，并由此反过来促进市场的公平有序，增强投资者对市场的信心，从而达到有效监管的目的。正因为合规管理在金融机构中能够发挥重要自律作用，使得监管机构不再需要事无巨细地进行合规性检查和监管，而是将监管重心转向以监督和评价金融机构合规风险管理机制的有效性为主，引导和督促金融机构完善合规风险管理机制。

其四，合规管理的终极目标是，金融机构通过建立健全合规管理框架，实现对合规风险的有效识别和管理，促进全面合规管理体系建设，确保依法合规经营，维护客户合法权益，维护企业声誉，提升企业核心竞争力，从而实现股东、企业、员工利益的最大化。有效的合规管理可以减少甚至杜绝因遭受监管处罚和法律诉讼而导致财务损失的可能，持续提高金融机构的声誉和品牌价值，降低业务拓展和外部融资成本，防止金融机构盲目承担过度的信用风险、市场风险，最终提升金融机构的市场价值。金融机构应以合规求发展，以规范谋成长，统筹效益、质量和规模三者关系，实现三者协调和有机统一。

第二节　合规管理的基本理念与原则

一、合规管理的基本理念

金融机构的合规管理体系建设，首先必须牢固树立正确合规管理的基本理念，这是金融机构合规管理的灵魂，也是构建企业合规文化的核心。合规基本理念可提炼为"主动合规""全员合规""合规从高层做起"等。

（一）主动合规

主动合规指金融机构及其员工应将合规视为本企业内在的需要和自律行为，主动发现并积极解决合规风险隐患或问题，同时应在业务管理制度、操作流程上进行适当的改进，以避免类似事件的再次发生。主动合规包含两个方面的内容：一方面，公司应当认识到"合规创造价值"，合规为公司规避风险、降低成本和损失、赢得声誉和品牌、带来创新和发展的机会；另一方面，公司应当主动发现、揭示、报告、处置合规风险，认识到合规是公司经营发展的自身需要。

1. 合规创造价值

合规为公司创造价值体现在三个方面：一是减少公司因遭受法律制裁

或监管处罚所导致的声誉或财务损失的可能性，降低公司经营成本；二是提升公司声誉和品牌价值，因而使公司在业务拓展和创新上能够获得更多的机会，增加盈利空间和机会；三是防止公司承担不必要或可能的过度风险，从而减少公司遭受直接财务损失的可能性。

2.主动发现、揭示、报告、处置合规风险

金融机构要鼓励主动报告合规风险，如果发现合规风险而隐瞒不报，对瞒报者要实施严厉处罚，对于主动报告合规风险的，则可以视情况减轻处罚，甚至免责。公司应形成主动合规的内生机制，具有主动发现、揭示、报告和处置合规风险的管理制度和良好氛围。企业全体员工都应接受合规培训，管理人员应具备识别关键合规问题的基本能力，并应主动、及时地向合规部门进行合规咨询。合规部门则应积极主动地识别、评估和监测潜在的合规问题及合规风险，提出合理的合规建议并跟踪其进展情况，从而达到全员尊重法律法规、严守规则并恪守职业操守。

（二）全员合规

证券公司的合规管理应当覆盖公司所有业务、各个部门和分支机构、全体工作人员，贯穿决策、执行、监督、反馈等各个环节。合规不是合规部门的独有责任，合规覆盖所有部门；合规不是合规人员的独有责任，合规覆盖全体人员；合规不仅仅在于某个（些）环节，而在于经营管理的全过程。

合规风险分布于金融机构的所有工作岗位，这种分散化特征决定了每一个业务点都是合规的潜在风险点，对合规部门来说，要求其控制住每一个风险点是根本不可能的，因此，每一名员工都是合规操作和管理的第一责任人。坚持合规操作和管理是每个部门、每位员工日常工作的神圣职责，应当自觉养成按章办事、遵纪守法的良好习惯，杜绝有章不循、违规操作现象，逐步确立起"合规人人有责"的理念。

（三）合规从高层做起

当企业文化强调诚信与正直的准则并由董事会和高级管理层做出表率时，合规才最为有效。合规从高层做起，主要指董事会和高级管理层不但要承担合规责任，而且要设定鼓励合规的基调，倡导诚实、正直的道德行为规范，以身作则，做合规的"楷模"。只有自上而下地强调和推行，合规才最为有效。多年来，人们一直在强调"依法合规经营"，但有的金融机构高层却并不清楚如何在言行上真正体现金融机构所倡导的合规理念以及他们在依法合规经营中应承担什么样的职责。国际金融业合规实践表明，通过强调"合规应从高层做起"，重视自上而下地贯彻落实合规政策和所倡导的合规文化及价值观念，能够积极建立合规管理体系，填补以往合规风险控制的"盲区"。同时，公司董事会和高级管理层对在公司内部建立有效的合规风险管理体系，负有不可推卸的责任。高级管理人员必须积极亲自参与确保本企业遵守现行法律法规，积极倡导公司各层面的合规文化。

二、合规管理的基本原则

合规管理应当遵循独立性、全面性、有效性、专业性、协调性和及时性等基本原则。

（一）独立性原则

独立性是合规管理的关键。第一，指合规总监和合规部门在金融机构的组织体系中应具有独立地位，合规管理应当独立于其他各项业务经营活动，以真正起到有效制衡的作用；第二，合规总监和合规部门应当能够独立履行合规管理职能，尤其是在其进行合规检查、调查过程中或履行合规报告义务时，不受业务部门、管理层甚至最高决策层的限制与掣肘。

（二）全面性原则

合规管理应当覆盖金融机构全体人员、全部业务以及各项制度，即金融机构的合规管理制度及合规管理的监督检查职能，在对业务的覆盖面和对人员的覆盖面上都要全面。合规管理应当贯穿各项业务始终，与业务实现"无缝对接"。

（三）有效性原则

金融机构决策层、经营管理层应当严格遵守并竭力维护合规管理制度在全体员工中得到有效执行。合规管理应力求合法、科学及合理。金融机构应当制定符合监管要求和公司发展需要的合规管理制度；对违反合规管理制度的行为和人员，应当予以追究。

（四）专业性原则

合规管理人员应当首先熟悉金融机构的各项业务制度，并正确把握法律、规则和准则的最新发展及其对金融机构经营的影响,以便为公司提供及时、有效的合规意见与建议。

(五)协调性原则

对内合规总监与合规部门要妥善处理好与公司其他管理部门、业务经营部门及分支机构的关系,加强信息沟通和共享,增强监管内部控制的合作。对外合规总监与合规部门要承担与外部监管机构、外部法律环境"对接"的职责,督促公司将外部法规体现在内部控制制度上,同时应将外部监管机构的意见让公司知晓,并将公司的整改及落实情况及时反馈给监管机构。

(六)及时性原则

合规总监和合规部门应当及时跟踪并了解行业相关法律、法规和准则的变化情况,制定或修订公司有关规章制度,及时履行各项合规管理职责,对发现的违法违规行为或潜在的不合规事项,及时采取合规风险处置措施予以阻止、纠正、查处、整改并进行报告,有效控制风险蔓延,阻止事态进一步发展。

第三节 证券公司合规管理面临的问题及现阶段工作重点

目前,证券公司合规管理的法规体系虽已初步建立,但仍处于基础推进阶段,证券公司内部合规管理职能的发挥仍然不甚理想,合规管理的进一步推进仍存在较多困难。

一、证券公司合规管理面临的问题

(一)证券行业诚信体系建设环境有待改善

一段时期以来,国内证券公司的诚信与合规文化缺失。一方面,证券公司监管信息失真,信息透明度较差;另一方面,作为证券行业文化核心的诚实、信用、合规理念尚未全面形成。部分公司对"信誉"的认知度不高,仍持有法不责众的不良心态,公司对树立品牌、维护形象的认识不够,过度重视业务创新和利润追逐。

尽管所有公司都在强调"依法合规经营",但相当一部分公司并不清楚如何在公司整体的治理结构下落实合规管理的职责,将合规管理工作仅视为合规总监或合规管理部门的职责。公司经营决策层对于自身的合规管理职责认识模糊，不清楚如何在言行及日常经营决策过程中体现公司所倡导的诚信、价值的正确合规理念。应该说，诚信体系不健全、合规管理缺乏高层重视是证券公司违规行为屡禁不止的重要原因。

（二）合规管理的内生动力不足，存在应付外部监管的现象

目前，少数公司由于缺少主动合规的意识，合规管理存在形式主义倾向。个别公司出于应付监管机构检查、评价的目的设立了独立的合规管理部门，但由于人员配备不到位、部门职责不清、公司重视不够等原因，一些重要的合规管理职责无人履行，合规管理部门将工作重心放在了与监管部门沟通上，成为应对外部监管的"公关部门"。

（三）合规管理部门定位不清，合规管理责任发生不当转移

证券公司董事会、监事会、高级管理人员、各部门和分支机构负责人均应履行合规管理职责，对证券公司或本部门及分支机构合规管理的有效性承担责任，合规总监与合规管理部门应是协助公司经营管理层识别合规风险、履行合规管理职责。由于目前高级管理人员的违法违规行为本身就是证券公司合规风险爆发的重要诱因。因此，在国内证券公司的具体实践中，合规管理对于经营管理层的监督职能凸显，合规管理人员易与经营管理层相对立，与其他机构、部门及人员的协作也需要进一步磨合，合规管理职能的履行存在较多障碍。

应当强调的是，合规管理部门对证券公司业务过程本身是否合规并不承担直接责任。目前部分公司的业务部门为逃避责任，将审核业务归口至合规管理部门处理，合规部门面临大量的常规性审核业务，应履行的合规管理职责无暇顾及，合规责任发生了不当转移。

（四）国内合规管理经验需要逐步积累

由于国内证券公司受分业经营政策及发展历史限制，与国外证券公司相比，无论业务规模、资产规模、收入规模均有显著差距。国内证券公司治理结构形式虽然齐全，但组织设置及职责界定有较大的差异性和随意性。此外，国外金融机构的制度安排均建立在员工个人诚实守信、遵纪守法的文化意识土壤之上。反观国内证券公司，不是没有制度，而是制度没有执行力，高管人员不能率先垂范，违规操作与违规行为得不到纠正与处罚，久而久

之，有令不行、有禁不止比比皆是。

总体而言，由于治理结构与经营环境的重大差异，国际上成熟的合规管理经验并不一定适合我国证券公司，甚至有可能产生"水土不服"的问题。因此，在起步阶段，合规管理工作需要监管机构、证券公司乃至全社会的共同努力。只有这样，才能建立具有中国特色、公平、高效的合规管理体系。

（五）合规管理人才瓶颈难以在短时间内消除

国内证券行业合规管理建设刚刚起步，行业缺少必要的合规管理人员储备。证券公司合规试点期间，试点公司合规管理人员多由法律、稽核或风险控制部门抽调形成，这些人员虽然具备法律专业背景或多年从业经验，但与有效执行合规管理的工作要求仍存在较大差距。随着证券公司的创新发展，合规管理专业人员的知识结构应具备一定的复合性，除法律专业人员外，还需要配备熟悉业务、掌握信息技术的专业人员，合规管理人员需要在工作理念、专业素养和责任意识等多个方面进行提升。另外，高端合规管理人员的短缺更为明显，合规总监的工作经验、沟通技巧、人际关系、性格品质等都对履行合规管理职责有着重要影响，既能满足公司实际需要，又能完全符合监管规定的合规总监人选极少。

二、证券公司合规管理现阶段工作重点

目前是证券公司建立健全合规管理体系的基础性阶段，证券公司可以考虑重点推进以下工作：

（一）加强合规宣导，营造合规环境

目前来看，证券公司只有专职合规管理人员对合规管理的正确理念、相关职能以及重要意义具有较深的了解。加强对公司治理层、经营管理层及其他业务管理人员的合规管理培训在现阶段尤为必要，这需要监管机构、行业自律组织、证券公司合规管理人员共同努力，营造行业诚实、守信、合规经营的大环境。

证券公司应将合规宣导作为现阶段合规管理工作的重点，将合规培训前置，与新员工培训、业务流程再造、投资者教育、业务创新等各项内容相结合，使合规管理的理念渗透至公司业务管理的各个环节。证券公司可以通过编写合规手册，使其作为合规宣导的重要载体，将各层级的合规管理职能进行梳理，并传达至每一位员工。为落实全员合规的重要理念，证券公司可以

定期组织针对各业务管理部门及员工的合规管理知识测试，考试成绩与各部门及员工的年终绩效考核挂钩。

（二）明晰各层级合规管理职责，全面落实合规管理职能

证券公司董事会、监事会、高级管理人员、各部门和分支机构负责人均应履行合规管理职责，对证券公司或本部门及分支机构合规管理的有效性承担责任，合规总监与合规管理部门应协助公司经营管理层识别合规风险、履行合规管理职责，并不对证券公司业务过程本身是否合规承担直接责任。

目前阶段，很多证券公司已经构建了层级较为清晰的合规管理组织体系，明确了各层级、各机构及公司全体员工的合规管理职责。只有在当前将合规管理职责落实到人、落实到各机构，才能夯实合规管理的基础，实现"全员合规"的基本理念。此外，只有明晰各层级的合规管理职责，全面落实合规管理的职能，才能防止证券公司将合规风险责任转移至合规管理部门或合规总监身上。

（三）制定合规管理制度，健全合规管理机制

第一，证券公司应当调整现有文件的流转程序，明确合规管理部门的枢纽地位，可以将合规管理部门定位为外部监管的对口部门，监管规则、监管机构的风险提示以及监管意见等，经合规管理部门吸收消化后，分解给各业务部门或其他后台支持部门，并从合规的专业角度，系统地提出执行这些外部监管要求的意见和建议。

第二，合规管理部门应当着手收集证券公司的合规风险点，并不断补充和扩展。对于各个合规风险点，合规管理人员应深入分析合规风险的形成原因，同时系统地提出相应的弥补措施和纠正建议，编写合规的程序性手册、修改业务政策和操作程序等。

第三，合规总监及合规管理部门应当梳理和制定一套具有较强执行力的合规管理制度。在证券公司章程中对合规管理的组织架构、职能、履职保障及检查监督等内容做出规定，出台董事会层面的合规政策等纲领性文件；清晰界定包括高级管理层在内所有员工的尽职、问责和免责认定标准，包括各个级别关于合规管理的报告义务并建立有效的报告渠道；明确内部制度梳理、整合和修订的规范要求，对新制度要有必要的合规评估，在源头上解决合规管理的制度基础。

更为重要的是，为保障合规管理机制的有效性，合规管理应与业务流程

联动，主动打破条块分割的状况。合规风险的识别、监测、量化、评估、报告以及处理的过程，事实上是证券公司评价内部管理制度执行力，评估业务流程优化程度的过程。因此，有效的合规管理机制的建立，应打破各部门条块分割、"各管一段"的部门风险管理模式，以既优化业务，又控制合规风险为原则，优化、精简业务流程。

第七章 证券公司合规管理体系的构建与评估

第一节 证券公司合规管理组织体系的构建

一、证券公司合规管理的组织架构

构建高效运作的合规管理组织架构,是证券公司有效管理合规风险的前提,也是证券公司建立全面风险管理体系的基础,更是证券公司内部控制机制建设的核心。[①] 证券公司应当在符合法律法规和监管要求的前提下,充分考虑其现有公司治理结构、内部控制框架、风险管理体系等因素的影响,根据公司经营规模、管理模式、业务性质及复杂程度等多方面条件,选择并建立适合自身发展需要的合规管理组织架构,并做出科学、合理的安排。

证券公司可以结合自身治理结构及内部控制的实际情况自行安排合规管理组织架构,但需要把握的原则是所构建的合规组织架构应能够确保公司有效管理合规风险以及合规总监独立履行职责。[②] 从各证券公司情况来看,各公司在合规总监由董事会聘任、合规管理部门直接接受合规总监领导、各业务管理部门及分支机构内设兼职或专职合规岗位等方面的做法基本相同,关

---

① 高昂.证券公司合规管理应用研究[J].中国市场,2020(13):93.
② 江玉荣,杨宇.证券公司合规部门刍议[J].安徽农业大学学报(社会科学版),2009,18(3):60-63.

键在于合规总监是对董事会负责还是对经营管理层负责的问题上做法不尽相同。主要有三种模式，说明如下：

第一种模式：合规总监由董事会聘任并直接对董事会及其专门委员会负责，合规管理部门在合规总监领导下独立开展合规管理工作，形成"董事会－合规总监－合规管理部门"的基本合规管理组织架构。

第二种公司模式：合规总监由董事会聘任但对经营管理层负责，合规管理部门在合规总监领导下独立开展合规管理工作，形成"董事会－经营管理层－合规总监－合规管理部门"的基本合规管理组织架构。

第三种模式：合规总监由董事会聘任并同时对董事会和经营管理层负责，合规管理部门在合规总监领导下独立开展合规管理工作，形成"董事会、经营管理层－合规总监－合规管理部门"的基本合规管理组织架构。

第一种模式的最大特点是，以合规总监为核心的合规管理体系与经营管理体系相互独立，合规总监直接对董事会及其专门委员会负责。其优点在于合规总监和合规管理部门在履行合规职能时能够较好地保持独立性，不容易受到经营管理层的不当干预。同时，合规总监与董事会、监事会共同构成层级分明的合规监督体系，能够对经营管理层起到较强的制衡作用。但是，要确保该模式有效运行，需要有一个能够真正履行合规管理、监督职能的董事会或董事会下设的专门委员会。只有这样，所谓合规总监对董事会及其下属员会负责才能落到实处，否则这种模式很容易流于形式而难以产生预期效果。此外，在这种模式下，董事长与总裁之间良好的工作关系和氛围，以及经营管理层对合规工作的理解与支持也极为重要，二者的协调配合可以避免合规总监陷入董事长与经营管理层的矛盾对立当中而难以有效开展工作。

第二种模式下，合规总监容易及时了解和准确把握公司经营管理情况和信息，便于其合规管理职能的发挥。但是，由于合规总监主要对经营管理层负责，经营管理层在业绩的压力与利润的驱动之下，较容易对合规总监履职行为产生认识上的偏差而施加不当干预或影响，合规总监一旦屈服于经营管理层的这种压力，则很难有所作为。

第三种模式是第一种模式和第二种模式的结合体，一些具有外资背景并设置 CEO 的证券公司多采用这种模式，当然，也不排除内资证券公司基于其自身特定情况或其他方面原因的考虑而采用此模式。在董事会成员与公司高级管理层高度重合的公司，作为内部董事的高级管理层基本上能够左右整个董事会的意志，因此，合规总监在名义上无论是对董事会负责还是对经营管理层负责，并无实质性区别。这种模式能够减少内部管理层次并避免不要的摩擦，合规管理工作运行效率较高。然而，这种治理结构本身所存在的固有弊端近年来一直为人们所诟病，美国《萨班斯法案》整治公司的重要举措，就是围绕着如何加强外部独立董事的力量，制衡和约束内部董事的不当行为而提出的。

二、合规管理组织体系成员职能的界定

（一）董事会及其专门委员会的合规管理职能

1. 董事会的合规管理职能

董事会在公司治理结构中处于核心地位。现代董事会在指导公司战略的同时，主要负责对经营管理层实施有效监督。董事会的重要监督职能就是确保适当的控制体系到位，特别是风险管理体系、财务和运营控制体系以及法律法规和有关准则要求的遵守。

合规管理是证券公司全面风险管理的一项核心内容，董事会自然应对公司的合规风险管理负有最终的责任。董事会负责建立与公司经营范围、组织结构和业务规模相适应的合规风险管理体系，领导合规工作，倡导和培育合规文化。董事会有责任确保公司制定适当政策以有效管理合规风险，并监督合规政策的实施，包括确保合规问题都由高级管理层在合规部门的协助下得到迅速有效的解决。

2. 董事会专门委员会的合规管理职能

加强董事会专门委员会在董事会中的作用，是当今公司治理结构变革和对传统董事会改造的着力方向。董事会专门委员会在确保董事会职权的有效落实、提升董事会决策的专业水平、强化董事会对经营管理层监督职能等方面发挥着独特的作用。董事会可以将其合规管理职能委托给适当的董事会下设的委员会。中国银监会和中国保监会（2018年二者合并为中国银保监会）分别在其颁布的合规文件中，对董事会授权其专门委员会履行合规管理职责并对合规风险管理进行日常监督管理均做了规定。从成熟市场国家的经验来看，董事会一般将其合规管理职能授予董事会下设的审计委员会，因为审计委员会的职能中通常包含监督公司遵守法律和监管政策。

证券公司可以通过公司章程、合规管理实施方案等内部法律文件将专门委员会导入公司合规管理组织体系。证券公司董事会至少应设置薪酬与

提名、审计和风险控制三个专门委员会,行使公司章程规定的职权。在证券公司审计委员会和风险控制委员会并存的情形下,指定哪一个专门委员会行使董事会日常合规管理职能,并不是个原则问题,可由公司内部文件予以明确。专门委员会的工作方式主要是通过合规总监,了解公司合规政策与制度的实施情况和存在的问题,及时向董事会或高级管理层提出相应的意见和建议,监督合规政策的有效实施。

3.董事会及其专门委员会的合规管理具体职责

如上文所述,公司董事会为公司最高合规管理机构,对公司的合规风险负有最终责任。董事会专门委员会在董事会授权范围内履行与承担其日常合规管理职责。董事会及其专门委员会履行合规管理的具体职责通常包括以下几点:①负责建立健全公司合规管理组织架构和制度体系;②审议批准公司的合规管理基本制度,并督促制度的实施;③决定合规总监的聘任、解聘及报酬事宜;④决定合规部门的设置及职能;⑤审议批准向监管机构定期提交的合规报告;⑥评价公司合规管理的有效性,确保合规问题得到迅速有效的解决;⑦保障合规总监独立与董事会及其专门委员会沟通;⑧保障合规总监与监管机构之间的报告路径畅通;⑨确保在公司发展战略上体现对合规文化的倡导和鼓励;⑩其他合规管理职责。

(二)监事会的合规管理职能

1.监事会的合规管理职能

我国公司治理通常采用传统的双层治理结构,在董事会之外还有独立行使监督职能的监事会。近年来,虽然立法部门和监管机构大胆吸收了单层治理结构下充分发挥独立董事和专门委员会监督职能的做法,但并没有放弃监事会在公司治理中原有的地位和作用。因此,在强调董事会合规管理职能的同时,监事会的合规管理职能也不应该被忽视。《公司法》赋予监事会重要职权之一,就是对董事、高级管理人员执行公司职务的行为以及行为的合法合规性进行监督。虽然监事会并不具体负责公司的合规管理工作,但对董事会、经营管理层和合规总监履行合规管理职责的情况负有监督之责,对其行为的合法合规性有权进行质询与调查。另外,为保障监事会有效行使上述职权,合规总监对其所发现的高级管理人员不合规行为以及公司存在或潜在的重大合规风险事项,在向经营管理层、董事会、监管机构报告的同时,还应及时向监事会履行报告义务。

2. 监事会合规管理的具体职责

监事会负责监督董事会和经营管理层合规管理职责的履行情况，具体合规职责通常包括以下方面：①监督董事会、经营管理层和合规总监合规职责的履行情况；②监督董事会的决策及决策流程是否合规；③依法调查公司经营中的异常情况，并可要求公司合规负责人和合规管理部门协助；④评估公司管理合规风险的有效程度；⑤对引发重大合规风险的董事、高级管理人员提出罢免的建议；⑥其他合规管理职责。

（三）经营管理层的合规管理职能

1. 经营管理层的合规管理职能

虽然董事会对合规管理负有最终责任，但有效管理证券公司合规风险的职责仍在于经营管理层。将合规管理的有效性运作的责任归于公司经营管理层可以确保合规管理职能在证券公司组织内部得到适当的重视，保障组织内部有适当的资源配置与合规职能，有利于实现合规问责并促进合规文化的整体建设。[①]

2. 经营管理层合规管理的具体职责

证券公司董事会、监事会和高级管理人员依照法律、法规和公司章程的规定履行与合规管理有关的职责，对公司合规管理的有效性承担责任。一般而言，经营管理层的合规管理具体职责主要包括以下方面：①实施与经营管理层相关的合规政策，保障经营管理的合规运作；②为合规总监及合规管理部门提供必要的物力、财力和技术支持并配备履行职责需要的合规管理人员；③确保合规总监及合规管理部门拥有充分的知情权和独立调查权；④及时、有效解决合规问题，落实责任追究；⑤与合规总监共同建立并完善合规管理部门与其他部门之间的分工协作机制；⑥倡导和培育合规文化；⑦其他合规管理职责。

---

① 陈秀丛.证券公司合规管理问题浅析[J].新商务周刊，2019（15）：89.

（四）各部门以及分支机构的合规管理职能

1. 证券公司各部门及分支机构负责人的合规管理职能

证券公司下设部门和分支机构是证券公司开展经营管理活动的基本单位，也是证券公司合规风险的主要来源之一，只有各部门和分支机构从源头有效控制合规风险，证券公司合规管理的整体有效性才能得到保障。

各部门和分支机构负责人的合规责任，应该理解为对合规管理全面的、直接的责任。证券公司各部门和分支机构应当主动寻求合规管理部门的帮助，主动进行日常的合规性自查，定期向合规管理部门或者合规管理岗位提供合规风险信息或者风险点，支持并配合合规管理部门或者合规管理岗位人员的检查和评估。同时，合规管理部门和合规管理岗位也应当向证券公司各部门、分支机构及其员工的业务活动提供合规管理支持。

2. 各部门及分支机构的合规管理具体职责

各部门及分支机构的合规管理职责通常包括以下几方面：①各部门和分支机构负责人对其业务范围内的合规管理工作负直接领导责任；②各部门和分支机构应当确保经营管理活动符合有关法律、法规和准则的要求，及时制定适应自身业务需要的合规管理制度和业务流程，对经营管理中的合规风险控制措施及时进行自我检查和评估；③各部门和分支机构对发现的合规风险和问题应当及时报告合规管理部门，合规总监和合规管理部门有权要求有关部门或分支机构就专门事项提交由负责人签发的有关合规情况报告；④各部门和分支机构应当定期就本部门或分支机构的合规管理情况做出总结，并报送公司合规管理部门。

3. 各部门及分支机构合规管理岗位设置及其具体职责

证券公司的合规管理应当覆盖公司所有业务、各个部门和分支机构、全体工作人员，贯穿决策、执行、监督、反馈等各个环节。然而，对于具有一定规模的证券公司而言，仅凭合规管理部门及其专业合规管理人员的力量很难实现对所有业务、各部门和分支机构的合规风险进行有效监控和管理。合规管理部门必须能够通过适当的方式和途径贴近业务部门，及时、准确地掌握相关信息，以便有效监测并回应各部门及分支机构的合规问题。作为一种行之有效的做法，证券公司可以要求各部门及分支机构在内部设置合规管理岗位，指定一名兼职或专职的人员（称为"合规专员""合规督导员""合规联络员"等）负责管理本部门的合规事宜。该岗位人员对本部门负责人负责，同时接受合规管理部门的业务指导，与合规管理部门进行直接沟通，定期向合规管理部门报告本部门业务合规情况。在条件许可下，也可以由合规管理部门直接派员到一些重要的业务条线代表总部履行合规管理职能，甚至设立二级的合规管理部门。无论采取何种方式，证券公司都应该通过制定具体、明确的合规管理制度加以规范管理。

各部门和分支机构内设合规岗位的合规管理职责可以具体为以下几个方面：①协助本部门负责人完成其合规职责；②作为联系人负责就本部门合规管理工作与合规管理部门的对口联系，配合合规管理部门的有关工作安排和部署；③就本部门的合规事项向本部门负责人和其他人员提供咨询意见，对本部门拟提交合规管理部门的咨询和审核等事项，提出初步的合规处理意见；④向本部门负责人提出合规自查建议，向本部门负责人和合规管理部门报告本部门潜在的合规隐患及存在的合规风险，对本部门存在的违法违规行为提出处理建议；⑤协助本部门负责人进行合规宣导及合规文化建设；⑥完成合规管理部门或本部门负责人安排的其他合规管理工作。

4. 全体员工的合规职责

证券公司全体员工应对自身的执业行为的合规性承担责任。合规不仅是合规管理部门和专业合规管理人员的责任，更是证券公司每一位员工的责任。证券公司的全体工作人员都应当熟知与其执业行为有关的法律、法规和准则，主动识别、控制其执业行为的合规风险，并对其执业行为的合规性承担责任。

证券公司工作人员的合规职责可以归纳为以下几方面：①公司员工在履行其岗位职责时，应对各自职责范围内的合规事项负有充分关注并主动合规的义务，对违反有关法律、法规和准则而导致的合规风险和损失承担直接责任；②公司全体员工有义务向合规管理部门报告本部门或机构存在的合规隐患及合规风险问题，并有义务配合合规检查、自觉接受合规培训。

努力培育良好的企业合规文化，是提升员工合规意识和确保员工行为合规的重要途径。良好的合规文化的主要特征是员工对公司所适用的业务活动的法律、法规、准则的熟悉、掌握以及对违规行为的高度敏感。它要求合规意识贯穿在证券公司全体员工的日常经营管理行为中，成为一种自觉和必然的行为准则。证券公司董事会及经营管理层应当切实履行合规管理职责，倡导并推行诚信、正直的道德行为准则和稳健经营的正确理念，努力培育公司全体员工的合规意识，在公司上下推行合规人人有责、主动合规等合规理念。当然，合规管理部门也有义务为公司各业务部门和员工提供合规咨询和必要的帮助。

三、合规总监与合规管理部门

（一）合规总监

1. 合规总监的概念

合规总监制度来源于合规负责人制度，合规负责人是负责全面协调企业合规风险的识别和管理，并负责领导合规管理部门履行合规管理职责的公司高级管理人员，在国际上一般被称作"首席合规官"（Chief Compliance Officer，CCO）。

合规总监的法律定位，主要体现在以下几方面：①合规总监职务为法定，即证券公司必须按监管法规的要求设置合规总监；②合规总监定位于证券公司高级管理人员，由董事会聘任，同时其任职资格必须获得监管机构的认可，证券公司不得任意解聘其职务；③为避免利益冲突，确保合规总监能够独立地履行其职责，合规总监不得兼任与合规管理职责相冲突的职务，不得分管与合规管理职责相冲突的部门；④合规总监的法定职责是对证券公司经营管理行为的合法合规性进行审查、监督或者检查；⑤合规总监的法定义务是对所发现的违法违规行为履行报告义务，即应当向公司章程规定的机构报告，同时按照规定向国务院证券监督管理机构或者有关自律组织报告。

2. 证券行业推行合规总监制度的意义

首先，合规总监的设置有利于改善监管机构对证券公司的监管模式。现行法规赋予了合规总监独特的法律地位，要求合规总监对证券公司违法违规行为及时发现、及时纠正和及时报告，通过合规总监有效履行职责，即便证券公司想做违法违规的事情也很难得逞。从这个角度来讲，合规总监所发挥的作用，相当于政府监管职能得到自然延伸，监管重心无形中也大为前移。同时，合规总监的设置，也有利于推动证券公司实现从规避、被动接受外部监管逐渐向自觉配合外部监管的管理模式转变，从而也使得"以查错究弊为主的事后监管模式"向"以自律预防为主的事前监管模式"的转变成为可能。

其次，合规总监制度能够提高监管机构对证券公司监管的有效性。以往以查错究弊为主的事后监管使监管机构仿佛成为证券公司的合规管理部门，在监管力量和监管资源都难以为这种监管模式提供有效支撑的情况下，监管机构的外部监管对于证券公司也很难做到"贴身"。而合规总监则不同，首先他是证券公司内部高级管理人员，他比监管机构更加熟悉公司情况和了解公司业务，并能够直接参与到公司的经营管理和重大决策过程中，实时发挥约束和制衡作用。通过设置合规总监并赋予其特定的职责，搭建起证券公司内部自律监督和外部监管的桥梁，将极大地提高对证券公司监管的有效性。

最后，合规总监的设置有利于保障证券公司合规运行、稳健发展。虽然法律赋予合规总监独特的法律地位，但合规总监毕竟是证券公司内部的高级管理人员，而非监管机构安插的监管人员，其自身利益和行为导向与证券公司基本一致，公司发展与其本人利益也息息相关。从这个意义上来说，合规总监比外部监管更具有内在的动力来维护和保障公司合规运行与稳健发展。通过设置合规总监这样的职务，能够时时提醒和督促经营管理层和业务部门规范运作，避免短期利益影响公司长远发展目标，有助于公司更进一步实现做优做强。

3.合规总监的合规管理职能与具体职责

（1）合规总监的合规管理职能。合规总监是负责全面协调企业合规风险的识别和管理，并负有合规管理部门领导职责的公司高级管理人员。其高管定位来源于其履行职责所需，高管定位与合规总监的权利义务相适应，只有定位于公司高管，合规总监才能够对董事会提出建议；对经营管理层实施监督，对各部门进行指导，才能全面履行其基本合规职能。合规总监的合规管理职能就是对公司及其工作人员的经营管理和执业行为的合规性进行审查、监督和检查。

（2）合规总监的具体职责。证券公司应通过其内部制度对合规总监的具体职责做出符合法规要求的安排。一般而言，合规总监的合规管理职责通常包括以下几方面：①对公司内部管理制度、重大决策、新产品和新业务方案、报送中国证监会及证监局的有关申请材料和报告等进行合规审查；②督导相关部门根据法律、法规和准则的变化，及时评估、完善公司内部管理制度和业务流程，使内外部规则相一致；③对公司及其工作人员经营管理和执业行为的合规性进行监督和检查，发现问题时，及时提出制止和处理意见、督促整改，并及时向公司章程规定的内部机构报告，同时向公司住所地证监局报告，有关行为违反行业规范和自律规则的，还应当向有关自律组织报告；④定期对公司合规管理的有效性进行评估，及时解决或者督促解决公司合规管理中存在的问题；⑤按照公司规定为高级管理人员、各部门和分支机构提供合规咨询、组织合规培训和宣导，协助公司培育合规文化；⑥负责与监管机构和自律组织就合规管理的有关事项进行交流与沟通，主动配合监管机构和自律组织的工作；⑦处理涉及公司和工作人员违法违规行为的投诉；⑧组织实施公司反洗钱和信息隔离墙制度；⑨领导合规管理部门工作，组织、指导、督促合规管理部门履行合规职责，对合规管理部门的工作进行考核，统筹管理合规管理人员的任免、薪酬及奖惩；⑩其他合规职责。

（二）合规管理部门

1. 合规管理部门的概念

证券行业合规管理部门的产生源于证券公司业务发展需要，证券公司需要获取建议和支持来实现对业务部门日常行为进行监督，并需要有合适的政策和程序以确保业务运作符合相关法律、法规的要求。合规管理部门是证券公司自律管理的重要组成部分，与法律部门、内部审计部门、风险管理部门等其他控制部门一起，为实现公司持续规范发展提供重要和广泛的支持和保障。

证券公司合规部门的法律定位如下：①符合监管要求，证券公司内部必须有承担合规管理职能的部门；②证券公司可以设置专门的合规部门承担合规管理职责，也可以在现有部门中指定某部门承担合规职责，具体采取何种方式要视公司的经营范围、业务规模、组织结构而定；③合规部门对合规总监负责，协助合规总监工作，按照公司规定和合规总监的安排履行合规管理职责；④为保障合规部门履行职责，证券公司应当为合规部门提供必要的资源保障，包括配备足够的、高素质的合规管理专业人员；⑤合规管理职责具有很强的独立性，在合规部门兼有其他非合规管理职责的情况下（即广义上的合规部门），证券公司必须保证其他职责不与合规管理职责产生冲突。

2. 合规部门的合规管理职能与具体职责

合规部门的职能随着时代的发展而不断演变，已经成为帮助公司实现自律和支持经营管理层执行其管理职能的重要部门。合规部门的合规管理职能应当是协助合规总监对公司及其工作人员的经营管理和执业行为的合规性进行审查、监督和检查。

证券公司可以根据自身实际，在公司合规管理制度中对合规部门的职责做出具体规定。一般而言，证券公司合规部门的合规管理职责包括以下方面：①协助合规总监制订、修订公司的合规管理制度和年度合规工作计划，并推动其贯彻落实；②为公司经营管理层及各部门提供日常合规建议及咨询，指导公司员工准确理解法律、法规和准则；③对公司新产品、新业务提供合规建议，识别和评估其合规风险；④组织相关部门梳理并评估制度和流程的合规性，并根据外部法律、法规的变化，督导相关部门制定、完善.制度和流程；⑤制订合规手册，组织合规培训，倡导和培育合规文化；⑥通过适当的技术手段和方式，对可疑交易、隔离墙、员工行为等的合规性进行及时监测；⑦负责公司反洗钱制度的制定和实施；⑧独立组织或联合其他部门进行合规检查；⑨及时处理违规事项的举报；⑩根据中国证监会及其派出机构的要求，对所报送的材料及公示信息等进行合规审核；⑪ 其他合规职责。

第二节 证券公司专项合规管理制度的建立

合规管理制度建设指证券公司依据外部法律、规则、准则及公司内部管理的实际需要，起草、制定、实施及完善公司内部关于合规管理制度规则的行为。证券公司合规管理制度的建设是放在合规管理首要位置的工作，证券公司建立一套较为完善的合规管理制度非常重要，其是合规管理最为基础的工作，直接影响到证券公司内部控制体系是否完善，也是监管机构评价证券公司合规管理是否有效的关键。①

一、合规管理制度框架

根据成熟市场券商合规管理制度建设经验，结合国内监管要求，证券公司合规管理制度框架应包含以下三个层面。

（一）证券公司的公司章程层面

应对合规管理做出原则规定。依据现有的监管要求，证券公司章程中必

---

① 冯田迅.企业构建合规管理制度的有效方法[J].中国集体经济，2019（10）：31-32.

须有合规总监的地位、职责、任免条件和程序等条款。各证券公司股东会审议章程修改时，还可根据公司的实际情况，对合规总监的独立性、合规总监的履职保障及合规总监的报告路径等内容予以原则性的规定。公司章程是公司的"宪法"性文件，章程对合规总监地位、职责的规定将直接影响到公司合规管理基本制度、合规管理实施方案等文件的起草。

（二）证券公司董事会层面

应制定合规管理基本制度。合规管理基本制度一般应包括合规管理实施方案、合规管理办法、合规管理委员会（或董事会下设履行合规管理职责的其他专门委员会）议事规则及合规总监工作细则等内容，是证券公司合规管理的纲领性文件。合规管理实施方案属于证券公司在合规管理启动阶段的过渡性规则，是证券公司合规管理启动阶段时的重要文件。证券公司合规管理办法应规定公司合规管理目标、理念及原则，合规总监的地位与履职保障，公司董事会、监事会、经营管理层、合规总监及合规部门的职责，合规报告路径等内容。合规管理委员会会议事规则是董事会对其履行合规管理职责的授权性文件，应包括其职责、决策程序、工作流程、人员构成、重大事项的报告路径等内容。合规总监工作细则是董事会对合规总监履行合规管理职责的授权性文件，应包括其职责、履职方式、工作流程、报告路径、对合规部门的管理权限等内容。

（三）证券公司经营管理层面

应制定合规管理的具体工作规则。合规总监应根据公司章程、合规管理基本制度的规定，与相关部门共同拟定规范合规管理具体工作的各项制度、规则、细则、流程等，由证券公司经营管理层发布实施，这些制度通常被称作公司合规管理的具体规则。合规管理的具体规则主要有合规手册、合规审查与咨询规则、合规检查规则、员工行为监测规则、合规报告规则、防火墙规则、反洗钱规则、合规培训规则、责任追究规则等。各证券公司可以依据公司章程、合规管理基本制度，选择不同的规则形式与内容，既可依据单项的合规工作职责独立制定规则，也可将部分相关职责融合到一个或多个规则中。

图 7-1 为证券公司合规制度体系的典型框架。

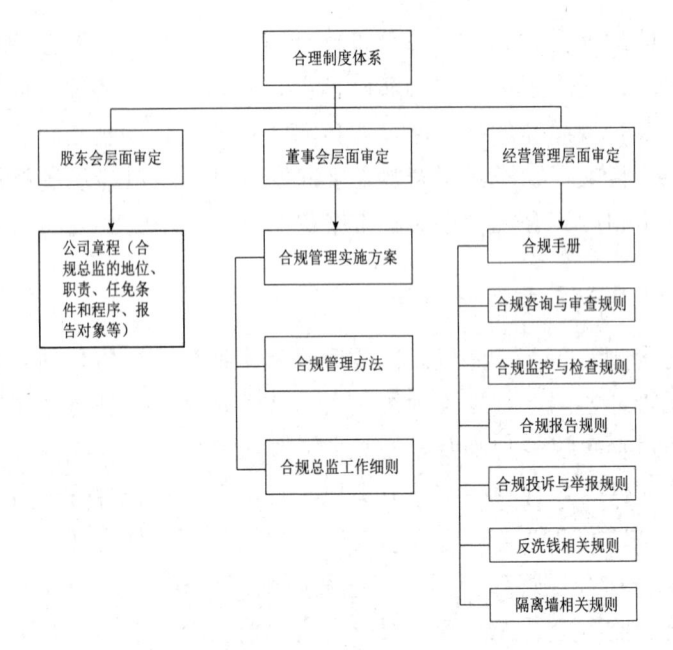

```
                    合理制度体系
                         │
        ┌────────────────┼────────────────┐
   股东会层面审定      董事会层面审定      经营管理层面审定
        │                │                │
   公司章程（合         合规管理实施方案     合规手册
   规总监的地位、         │                │
   职责、任免条         合规管理方法        合规咨询与审查规则
   件和程序、报          │                │
   告对象等）           合规总监工作细则    合规监控与检查规则
                                          │
                                         合规报告规则
                                          │
                                         合规投诉与举报规则
                                          │
                                         反洗钱相关规则
                                          │
                                         隔离墙相关规则
```

图 7-1　证券公司合规制度体系典型框架

二、合规管理制度的制定主体

合规管理制度建设作为公司制度规则的一部分，并非合规总监及合规部门的单方工作，需要公司董事会、经营管理层及公司相关部门共同参与制订。

合规管理制度体系中的公司章程的修改由股东会决定，章程修改的议案既可由一定持股比例的股东提交，也可由公司董事会提交。因章程修改涉及的是合规总监的职责等事项，属于高管职责安排的内容。实践中，多数公司采取由公司经营管理层制订章程修改预案报董事会审议后，再报公司股东会审议通过。

合规管理的基本制度由董事会制定。由于董事会是公司议事的非常设机构，因此，合规管理基本制度的起草工作仍由公司经营管理层（或合规总监）承担，由于合规管理基本制度涉及公司合规管理组织架构的安排，各层级及各部门的职责分工，该制度的起草工作需要公司高级管理人员及各部门共同参与制订。合规总监及合规部门要准确理解监管要求，督促公司董事会制定及完善合规管理基本制度，将重要的监管要求落实到合规管理基本制度中。

合规管理制度体系中的合规管理具体规章应由证券公司根据公司内部的职责分工，将各项合规管理的具体规章安排给合规部门及其他相关职责部门制订。其中，合规培训规则、责任追究规则可由人力资源部负责，投诉与举报规则可由监察室或客户中心等部门制订。但员工合规手册、合规审查规则、合规咨询规则、合规检查规则、合规报告规则、防火墙规则等涉及合规管理基本职责的规章应由合规部门起草制订。

合规管理制度建设是一项复杂的系统性工程，各项合规管理制度既要体现全员合规、合规从高层做起的理念，又要体现合规管理的全面性、独立性、专业性原则。各项合规管理制度与合规管理流程必须注重实效，不搞形式主义，要结合行业发展特点，及证券公司自身的实际情况予以制定，保证各项制度规则内容具有合理性与可操作性。合规管理的具体规章不能过于原则，使规则形同虚设，也不能过于复杂，导致实践中难以操作。证券公司及外部监管机构对公司合规管理有效性进行评估时，合规管理制度的建设及实施情况是重要内容之一。

三、合规管理制度的基本内容

（一）合规管理实施方案

合规管理实施方案是证券公司制订的用于指导证券公司开展合规管理工作的计划安排，方案内容包含公司的合规管理组织架构、合规管理制度建设计划、合规总监的定位、合规部门设立、合规部门与公司其他内部控制部门职责分工等。合规管理实施方案涉及公司内部组织架构等内容，公司董事会需对方案审议通过报监管机构征求意见后实施。

（二）合规管理办法

合规管理办法是公司董事会制定的基本制度，是公司合规管理的纲领性文件，是公司合规管理理念与原则的具体安排，也是合规管理制度建设的核心与关键。合规管理办法规定公司合规管理的组织架构、合规总监的定位、合规总监的职责等核心内容，直接决定公司合规管理设计安排是否与公司经营范围、组织结构和业务规模相适应，是否满足监管机构对合规管理的基本要求等。依据规定，证券公司合规管理基本制度一般应包括以下内容：

（1）证券公司确定的合规管理目标；

（2）证券公司确定的合规管理理念及原则；

（3）证券公司董事会、经营管理层、合规总监及合规部门在合规管理中的地位和职责；

（4）保证合规总监及合规部门独立性及履职保障的各项措施；

（5）合规部门与业务管理部门的合规职责分工；

（6）合规部门与其他内部控制部门之间的职责分工；

（7）合规风险处置；

（8）合规报告路线；

（9）合规问责。

（三）合规总监工作细则

监管机构并未明确要求证券公司制订合规总监工作细则，但考虑到合规管理办法侧重规定合规总监的职责，对合规总监的工作范围、工作内容与工作方式涉及内容较为原则，为保证合规总监有效履行职责，公司董事会可通过制订合规总监工作细则。合规总监工作细则至少应包括以下内容：

（1）合规总监的工作职责；

（2）合规总监的履职方式；

（3）合规总监的工作流程；

（4）合规总监的报告路径；

（5）对合规部门的管理权限等。

（四）合规管理具体规则

1. 合规手册

合规手册是公司员工的工作指南、行为标准，体现公司合规管理的基本理念，是公司对员工在合规管理方面最为基本的要求，是新员工合规培训的主要内容。建立科学有效的合规手册是证券公司合规管理制度建设的关键之一。合规手册在倡导公司合规文化方面有极其重要的作用。

2. 合规咨询与审查规则

合规咨询及合规审查工作是合规管理工作中最能体现专业性的一项内容，是合规部门日常工作的重点与难点。合规总监要保证合规咨询与审查工作的规范化，需要牵头制定合规咨询与合规审查规则，以明确公司合规咨询与合规审查的范围、方式与工作流程等。

3. 合规监测与检查规则

合规监测与检查是保证合规管理制度有效执行的关键措施之一。合规监测规则应规范合规监测范围、监测主体职责分工、监测结果报告等内容；合规检查应明确多层级的检查机制、检查主体的职责分工、检查方式、检查结果报告等内容。

4. 合规报告规则

合规报告规则应规范合规报告的报告主体、报告方式、报告内容、报告频率、报告路径等，证券公司可根据自身的制度体系及实际情况确定是否需要单独就合规报告做出单独规则。

5. 合规投诉与举报规则

合规投诉与举报规则规范合规投诉与举报的接受、调查、处理、留痕等内容，合规投诉与举报内容可分散在不同部门的制度规则中。合规总监与合规部门需要关注相关规则涉及的投诉举报路径是否畅通，合规总监与合规部门是否可及时获取投诉举报信息等。

6. 反洗钱工作规则

反洗钱工作是国内外金融行业典型的合规管理工作之一。由于反洗钱工作的重要性，国外部分金融机构在合规部门外设立了单独的反洗钱部门履行反洗钱工作职责。反洗钱工作规则是一系列反洗钱制度流程的总和，包含反洗钱管理办法、客户身份识别办法、大额及可疑交易监控与报告流程等内容。

7. 隔离墙制度

隔离墙工作是合规管理工作的重要部分。隔离墙制度重点是对业务管理部门的人员、物品、信息的隔离提出各项要求，建立跨墙管理机制，包括建立限制名单、关注名单，防止内幕交易等内容。

第三节　证券公司合规管理的有效性评估

一、合规管理有效性评估的内涵

合规管理的有效性指合规管理在识别、防范和管理公司合规风险中所发挥的实际效用。影响证券公司合规管理有效性的因素主要包含以下两方面：一是合规管理架构及合规管理制度等合规环境的搭建情况；二是合规管理机制和合规管理制度的实际运行状况，即合规管理的职责履行情况。

证券公司应当根据需要，组织内部有关机构和部门或者委托外部专业机构对公司合规管理的有效性进行评估，及时解决合规管理中存在的问题。对公司合规管理有效性的全面评估，每年不得少于一次。

对合规管理的有效性进行评估，是一个对合规管理进行全面检查反省的过程，通过定期或不定期地对公司合规管理状况照"镜子"，一方面可以起到发现合规漏洞、不断修正完善的作用；另一方面，还可以对合规管理工作起到监督和制衡的作用。

二、合规管理有效性评估的主要内容

根据上文所提到的影响合规管理有效性的两大主要因素，对合规管理的有效性评估可以从以下两方面着手。

（一）合规管理环境的有效性评估

其具体可包括以下方面。

第一，对证券公司合规管理架构的科学合理性的评估。这包括合规管理职责是否明确，合规管理体系能否保证其独立性，能否保证其与其他内部控制系统的有效协调，能否保证其对各业务条线、各部门、各岗位的合规运作起到有效控制作用等。

第二，对证券公司合规管理政策与制度的合法合规性及适用性的评估。这包括合规管理政策与制度是否符合法律、法规和准则的要求，并适应公司实际情况；合规管理政策与制度能否保障对合规风险的及时发现与控制，并得到修正等。

第三，对合规总监及合规部门的设置是否符合法定要求并满足实际需要的评估。这包括合规总监的任职条件、任免程序是否符合规定，合规总监是否具有法定的工作地位，合规总监及合规部门的职责范围是否符合独立性要求，合规报告路径是否合理、畅通，合规考核制度是否科学合理等。

第四，对合规管理资源保障的充足性评估。这包括合规管理的知情权、调查权能否得到满足，合规管理能否不受各方干涉、限制和阻挠，合规管理能否得到所必需的人力、物力、财力和技术支持，合规管理人员的薪酬制度是否满足法定要求等。

（二）合规管理职责履行的有效性评估

合规管理职责履行的有效性评估主要包含以下三个方面的内容。

第一，对董事会、监事会和高级管理人员合规管理职责履行的有效性评估。这包括董事会、监事会和高级管理人员对合规管理政策的制订、合规制度的执行、合规风险的决策、合规管理的监督等。评估应清楚地表达出两种信号：其一，合规管理应从证券公司高层做起，董事会、监事会和高级管理人员负有带头倡导合规文化，履行合规职责的重要责任；其二，董事会和高级管理层应清楚了解自身合规风险，有义务建立合规风险的识别与管理机制，并确保该机制的有效运作。

第二，对各部门和分支机构合规管理职责履行的有效性评估。各部门和分支机构是合规管理的执行层，它们的合规管理职责主要是识别和评估各自部门或业务的合规风险，制订明确的合规管理职责，监督各自部门或工作人员执业行为的合规风险，反馈合规风险及控制措施的执行情况等。其主要内容包括以下方面：①部门或业务制度中是否明确了各岗位的合规职责，该制度是否为本部门或本业务条线全体人员所遵守；②各部门或各业务条线能否识别各自合规风险，是否根据这些风险编制了清晰且便于操作的合规风险控制措施并有效执行；③各部门或各业务条线是否建立了对其工作人员执业行为的监控机制，该机制的运行是否有效；④对发现的合规风险能否较好地与相关决策机构、合规总监和合规部门沟通，并针对反馈信息及时修订相应的制度与流程。

第三，对合规总监及合规部门合规管理职责履行的有效性评估。这包括合规总监和合规部门在合规咨询、合规审查、合规检查、合规监测、法律法规准则跟踪、合规培训、反洗钱和信息隔离墙制度、投诉和举报处理、合规风险处置、合规报告、监管配合与互动等合规职责履行情况的评估。评估的重点有两个，一是履职的客观严谨与勤勉尽责，二是职责履行的效率和效果。

三、合规管理有效性评估的主体与程序

（一）合规管理有效性评估的主体

1. 内部审计或稽核

公司内部审计或稽核可以视为合规管理有效性评估的主体之一。通过内

部审计或稽核部门对评估对象的合规管理环境和合规管理职责履行状况进行评估，做出独立的专业判断，对合规管理的有效性发表专业评判意见，是非常有价值的。

2. 外部咨询或外部评估

外部专业机构并非证券公司的一部分，因此其评估活动相对更加独立、客观和公允。证券公司可以委托外部专业机构对公司合规管理的有效性进行评估。外部专业机构利用其独立地位与专业优势对合规管理的有效性进行评估，提供客观、公允的外部意见，可以弥补证券公司内部合规管理有效性评估的不足，从而提高合规管理有效性评估的质量。

3. 自我评估

合规管理推行的是"全员合规"理念。证券公司各部门、分支机构及其工作人员应当熟知与其执业行为有关的法律、法规和准则，主动识别、控制其执业行为的合规风险。公司全体员工对各自的合规职责、合规管理状况进行自我评估，查找薄弱环节，提出改进措施，及时堵塞漏洞。由此，自我评估也可作为合规管理有效性评估的手段之一。

4. 运用CSA进行合规评估的探讨

相对于诸如职责分离、权限控制、内部制衡、审核、监测、检查与复核等"硬控制"而言，合规管理中还涉及如合规管理机制、人员胜任能力、合规文化等大量的"软控制"。"软控制"是合规管理有效性评估的难题之一，一是"软控制"的评价标准较难确定，二是实践中容易产生关注"硬控制"、忽略"软控制"的情况。然而，合规管理"软控制"的评估却是至关重要的。因为"硬控制"评估注重既定标准的遵守，而"软控制"则直接影响未来控制效果的好坏，具有持续的有效性。

"软控制"大都是无形的，难以被量化，用传统的评估方法很难评估。CSA技术的引入，可能会对解决这一难题提供一定的帮助。CSA对软控制的评估工具包括问卷调查、自我评估访谈及自我评估工作组（Workshop）等。例如，在合规管理有效性评估中，运用CSA方法对合规管理人员胜任能力进行评估时，可以将合规管理人员和其他员工召集在一起，共同讨论胜任能力问题，并对其能否成功达到目标进行评估。这时，自我评估工作组成员（往往由独立的人员担任，如内部审计师或外部专家）通过这种开放式的讨论，甄别出成功之处与潜在障碍，并提出相应的改进建议。另外，CSA 还可以提升合规管理环境，因为当一般合规管理人员或其他员工参与 CSA 过程时，他们不仅对合规控制进行了自发的评估，而且还加深了合规认识。合规管理人员或其他员工参与评价合规控制、评估合规风险，对所发现的薄弱环节提出改进措施，不但能提高他们对合规目标以及合规控制的理解和认识，而且能激发他们认真设计和执行合规管理程序，并不断改进合规管理流程，做到全员评价、全员控制，从而提高合规管理的整体质量。

（二）合规管理有效性评估的程序

1. 确立合规管理有效性评估的牵头机构

合规管理的有效性评估是一项较为复杂的系统性工程。由于参与成员广泛，专业化要求较高，需要有较好的组织协调性，所以，在现阶段，由证券公司内部某个部门单独完成评估工作存在较大难度。这就要求公司有更高层级的机构牵头组织。例如，由董事会下设的专业委员会或公司成立的专门小组等统一组织协调，建立多方参与、分工明确的评估组织架构，保证评估工作的有效性。

2. 制订合规管理有效性评估方案

科学详细的评估方案是做好合规管理有效性评估的基础。评估牵头部门应结合公司合规管理状况，拟定评估要点、评估方法和评估步骤，并根据评估复杂程度和评估时间要求配置相应的评估人员。

3. 开展评估活动

正式开展合规管理评估前，可组织相关部门和人员进行培训和动员，全面讲解评估内容与要求。评估人员可根据需要，分成若干工作小组，运用不同的评估手段和方法对各评估要点进行评估。在评估过程中，评估人员应注意过程控制，避免漏项或重复，并做好评估工作底稿和评估总结。

4. 汇报评估结果，出具评估意见

评估活动结束后，评估人员应根据评估工作底稿和小结编制合规管理有效性评估报告，说明评估发现的问题，给出评估结论，提出整改意见。评估报告应提交公司董事会和经营管理层，公司董事会和经营管理层应高度重视评估发现的问题和意见，落实整改措施。

第八章 律师在证券公司合规中的价值

第一节 打造合规计划，设计合规管理体系

一、打造合规计划的一般要求

所谓打造合规计划，指公司委托律师量身打造一套有效的合规管理体系。这种合规计划的打造可分为两种业务类型：一是为那些没有建立合规计划的公司建立一套合规管理体系；二是为那些已经初步建立合规体系的公司，针对其主要的合规风险，提出一套改进合规管理体系的方案。既然要帮助公司客户打造合规计划，那么就需要了解有效合规计划的基本要求。

合规计划的打造要考虑公司客户的具体需求。对于一个从事涉外业务经营的公司，尤其是在欧美从事投资、上市、并购、参加项目招投标、开设分支机构的公司而言，需要按照国际一流标准打造合规计划。律师可以参考那些曾接受过国际制裁或外国监管部门处罚的公司的经验和教训，按照所在国法律和监管部门确立的有效合规计划标准，协助其建立一套经得起检验的合规计划。而对于一个仅仅在国内从事业务经营的公司而言，可以根据我国政府监管部门所发布的合规管理体系的"国家标准"，来重建合规计划。但是，考虑到我国政府发布的合规管理指引本身就是参考和借鉴国际合规管理标准来构建的，而且还处于剧烈的变化之中，因此，律师不应局限在参考国内的标准和案例方面，而应关注国际公司合规发展动向，引入一些有效合规计划的国际元素，打造出一套不过时、不落伍的合规管理体系。

律师帮助公司打造合规计划，首先要明确建立合规管理体系的双重目的。一方面，公司合规是实现有效公司治理的重要手段，打造有效合规计划就是要建立一套确保公司依法依规经营的管理机制。另一方面，公司合规也是保证公司在面临执法调查时获得监管激励或刑法激励的重要方法，公司借此可以有效切割责任，积极配合执法调查，获得适当的合作奖励，从而最大限度地避免或减少合规风险。基于上述双重目的的考虑，律师帮助公司客户打造合规计划，就不能仅仅定位于应付政府执法部门的强制合规要求，将合规仅仅看作一场"运动"，而应当从公司合规治理、避免合规风险、获得合规奖励等战略高度，来帮助公司获得实实在在的利益，提供专业化和有效化的"合规产品"。

二、打造合规计划的三项原则

律师帮助公司客户打造合规计划，应遵循三项基本原则：一是避免大而全的综合合规计划，注重打造专项合规计划；二是根据公司性质、经营业务和主要风险，打造一种基于风险的合规计划；三是注重合规计划的有效性，使其切实有效地发挥防控合规风险的效用。[①]

律师要树立专项合规计划的基本意识，放弃那种一揽子合规计划的空洞设想。有些律师在帮助公司打造合规计划时，顺应了公司提出的不专业的要求，打造了一种"整体化"的合规计划，针对数十种合规领域制定了综合合规政策，这显然是一种失败的合规计划设计。真正专业的合规计划一定是针对公司的主要合规风险，就某一特定领域打造专项合规计划。例如，中国农业银行正在打造的反洗钱合规计划，就属于针对特定合规领域的专项合规计划。这些打造合规计划的经验，都是值得律师认真总结和对待的。

打造专项合规计划，并不意味着每个公司都要建立整齐划一的专项合规计划。其实，每个公司基于其性质、业务、公司治理结构和经营方式，都会面临各不相同的合规风险。律师在帮助公司客户打造合规计划时，应首先进行合规风险的评估，根据公司近期受到监管调查或执法处罚的情况，发现该公司特有的合规风险，列出合规风险清单，按照从重到轻的顺序，以此开展合规计划的设计。对于银行、保险公司、基金公司、证券公司而言，首当其冲的合规风险应为反洗钱合规风险，律师应为其量身打造一套反洗钱合规体系。

[①] 刘春松.律师角度的企业合规分析[J].法制博览，2022（9）：71-73.

在基于风险的合规计划确定之后，律师应当从合规计划的"有效性"角度来设计合规管理体系的框架和内容。律师应当认识到，公司仅有一套书面的合规管理体系是毫无意义的，合规计划的灵魂在于在预防合规风险、监控违规行为、应对违规事件等方面发挥"确实有效"的作用。这里所说的"有效性"有两个要求：一是在预防、识别和应对违法违规行为方面发挥有效的作用；二是在切割公司责任方面产生积极的效果。按照第一个要求，公司合规管理体系只要对预防合规风险起到积极作用，做到对违规行为的实时监控，在违规事件发生后及时有效地加以应对，尤其是调查违规事件，处理责任人，发现合规管理漏洞，积极展开整改，主动进行自我披露，就相当于建立了有效合规体系。而按照第二个的要求，律师应当将公司展开合规培训、合规承诺、合规沟通、合规报告、举报机制、内部调查、处理责任人、积极整改等方面的合规管理行为，作为证据加以保存，在必要时提交执法部门，作为证明公司合规体系正常运转的证据，使其发挥消除或者减轻公司法律责任的有效根据。

三、打造合规计划的四项工作

在遵循前面三项基本原则的基础上，律师可以从以下四个方面帮助公司打造合规计划：一是合规章程的制定；二是合规组织体系的设计；三是合规政策的制定和员工手册的编写；四是合规实施程序的安排，包括预防、监控和应对三大合规管理体系。

（一）制定合规章程

要打造有效的合规计划，律师首先应协助公司制定合规章程或合规宪章。合规宪章是公司最高法律效力的文件，具有公司章程的地位，载明了公司合规的基本理念、基本原则、基本框架，上至董事会和高管，下至各分公司和各部门，都要受到合规宪章的约束。合规宪章的打造既可以在总章程中设专章进行，也可以单独制定一部专门的公司合规宪章。

（二）建立合规组织体系

合规组织体系是有效合规计划的重要组成部分。通常而言，合规组织体系一般包括四个部分。

一是合规管理委员会。其一般要求设立在董事会之下，与审计委员会大体平级。合规委员会要求由公司高管担任委员会成员，但董事长和总经理都不能担任主席，只能由独立的执行董事担任主席。

二是合规总监。其要求具有公司高级管理人员的地位，目前在我国公司中合规部门逐步取代法务部门，合规总监也主要由公司的总法律顾问或法务总监担任。

三是合规管理部门。有的公司单独设立合规部，有的公司则设立法律合规部，无论是哪种形式，公司都要设有专门的合规部门，部门负责人就是首席合规官。尤其需要注意的是，根据不同的单项合规计划，合规部门要有专门的机构设置。

四是公司的各个部门，以及分公司、子公司等分支机构内都要设置合规部门与合规团队，即使是在最小的部门中也要设置合规专员。

如此一来，一个自上而下、垂直领导的合规组织体系就在公司内部搭建完成，其中需要遵循若干基本原则。一是独立性原则，指组成人员不能有利益冲突，业务部门和财务部门及其人员都不能介入，保证合规体系与公司经营活动和财务管理活动没有任何利益冲突。二是权威性原则，要求合规管理部门在公司内部具有较高的地位和权威，不能完全依附于业务管理部门或财务部门。三是信息上下畅通原则，指既要做到上令下达，又要保证末端合规专员的意见也能够直接通达最高层。四是充足资源原则，要求公司为合规部门配置与合规管理工作相称的合规专业人员和合规经费，投入足够的人力、物力等资源。

（三）确立转向合规政策

合规政策在合规体系中扮演"实体法"的角色，相当于国家法律体系中刑法、民法、行政法的范畴。一个有效的合规政策体系包含了合规的各项主要内容，如合规的理念、合规管理的框架、合规的组织体系、单项合规制度、部门合规操作指南、第三方合规等。特定合规领域的管理规范和行为准则需要涵盖公司经营中每一个环节，十分精细。

例如，就反商业贿赂合规政策而言，其需要把国家反不正当竞争、反商业贿赂的行政法规和刑法有关贿赂的所有规定转化成具体条款，写进合规政策体系当中，可以细化到娱乐、招待、差旅、赞助、市场、业务推广、慈善捐赠、前任政府官员的聘任、商业伙伴遴选、费用报销、产品免费赠送与试用、礼物的大小、第三方的监督管理等各个环节。

合规政策体系要求把行政法、刑法中所有关于本领域的禁止性条款全部写入公司的内部条文，让公司人员通过学习合规管理政策和员工手册就能清楚地知道行为的规范和边界。制订合规政策的过程与立法十分类似,其实质就是把国家的行政监管法律和刑事法律转化成公司内部的规章制度。有律师事务所接受了一家涉外公司的委托,约定在半年时间内为其打造合规计划,费用达到几千万元,显然是一项十分可观的业务。后来律所负责人感叹,经过半年时间真正实践后才知道建立合规政策的工作量有多大。一边是在公司内部治理方面要找到风险发生的环节,一边是要穷尽国家的行政法规、地方性法规、部门规章,还有行业惯例、商业伦理、国家刑法规定、相关案例等,两边相互结合可以产生数百个条款,整个过程相当于重新立法,清晰地界定公司运行过程中每一步的行为规范和边界范围。所以熟练开展合规业务并不容易,在合规政策的制订中就需要对国家的民商事法律体系、行政法律体系、刑事法律体系以及公司管理、行业惯例、公司文化等内容了如指掌,把所有资料穷尽后才能转化为合规政策和员工行为手册,并且要根据不同的专项合规建立专门的合规政策。

(四)打造"合规三大程序体系"

律师在帮助证券公司打造合规计划时,必须设计出三大合规实施程序:一是合规风险的防范体系;二是违规行为的监控体系;三是违规事件的应对体系。有些律师也将这三大程序体系分别称为"事先防范体系""事中控制体系"和"事后处理体系"。

通常来说,事先防范体系可由合规评估、尽职调查、合规培训、内部政策沟通四个板块构成。首先,合规评估指针对公司的合规风险点和重点合规领域,展开有针对性的合规风险调查和评价。合规评估既可以定期展开,针对公司全体员工和整体经营活动,也可以有针对性地进行,或者针对特定高风险领域的人员。其次,是尽职调查,主要针对客户、第三方合作伙伴和被并购公司,对其是否存在违法违规行为、有无风险展开的专门调查活动。再次,是合规培训,也就是针对公司员工、第三方合作伙伴、各部门和分支机构所展开的合规管理培训活动。培训可分为定期全员培训和不定期专门培训,培训情况也做好书面或电子记录。[①] 最后,是内部政策沟通,公司高层和合规部门应将合规政策和程序传达到每一名员工、合作伙伴、各个部门和分支机构,可以要求后者做出合规承诺,也可以定期传达公司合规政策和合规进展的动向,推广"合规经营"的理念和文化。

---

① 师凡.律师如何参与企业的合规建设[J].法制博览,2021(28):170-171.

一般的监控体系又称为事中控制，包含全流程合规监控、举报制度、合规审计、合规报告制度四项具体要求。首先是建立"全流程合规监控体系"，要求公司开展的每一项业务，在产品制造、销售、服务的每一个环节，都要有合规把关，对存在违规行为的环节实行合规一票否决制。其次是建立"实时举报制度"，也就是通常所说的"吹哨人"制度，实行24小时举报机制，开放电话举报、网络举报等途径，搭建专门的举报平台，并对举报人进行严格保护和高额奖励。再次是推行"合规审计制度"，要对重点人员进行专项审计或者定期审计，发挥审计的实施合规监控作用。最后是建立"合规报告制度"，要进行定期报告和专项报告，在合规组织体系内自下而上地将合规计划运行情况、合规的风险、违规行为的发生报告给最高管理层。

所谓应对体系，又被称为"事后处理机制"，指违规行为发生后的反应机制。当违规行为发生或者被发现后，公司就要受到外部监管机构和执法机构的调查，此时需要有一个内部的专业反应机制，否则如果盲目应对，或者采取毁灭、伪造证据等错误方式，就会面临更加严厉的调查和处罚。

违规行为的应对体系包含四项要求：一是及时进行合规内部调查；二是尽快处理违规的员工和第三方；三是尽快发现合规体系漏洞并进行整改；四是积极配合调查，必要时进行报告披露，尤其注意不能毁灭、伪造证据，不能建立攻守同盟，要配合监管部门的调查，争取获取可能的合作奖励，尽量获得宽大的行政处理或刑事处理，将惩罚、损失和不利影响降到最低。

第二节　开展合规调查，担任合规监管人

律师接受公司客户委托从事合规业务后，通常会为其提供调查服务，提交调查报告。但是，根据所要达到的目的不同，律师的"合规调查"主要有两种：一是合规尽职调查；二是合规内部调查。其中，尽职调查指律师为公司进行投资、并购以及发展第三方合作伙伴时，为避免法律风险所进行的专业调查，带有评估和防范合规风险的功能；而内部调查则是在公司面临监管调查、刑事执法或者出现违规事件之后，由律师进行的专业性合规调查活动，主要目的在于查明违规行为、识别违规责任人、发现合规漏洞，为切割员工责任与公司责任、完善合规体系做好准备。

一、合规尽职调查

从公司合规的角度来看,尽职调查指公司在进行投资、开展并购、发展客户以及寻求第三方合作伙伴时,为全面了解客户、被投资并购方以及合作伙伴的背景、经营情况、业务性质、公司规模、违法违规经历、接受处罚的情况,减少和控制可能发生的法律风险,所进行的专门性调查活动。在任何一项有效的合规计划中,公司需要针对可能的合规风险,同时建立事前的防范机制、事中的监控机制以及事后的应对机制,而"合规尽职调查"应属于事前的合规风险防范体系的重要内容。由于律师具有相对独立的地位,具有专业调查的经验和能力,并且承担保守客户秘密的职业义务,因此,通常所说的"尽职调查",几乎都是由公司委托专业的律师事务所来完成的。由此,尽职调查成为律师的一项重要合规业务。

作为一项律师合规业务活动,尽职调查指律师接受公司客户的委托,针对可能的合规风险,对于作为第三方的合作伙伴、被并购公司以及相关客户所展开的专门性调查活动。通过尽职调查,律师为公司提交尽职调查报告,分析来自第三方、被并购公司和客户的合规风险,在此基础上,将公司责任与第三方、被并购公司责任加以分割,对来自客户的法律风险加以规避,并对第三方、被并购公司进行有效的合规管理,从而对合规风险进行有效的防控。

尽职调查是公司在商业活动中经常采用的调查方法,具有十分广泛的用途和目的。律师接受公司的委托所展开的合规尽职调查,属于尽职调查的一种特殊类型。由于是以合规风险防控为基础的专项调查,因此,合规尽职调查主要是针对被调查对象是否存在违法违规的行为和可能性而进行的。

合规尽职调查主要针对第三方、被并购方和有关客户来展开,其主要原因在于,公司在发展第三方合作伙伴、展开投资并购以及为客户提供服务过程中,有可能因为这些合作伙伴、被并购方、客户存在违法违规行为被追究法律责任,而有可能因此承担相应的连带责任或继承责任。为避免承担这种法律责任,防控可能的合规风险,公司需要进行尽职调查,一方面评估可能的合规风险,另一方面对被调查者展开必要的合规监控和风险管理。而考虑到公司自身要么没有尽职调查的专业能力,要么所做的尽职调查无法满足独立性和权威性的要求,因此,律师作为外部法律专家,为公司提供合规尽职服务,就成为一项重要的律师合规业务了。

为预防可能发生的合规风险,律师可以在公司合规风险进行全面评估的基础上,对有关公司或个人展开全面的合规尽职调查。根据尽职调查的对象，可以将被调查方大体分为客户、被并购方和第三方。

所谓客户尽职调查，主要是在反洗钱合规计划构建过程中，律师帮助银行等金融公司对商业客户所展开的尽职调查。这种尽职调查的目的主要是查明客户的背景、资金来源、违法违规历史、交易情况以及可能存在的洗钱、恐怖主义融资等法律风险。通过尽职调查，律师可以为有关客户的合规风险划出等级，为公司提供是否与有关客户展开商业合作的建议。

所谓"并购前的尽职调查"，指在公司准备实施投资并购活动时，委托律师对被并购的公司所进行的尽职调查活动。这种调查需要对被并购公司的性质、规模、治理结构、经营业务、交易情况、资产负债状况、违法违规历史、商业模式、运营方式等展开全面的调查，以便查明被并购公司是否实施过违法违规的行为，有无可能在并购完成后带来新的法律风险。

所谓"第三方"，通常指与公司有商业合作的公司或者个人，包括上游的供应商、供货商，下游的销售商、分销商或代理商，以及其他特殊服务提供商，如律师事务所、咨询公司、旅行社、会计师事务所等。所谓"第三方合规尽职调查"，指公司在发展商业合作伙伴过程中，针对第三方的合规风险所进行的专门性调查活动。这种合规尽职调查的目的有二：一是对第三方的违规历史、合规意识和合规制度进行全面了解，对第三方的合规风险做出准确识别和评估；二是针对第三方责任与公司责任进行有效切割，以防范公司自身的合规风险。对于那些合规风险过高、可能使公司承担较大继承责任的第三方，公司应终止合作，避免第三方合规风险转移；而对于那些虽有合规风险，但处于可控制范围内的第三方，公司可做出适当的交易安排，提出恰当的合规治理措施，对第三方提出切实可行的合规整改要求，在第三方的合规管理达到公司要求之后，再启动与第三方的正式合作。

具体来说，一项有效的合规尽职调查应注意评估来自客户、被并购方、第三方的合规风险：一是因其先前的不合规行为，而遭受潜在的政府处罚、刑事追究的风险，以及由此所带来的声誉损失；二是因其不合规行为而承担个人责任的风险；三是因其投资前的不合规行为而可能继承的法律责任；四是因其在投资或并购完成后的不合规行为，而可能承担的法律责任；五是投资或并购完成后，被并购公司资产流失的风险。

按照方达律师事务所[①]的经验，以反腐败尽职调查为例，一种较为有效

[①] 上海市方达律师事务所是一家从事法律服务的企业，成立于2005年，凭借"诚信铸就"的经营理念，凝聚着一批有着实力技术的团队，发挥的技术、管理优势为社会提供了大批满意产品。

的尽职调查体系应当是"基于风险因素的分级尽职调查系统,也就是根据初步的调查收集和风险判断来决定对第三方进行最合适等级和深度的尽职调查"。一方面,应当对不同等级的风险,进行不同级别的尽职调查,尽职调查的繁简程度要与风险等级的高低成正比。在尽职调查中要采取正确的调查策略和方法,对于诸如"媒体调查""调查问卷""专业背景调查""第三方关键股东及负责人调查""匿名电话及现场调查""访谈管理人员"等调查方法,要进行恰当的运用,以达到识别真相、了解风险和保护公司的有效作用。另一方面,在第三方尽职调查中要准确识别和把握具体的"风险点",注意常见的风险点,如第三方与政府的密切关系;与同行业具有明显差异的商业条款;不正常的支付模式或财务管理模式;提供大多数竞争对手都无法提供的保证结果;要求支付达成某种有利结果的费用;关于第三方或其关键控制人的不合规报道;第三方缺乏合规意识和内控机制等。除此之外,还应准确把握特定第三方所存在的特殊风险点,唯有根据这些一般的和特定的风险点展开有针对性的尽职调查,不断更新和完善最适合本公司的"第三方尽职风险调查核对清单",才能进行切实有效的第三方尽职调查。

律师常用的尽职调查方法主要有七种:一是公开信息检索,也就是对第三方及其关键控制人进行媒体检索和数据库检索,以确认其是否曾经因不合规行为而受到调查、指控和处罚;二是合规尽职调查问卷,以了解公司股权结构、业务、政府关联性、合规和内控的总体情况;三是背景调查,以掌握第三方及其关键控制人的背景信息;四是文件审阅,也就是审阅第三方现有的合规政策、招投标文件、重大交易合同、与高风险第三方的合同以及相关的诉讼文件等,以了解潜在的合规风险;五是财务账目审查,通过审阅第三方一定范围内的相关账目以及原始财务凭证,发现并核实其高风险费用的形成过程;六是管理层访谈,以了解其公司业务、内控和与政府关系等方面的真实情况;七是现场调查,通过到第三方进行实地走访,了解第三方的合规风险。

在上述尽职调查活动完成后,律师应当形成合规尽职调查报告,对第三方合规风险做出全面评估,提出补救措施,促使第三方加强合规管理,完善内控政策。一方面预防公司因第三方投资、并购前的不合规行为而承担继承责任,另一方面也避免公司因第三方投资并购完成后的不合规行为而承担连带责任,并避免第三方在投资并购完成后发生资产流失的风险。

二、合规内部调查

同样是合规调查活动,律师所从事的尽职调查主要目的在于对客户、被并购方和合作伙伴展开背景调查，以避免可能的合规风险。而内部调查则是一种危机应对机制，指在违规行为发生之后，公司要对违规行为、违规责任人以及合规机制的漏洞等问题展开有针对性的调查，以便发现违规行为，识别违规责任人，并针对公司内控机制的漏洞和缺陷进行合规体系的完善工作。通常情况下，公司一旦接到相关举报，进行日常监督检查，进行审计，或者接获监管部门乃至刑事调查部门启动调查程序的信息时，会随之启动这种公司内部调查程序。由于律师作为外部法律专家，既具有高度的独立性，又可以保证调查的专业性和权威性，还可以行使"保守客户职业秘密的特权"。因此，公司委托律师从事公司内部调查的情况越来越普遍，这种内部调查也成为律师的一项重要合规业务。①

（一）合规内部调查原则

作为一项重要的合规风险应对机制，律师内部调查要达到较为理想的效果，要遵循几项基本的原则：一是独立性原则；二是保守秘密原则；三是合法性原则。

所谓独立性原则，指内部调查应尽量避免由公司内部人员完全主导进行，而应当委托外部律师主持调查程序，调查团队尽管可以吸纳公司内部人员（如公司合规管理人员、法务人员等）加入，但不应包括那些与调查事项存在利益关系的员工或高管。不仅如此，独立的内部调查要发挥积极的效果，还需要聘请其他专业人士作为外部专家参与，这些专业人士可以包括会计师、数据专家、公证人员等。如此，内部调查的专业性和权威性才可以得到保证。

所谓保守秘密原则，指在公司进行内部调查的过程中，应当保守所了解的国家秘密、个人隐私、商业秘密等，避免因泄露这些秘密所可能带来的新的法律风险。包括律师、会计师、电子取证专家在内的外部专业人士，应当遵守职业伦理规范，避免泄露相关的职业秘密。与此同时，应当注意平衡信息披露与秘密保护之间的关系。在应对监管调查或刑事调查的过程中，应保持与调查人员的配合和协商，既要履行法定的信息披露义务，又要注意避免违反保密义务。

所谓合法性原则，指根据内部调查的目的来确定所获取证据的法律效

---

① 陈瑞华.律师如何开展合规业务（五）：律师如何担任合规监管人[J].中国律师，2021（1）：88-90.

力。加入公司内部调查可能涉及个别员工的刑事犯罪问题，那么公司内部调查的主要目的在于收集证据，以满足刑事立案所要求的证据标准。同时，注重收集证据，证明公司是否有明确的合规规定，内部审批机制是否完善，员工行为是否逃避了公司监管，从而有效地将员工责任与公司责任加以切割。对于所收集的证据，一方面公司应当加以妥善保管，根据司法机关的要求及时予以提交。另一方面，假如内部调查的目的在于启动民事仲裁或者民事诉讼，以便追究员工的民事责任，那么内部调查就要在取证主体、取证手段、取证程序、证据形式、取证时限等方面遵从《民事诉讼法》的要求，以确保所收集的证据符合《民事诉讼法》有关证据法律资格的要求。

（二）合规内部调查内容

律师合规内部调查可以分为四个方面：一是协助公司配合执法调查和刑事调查的活动；二是查明直接责任人，进行及时的惩戒；三是发现内部管理制度和合规机制的漏洞和缺陷；四是提出进行制度整改和完善合规管理体系的方案。

首先，律师应协助公司调查违法违规事实，查明案件的来龙去脉，将有关证据、书面材料、交易记录、电子文档、证人名单加以收集，在写出完整报告的同时，协助公司将相关证据提交监管部门和司法机关，并做好配合调查的准备工作。不仅如此，对于调查部门没有掌握的违法违规事实，律师也可以说服公司进行自我调查，必要时写入内部调查报告。内部调查只有建立在自我披露、自我报告的基础上，才能发挥最佳的效果。

其次，律师应协助公司展开对责任人的专门调查。在一些内部调查中，这种针对公司内部责任人违法违规行为的调查，有时又被称为"反舞弊调查"。从有效应对调查的角度来说，公司唯有将内部责任人的违法违规事实调查清楚，才能显示积极配合调查、积极整改的诚意，也才可能将公司责任与员工责任进行有效的切割，从而赢得监管部门和司法机关的谅解。美国司法部在实施合规管理机制时，曾提出过一项十分有名的合规准则："追究直接责任人，才能放过公司。"律师在进行内部调查时，也应将此作为座右铭，说服并协助公司全面调查直接负责的员工或公司高管，对其做出必要的处分，必要时将其交付行政机关或司法机关予以追究责任。

再次，律师通过内部调查，应对查明公司内部管理制度的漏洞，并对其合规体系的有效性做出客观的评估。这种调查是对公司管理机制的全面体检，目的在于暴露缺陷、漏洞和不足，对其合规管理体系失灵的原因进行全面审查，对公司面临的合规风险领域和风险点做出全面评估。通过这种内部调查，律师可以帮助公司发现屡次发生违法违规行为的原因，为进一步的制度整改和合规体系完善创造必要条件。

最后，律师通过内部调查，应协助公司提出制度整改，建立和完善合规管理体系的完整方案。律师应对公司所面临的合规风险进行重新评估，并针对特定合规风险制订专项的合规计划，如反商业贿赂合规计划、反洗钱合规计划、数据保护合规计划、知识产权合规计划、反不正当竞争合规计划、反垄断合规计划等。与此同时，律师还应帮助公司重新打造合规组织体系，重新发布专项合规政策，建立针对合规风险的防控、识别和应对机制，建立合规培训、合规定期评估、尽职调查、合规报告、内部举报等合规管理机制。

三、担任合规监管人

我国检察机关在合规不起诉制度改革试点中，在确立附条件不起诉制度和合规监管协议制度的基础上，要求涉案公司委托外部独立专业机构担任合规监管人，协助检察机关从事持续不断的合规监管工作，这是一项意义深远的重大制度探索。考虑到担任合规监管人的主要是律师事务所、会计师事务所、税务师事务所等外部专业机构，因此这项改革无疑给予了律师行业探索新型合规业务的机会。那么，律师究竟应如何探索和从事合规监管人的业务呢？

首先，律师应具有从事合规监管人所需要的专业能力。一家律师事务所要具备担任合规监管人的资格条件，应当组建公司合规业务部，或者拥有若干名具有合规业务经验的律师。这就意味着，律师不仅要具有公司合规方面的知识和技能，还应当具有从事合规业务的专业经验。为此，律师事务所应当未雨绸缪，尽早进行公司合规方面的人才储备、知识储备和战略布局，通过举办研讨会、论坛、培训等方式，提升律师的合规服务能力。通过为公司客户提供合规服务，制订专项合规计划、展开合规尽职调查、启动合规内部调查、帮助公司应对行政监管调查、展开合规辩护等，来磨炼并熟悉律师合规业务，成为某一合规领域的专家。尤其是应将律师合规业务细化为专项合规业务，律师事务所可以有意识地培育律师在大数据保护合规、反腐败合规、税收征管合规、知识产权保护合规、环境保护合规、反洗钱合规等方面的知识和技能，做到学有所长，可以独立地开展某一个或某几个领域的合规业务，帮助公司打造若干专项合规计划。律师或者律师事务所一旦具备了公司合规方面的专业知识、技能和经验，就有可能被检察机关或者监管部门纳入"合规监管人名录"或者"合规监管人专家库",成为检察机关在遴选合规监管人时的备选人。

其次,律师担任合规监管人的,应与涉案公司形成一种委托代理关系,具有合规顾问的地位。与破产管理人一样,合规监管人一旦接受涉案公司的委托,签订合规监管协议,就与公司建立了一种委托代理关系,承担为公司改善合规管理体系,实施合规管理计划,全面进行制度整改,帮助公司进行"除罪化"或者"去犯罪化",帮助公司建立一种可以自我监管、自行防范法律风险的制度机制。作为回报,公司应向合规监管人支付必要的报酬,并积极按照合规监管人的建议完善合规机制,消除相关的制度隐患和管理漏洞,争取获得检察机关的宽大刑事处理。

再次,律师在被检察机关任命为合规监管人后,应与检察机关形成一种协助合规监管的关系,并接受检察机关的持续监督。与公司法律顾问、诉讼代理人、辩护人的角色不同,合规监管人在为公司提供合规监管服务的同时,还要接受检察机关的监督,协助检察机关履行合规考察和合规监管的职能。在一定程度上,合规监管人承担着一种"准司法职能",要遵守法律法规,服从检察机关的合规考察指令,如实、全面披露与公司合规有关的信息,认真、有效执行检察机关批准的合规计划,定期如实报告公司合规建设的进展情况,及时披露和制止公司或内部员工可能存在的违法犯罪行为,督促公司按照检察机关的整改要求进行合规体系建设。对于怠于履行职责或者违反职业行为守则的合规监管人,检察机关有权进行更换。

最后,律师担任合规监管人的,应当保持基本的独立性,与涉案公司避免利益冲突,不出现利益勾连,与检察机关也不应存在法律所禁止的利害关系。合规监管人一方面要对公司履行合规建设义务,另一方面要对检察机关承担协助合规监管义务,必须保持基本的独立性。在原则上,律师曾经担任过涉案公司的法律顾问、诉讼代理人、辩护人或者其他存在利益冲突的角色的,就不宜再担任该公司的合规监管人;律师担任过与涉案公司存在利益冲突的个人、单位的法律顾问、诉讼代理人、辩护人等角色的,也不宜成为合规监管人的候选人;律师与某一检察机关存在利益牵连,如曾经在某检察机关工作过一段时间,与检察机关的相关负责人存在某种利害关系,也不应被委任为合规监管人。

第三节　识别与防控公司法律风险

一、识别合规风险

合规风险的识别除了需要公司内部力量，也有赖于律师提供的外部视角和智慧，因为法律是复杂的，规范、统一、明确的，法律语言中隐含的统治阶级的立法意图，一般公民难于理解。而且统治阶级在借助国家强力推行法律的过程中，可以运用权力解释法律和修正法律的意义，使自己的意志随时法律化。因此，合规义务及隐藏风险的识别，单单依靠公司自身，是存在困难且容易造成疏漏的。借助律师的专业法律服务，公司不仅可以了解浅表的权利义务内容，还可以从深层次上把握立法本意，分析监管态势，即便是在无明确法律法规依据可供参考时，公司依然能做出正确的决定。合规风险的识别与防控需要律师掌握特定的方法，即把握合规义务、合规风险及公司内部权力的一致性关系，以及由一致性关系推演出来的风险分布特征，然后确定需要加强管控的关键业务和岗位范围、梳理权责事项并形成清单、查找合规风险点并确定风险等级、拟定风险应对计划和措施，在具体操作过程中，可以依托基于流程的合规风险识别、基于岗位的合规风险识别两种方法来进行分析和评估，在充分了解公司所在行业、主营市场、业务模式、业务流程、风险偏好等的基础上，对公司经营所涉及的内外部规范进行全面审查，充分识别公司面临的各项合规风险，分析该风险的成因、发展、后果，并立足公司的经营实际，拟定可行的防控措施并植入合规管理流程制度。

二、化解刑事风险

对于公司涉嫌违法违规的案件，我国建立了行政执法与刑事司法并存的二元构造。对于同一行政不法行为，行政机关可以对其做出"行政不法"的法律评价，并做出行政处罚，同时对于其中构成犯罪的行为，则将其视为"行政犯"或"法定犯"，对其追究刑事责任。在大多数情况下，针对公司的行政执法与刑事司法具有一种前置化的关系，也就是行政机关率先启动行政执法程序，然后对于那些构成犯罪的公司再移交公安机关或其他侦查机关启动刑事立案程序。

于是在行政执法过程中，公司就有了一种特殊的法律帮助需求，那就是希望委托律师争取将案件解决在行政执法环节，而说服行政机关不将案件移交公安机关，或者说服公安机关做出不立案的决定。可以说，使那些实施行政不法行为的公司成功地实现在行政执法环节的"软着陆",而被排除在刑事诉讼程序的大门之外,终止于刑事立案之前,这是我国律师在应对执法调查方面的特殊合规业务。

那么,究竟如何帮助公司化解可能的刑事风险呢?结合我国司法制度和律师业务的实际情况,可以尝试"公司商业模式改造"的思路。在遭遇执法调查的危机之后,涉案公司既需要律师帮助其应对海外监管部门的调查以及国内政府部门的执法调查,更需要律师介入进来,帮助公司与政府部门达成行政和解,避免严厉行政处罚,同时成功地化解刑事风险。而要达到这一效果,律师就需要对公司的商业模式或业务经营方式做出全面的法律诊断,发现其中的刑事风险,并提出改造商业模式的方案。

(一) 诊断法律风险

首先,律师要帮助公司对其商业模式和交易模式本身是否有行政违规风险和刑事风险进行合规诊断。律师在开展合规业务的过程中,尤其是对于经济类犯罪案件,一定要通过阅卷吃透案情,摸清楚公司的商业模式,梳理出行政违规向犯罪转化的条件,然后才能做出刑事法律风险的诊断。

在做出法律风险诊断后,律师应帮助公司向行政监管部门提出化解方案,尽量促成行政和解的达成。行政和解意味着妥协,公司必须具有以下行为才有资格与行政机关进行协商:一是提交内部调查报告;二是对违规行为负有责任的员工和第三方加以惩戒;三是指出合规体系的漏洞,并提出整改方案;四是提交公司建立合规管理体系的证据。尤其是律师应说明哪些是第三方的责任,哪些是员工个人的责任,这些责任与公司没有关联,公司本身顶多在合规管理体系中存在一定的漏洞,而被第三方或员工恶意利用了。这体现了一种柔中带刚的业务技巧,即在配合调查的同时,明确做出责任的划分。总之,应对执法调查的关键是通过提出和解方案,按照方案中的整改措施积极进行整改,并缴纳罚款或者和解金,以换取行政机关的宽大处理,避免公司受到诸如特许经营资格被剥夺或者营业执照被吊销等最不利的行政处罚结果。

(二) 改造商业模式

在应对执法调查环节,合规律师可以为公司客户提供的最好服务是化解法律风险,将案件阻止在刑事立案的大门之外。为达到这一目标,就需要改造公司的商业模式,改变公司的交易方式,将其中的刑事法律风险予以消除。为此,公司要树立一种特殊的"合规思维",也就是"及时消灭特定犯罪构成要件的思维"。

在刑事辩护中,律师所代理的案件已经被侦查机关做出刑事立案的决定,并且案件已经进入刑事诉讼程序,此时刑事案件事实已经发生完毕。刑事辩护的思维方式一般是要论证委托人的行为不符合特定犯罪构成要件。为达此目的,律师需要论证要么犯罪事实没有发生,要么委托人没有实施有关犯罪行为。例如,假如组织、领导传销活动的行为已经完成,在公安机关立案侦查后,律师要做无罪辩护,就只能论证该行为不符合组织、领导传销活动罪的特定构成要件。很显然,刑事辩护是一种"在特定案件事实存在的前提下,论证特定构成要件不成立"的思维。

但合规的思维却完全不同。在行政机关执法调查开始后,公安机关没有做出立案决定之前,有关行政不法事实已经发生,但是否符合特定犯罪构成要件,则处于尚不确定的状态。为阻止该项行政不法事实向犯罪事实进行实质性的转变,律师可以帮助公司改造商业模式,改变经营方式,纠正公司的违法违规行为,阻止符合犯罪构成要件的特定事实继续发生,从而帮助公司既消灭了特定事实,又消灭了特定犯罪构成要件。而特定犯罪事实和特定构成要件一旦被消灭,行政机关就没有理由将案件移交公安机关,那么公安机关也没有理由做出刑事立案的决定。

例如,在组织、领导传销活动相关案件中,刑事辩护的思维是在传销事实已经发生的情况下,论证该行为是否符合组织、领导传销活动罪的构成要件。而合规的思维则是在公安机关还没有立案的情况下,通过帮助公司改造商业模式,在网站上建立无条件退货机制,仅收取少量的包装、运输等成本费用,证明具有真实的商品交易和服务。与此同时,通过计算销售的收入和发展下级会员得到的报酬之间的比例关系,证明销售商品的收入远远大于发展下级会员的报酬,这也能够证明存在真实的商品交易。由此,律师通过帮助公司采取积极的行为,消灭了以商品或服务作为道具或幌子这一犯罪构成要件事实。通过这种商业模式的改造,成功将这一犯罪构成要件予以消灭,最终使公司消除了刑事法律风险。

在我国法律实践中,对于有些案件行政执法机关和公安机关都是同时启动执法程序,行政执法调查和刑事侦查几乎同步进行,这种案件就没有"化解刑事风险"的空间,前面所说的消灭犯罪构成要件也就没有用武之地了。但是对于那些行政机关率先启动行政执法程序,而公安机关尚未启动立案侦查程序的案件,这种通过重建商业模式、化解刑事法律风险的服务方式就有

· 203 ·

了较大的空间。律师只要帮助公司将特定犯罪构成要件及时地予以消灭，案件就有可能实现在行政执法调查环节的"软着陆"，公安机关就不会再启动刑事立案程序。由此，律师帮助公司应对执法调查的业务活动也就大获成功了。

　　概括起来，通过帮助公司改造商业模式，或者改变经营以及交易方式，消灭特定犯罪构成要件，律师在应对执法调查方面可以达到以下四个效果：一是通过改造商业模式或交易方式，促使公司采取整改措施，建立预防犯罪的机制，消除原有商业模式中的违法因素或犯罪因素；二是采取纠正措施和补救措施，通过积极促成与行政机关的和解，积极促使投资人、被害人接受补救措施和处置方案，避免案件的发生；三是收集证据证明公司不符合特定构成要件；四是收集证据证明相关违法犯罪行为系员工、子公司或第三方所为，与公司没有关系，公司无需为此承担法律责任。

实例分析篇

案例一：百慕大投资基金监管法律制度

百慕大（Bermuda）又称百慕大群岛，是英国海外属地，实行内部自治。百慕大实行独立立法，有自己的高等法院，终审法院是伦敦枢密院。百慕大政治稳定，国际金融服务业是其主要产业，法定货币为百慕大元，与美元等值，两种货币同时使用。由于百慕大法律体系完善，现已成为世界重要的离岸金融中心之一，百慕大公司更成为全球公认的上市壳公司。世界大银行、律师事务所、会计师事务所和信托公司在百慕大均设有办事机构。除银行、保险、信托外，投资基金也是百慕大的一大重要金融业务，投资基金监管是百慕大金融监管的重要组成部分。下面对百慕大投资基金监管制度进行分析。

一、百慕大投资基金及其监管概述

（一）投资基金概述

百慕大是众多对冲基金、私募股权基金、信托基金和共同基金的理想设立地。典型的百慕大投资基金结构包括单一基金、基金的基金和主从结构基金，其中主从结构基金一般采用离岸基金和百慕大境内主基金的结构。根据百慕大《投资基金法》的规定，在《投资基金法》调整范围内的投资基金应当遵守百慕大法律，受百慕大监管。《投资基金法》规定，投资基金指一种财产安排，其中的财产多种多样，包括货币，投资基金的作用或目的在于使人们能够参与其中，从而获取收益。投资基金的基本特点和规则是基金份额持有人一般无须对基金事务亲自进行日常管理，也不再持有基金财产，并且有权根据基金文件申请份额赎回。

（二）投资基金监管机构和法规

百慕大基金业由 BMA 负责监管，BMA 是根据百慕大《金融监管局法》设立的，由董事会负责管理并有一名首席执行官。BMA 还负责对依据百慕大法律设立的基金行政管理人、银行、托管人、经纪商和投资经理人进行授牌和监管。所谓"行政管理人"，与一般行政法意义上的"行政主体"等概念不同，指某一领域的经营人或管理人，可以是营利领域也可以是公共领域等。

百慕大投资基金监管的成文法健全，在法律层面，除上述《金融监管局法》和《投资基金法》以及与投资基金组织结构相关的《公司法》《有限合伙企业法》《豁免合伙企业法》和《合伙企业法》等法律及其修正案外，还有《基金规则》《基金发行章程规则》和《投资基金诉讼条例》等规范性法律文件。

二、百慕大投资基金组织形式

一般来说，投资基金的主要组织形式包括公司型、合伙型和信托型。此外，百慕大境内的投资基金也有采用其他类型的，这是对上述三种传统类型的创新。投资基金组织形式的选择一般要考虑下列因素：一是税收因素；二是责任限制因素；三是市场因素；四是法律法规和政策的限制因素。不同的投资基金组织形式对于基金的后期管理也有很大影响。

（一）公司型

所谓公司型基金，指基金采用共同基金公司的形式。设立共同基金公司，需要向 BMA 提出申请，同时需要提交一些法定表格。另外，还需要提交有关基金发起人和管理公司的详细信息。如果发起人或管理公司是被认可的机构或其分支机构，则还应当提交有关该机构的摘要，如果是上市公司，还需要提交最近的年报。如果发起人具有私人性，则还应当提交关于其投资经验的详细信息及其简历。BMA 对共同基金公司设立申请的审查时限一般为 1—2 天。共同基金公司成立后，只有在符合百慕大金融监管和投资基金等法律法规的前提下，才可以开始经营和发行份额。

共同基金公司由董事会负责管理，但是如果该共同基金公司任命了管理公司，则一般是由该管理公司负责投资交易和日常管理。该管理公司还可以将投资顾问职能分包出去，接受分包的投资顾问既可以是在百慕大境内也可以是在其他法域。基金的行政管理职能一般由董事会委托给共同基金公司的行政管理人行使。根据百慕大的法律，管理公司和共同基金公司的董事对股东并不负有直接的合同义务。共同基金公司的董事义务在于为共同基金公司的利益最大化服务。大多数董事的管理职责一般会委任给管理公司行使，而管理公司对共同基金公司负有合同义务，在具体的协议中，双方可以约定具体的免责事由。管理公司和董事要对面向公众的发行文件存在陈述错误等情形承担责任。

（二）合伙型

百慕大的合伙既包括普通合伙和有限合伙，又包括由百慕大居民组成并在百慕大当地进行经营的合伙，以及主要由非百慕大居民组成并在百慕大境外进行经营的合伙，后者又称豁免合伙。豁免合伙既可以是普通合伙，也可以是有限合伙，由于豁免合伙便于在境外市场设立和发行豁免基金，因此豁免合伙应用广泛。设立合伙基金，需要向BMA提出申请，并向BMA提交法定表格和普通合伙人的详细信息。普通合伙人是法人的，如果是上市公司，还应当提交年报；普通合伙人是自然人的，还应当提交个人简历和投资经历。合伙基金的设立时限一般为1—3天。

合伙型基金以合伙协议为基础，合伙协议一般由管理公司和有限合伙人订立。合伙协议可以规定合伙企业的管理方式，合伙人的权利，管理人和普通合伙人的职责、任命和解任，投融资权限，合伙基金的终止和清算等事项。基金财产一般委托给保管人进行保管，而净资产值的记账和计算以及投资一般由普通合伙人或管理公司负责。在合伙基金中，合伙事务的管理虽然由普通合伙人负责，但是可以将普通合伙人的管理职责委任给管理公司。普通合伙人对其他合伙人负有信义义务，具体包括提供合伙经营的账目和信息，不得谋私利，不得从事与合伙企业相竞争的业务等。但是根据合伙协议的具体内容，上述义务也会有所不同。

（三）单位信托

信托有民事信托和商事信托之分，单位信托是典型的商事信托。单位信托型基金以信托合同为基础，而信托合同一般由管理公司和受托人订立。信托合同可以规定单位信托基金的管理方式，持有人的权利，管理人和受托人的职责、任命和解任，投融资权限，终止和清算等事项。基金财产的保管、净资产值的记账和计算一般由受托人负责，但如果是在百慕大境内提供服务,则该受托人应当具有持牌行政管理人资格。管理公司一般负责代表单位信托基金进行投资。

单位信托基金主要表现为一种信托或契约安排,与共同基金公司不同,单位信托基金不具有独立的法人主体资格。单位信托基金的设立并不需要政府的批准,而信托合同才是单位信托基金设立的依据。单位信托基金设立后,只有在符合百慕大金融监管等法律法规的前提下,才可以发行份额。在单位信托基金中,信托事务的管理由受托人和管理公司共同承担。受托人作为信托财产的保管人,对持有人负有信义义务,但是在实践中,当事人可以对受托人的报酬、补偿以及免责事由等进行具体的约定。

(四)其他类型

根据百慕大《独立账户公司法》的规定,共同基金公司可以注册为独立账户公司,该独立账户公司可以有不同的种类股,不同的种类股代表独立的资产组合,并且彼此责任独立,各自具有独立的账户,而且独立账户还可以投资于同一公司的其他独立账户。因此,独立账户公司十分特殊并具有风险隔离的作用。独立账户公司的注册要经百慕大金融部同意,但实际上,在设立共同基金公司时可以同时申请注册独立账户公司。独立账户公司必须有一名独立账户代理并由其负责报告义务,包括任何独立账户或基金总账户的亏损,独立账户公司还应当保存各独立账户的会计记录,并为各独立账户准备财务报告。另外,在不违反信托合同规定的前提下,单位信托基金也可以设立独立账户或子信托。

三、百慕大受监管投资基金主要种类

作为百慕大投资基金的核心法律,《投资基金法》规定了投资基金的排除适用、豁免适用以及有关授权,包括投资基金的成立、运作和份额发行等。投资基金只有得到《投资基金法》的豁免或授权,才可以在百慕大境内从事业务。但是对于被认定为属于私人基金的投资基金,则有关授权或豁免规定不适用于该投资基金,私人基金的认定标准包括投资者被限制在20人及以下、对投资基金的募集有所限制、不向公众募集等。

(一)A级豁免基金

百慕大对于A级豁免基金提供了快速通道程序,无须得到BMA的批准。A级豁免基金必须符合下列条件:

1. 只面向合格投资者

符合下列条件的自然人、法人或非法人组织等，属于合格投资者：①自然人。前两年收入均超过20万美元，或者与配偶合计超过30万美元，并且在今后的收入也会维持在适当的水平。②自然人。净值或与配偶的合计净值在购买投资基金时超过100万美元。③自然人。具有金融和商业方面的知识和经验，对投资的风险有着充分的认识。④法人。总资产不低于500万美元。⑤非法人组织、合伙或信托。总资产不低于500万美元。⑥法人。股东至少要符合①至⑤中的一项。⑦合伙。合伙人至少要符合①至⑤中的一项。⑧信托。受益人至少要符合①至⑤中的一项。

2. 具有投资经理

基金的投资经理必须符合下列要求：①根据《投资法》持牌；或者经BMA认可的境外监管机构授权或授牌，如美国证监会（SEC）；或者在百慕大境内从事业务，或者在BMA认可的法域从事业务。②所管理的总资产超过1亿美元，包括投资经理团队所管理的总资产超过1亿美元的情形。③由在百慕大定居的人担任职员、受托人和代表，并且要确保基金的账簿和记录可查。④任命审计师、基金行政管理人、登记人、受托人和主经纪人。⑤财务报表符合要求。

（二）B级豁免基金

不符合A级豁免基金条件的，可以申请B级豁免基金，B级豁免基金必须符合下列条件：①只面向合格投资者。②由在百慕大定居的人担任职员、受托人和代表，并且要确保基金的账簿和记录可查。③任命审计师、投资经理、基金行政管理人、登记人、托管人和主经纪人，并且上述人员可以胜任自己的职务。④财务报表符合要求。

（三）机构基金、管理基金和指定法域基金

百慕大投资基金市场比较成熟，除了上述豁免基金外，《投资基金法》还规定了另外几种授权基金。具体包括：①机构基金，该基金要求只面向合格投资者或要求投资者的最低投资额度为10万美元，要求由在百慕大定居的人担任职员、受托人和代表，并且要确保基金的账簿和记录可查。②管理基金，该基金要求必须具有根据《投资基金法》持牌的行政管理人，并且投资者的最低投资额度为5万美元或者在BMA认可的证券交易所上市。③指定法域基金，该基金指包含指定法域法律的基金，该法域必须得到百慕大的

认可。

（四）标准基金

除上述基金外，百慕大还存在标准基金，标准基金属于投资基金，但是并不属于上述机构基金、管理基金和指定法域基金或不符合其资格条件。标准基金的监管制度比较灵活和特殊，如自证制度等，其投资者范围广泛，还可以包括散户投资者。标准基金的授权程序、发行备忘录的内容、服务提供商、董事等方面的监管要求与机构基金类似。标准基金的持牌申请需要向 BMA 提交发行文件，同时在发行文件中要披露服务提供商并经 BMA 批准。与其他基金不同，标准基金的投资者需要得到更多的保护，因此 BMA 的审批期限也会略长。标准基金也没有法定投资限制。

值得注意的是，《基金规则》只适用于标准基金。根据《基金规则》的规定，标准基金的托管人要求是百慕大境内的金融机构或其分支机构。如果标准基金允许保留非百慕大境内金融机构作为托管人，则 BMA 会要求该基金的行政管理人实际在百慕大境内，从而使 BMA 便于获取该基金的有关记录。但是 BMA 有权豁免标准基金的上述义务。百慕大境内标准基金的审计师也同样没有要求必须是当地的审计师，因此百慕大标准基金的运作成本较低，不过审计师必须独立于基金的营运人。

四、百慕大投资基金申请

对于百慕大投资基金的申请要求，主要包括依法向授权机构提出申请和基金发行章程内容符合要求等。

（一）向授权机构提出申请

公司型基金和合伙型基金涉及公司和合伙企业的设立，需要向公司注册机构和 BMA 提出申请，公司注册机构和 BMA 对此拥有自由裁量权。公司注册机构和 BMA 并不负责单位信托基金的成立工作，但是单位信托基金仍然需要向 BMA 申请授权或豁免。

在开始经营之前，A 级豁免基金的营运人必须通过电子系统向 BMA 提供自己符合 A 级豁免基金条件的证据，同时营运人还必须提供基金发行章程副本。申请 B 级豁免基金的，也必须向 BMA 提供证据，同时提供基金发行章程。为获得授权，投资基金必须准备经审计的年度财务报表，已任命或者经授权会任命投资经理、审计师和行政管理人，保证投资基金的财产是由

《投资基金法》授牌或监管的、独立的托管人托管。BMA还会考虑投资基金的服务提供商和营运人是否符合适当性要求，其中包括对相关知识和经验的考虑。BMA会严格按照时限要求进行工作，成立共同基金公司或合伙基金一般需要1—2天，其他事宜，根据具体情况，可以是3—6天。

（二）发行章程内容符合要求

根据《投资基金法》等的规定，投资基金的发行章程应当包括下列内容：基金名称、注册地址或主要办事处地址；基金是否已注册或持牌；基金成立日期；上市或交易市场；董事、职员、当地代表、审计师、基金行政管理人、托管人、登记人、发起人、法律顾问、投资经理以及与基金事务有重要关系的其他人员的姓名、地址以及其他重要信息；基金投资目标，包括财务目标、投资策略和投资限制、投资技术和投资工具、融资策略；基金的重大风险，特别是关于分离账户方面的风险披露；基金的资本信息；持有人的权利及其限制；收益分配方法；发行的条件和程序；赎回和销售的条件和程序；发行和赎回价格的确定方法；基金资产的估值基础和频率；为基金提供服务的重要条款，包括董事、受托人、合伙人和服务提供商等的报酬问题；基金与其董事、受托人、合伙人和服务提供商之间的潜在利益冲突等。此外，管理基金还需要遵守证券交易所对发行章程的要求，百慕大证券交易所（BSX）对此均有规定。

根据发行章程的完整和适当披露规则，如果投资基金的负责人具有适当的经验和声誉，则潜在的投资者应当能够做出相应的明智决定，对于投资的对象和杠杆额度等，并没有法定限制。

五、百慕大投资基金相关当事人

虽然投资基金的组织形式多种多样，但是无论选择何种类型，基金的内部管理和对外投资都需要相应的人员和机构来完成，投资基金法律关系复杂，当事人众多，对投资基金的监管包括对基金有关当事人及其工作人员的监管。

（一）服务提供商的监管要求

百慕大投资基金的主要服务提供商包括投资经理、托管人、主经纪人、基金行政管理人、登记人和审计师。BMA认为，如果主要服务提供商以受管制的机构或公司实体而在百慕大存在的，则可以很好地保证其为基金提供服务，从而使基金运作符合《投资基金法》的规定。百慕大的政策倾向于要求主要服务提供商具有必备的经历和经验来履行其职责，并且要确保基金的账簿和记录可查。根据百慕大的监管要求，每只授权基金都必须任命一个登记人，登记人主要负责百慕大境内设立和投资者名册维护工作。百慕大境内的一些银行和基金服务公司可以为注册和过户提供计算机系统支持，对此可加以利用。另外，也可以在其他法域任命分支登记人或过户代理，这种现象比较普遍，但是如果涉及其他法域的，应当对当地的税收等政策有充分的了解。A级豁免基金和B级豁免基金必须有居住在百慕大境内的职员、受托人或代表，并且要确保基金的账簿和记录可查。行政管理基金需要任命持牌基金行政管理人。值得注意的是，并没有要求任命百慕大当地的审计师。此外，百慕大的法律对于任命非当地服务提供商并没有施加特殊的义务。

（二）董事的监管要求

如果百慕大投资基金采用共同基金公司的组织形式，则董事会成员应当包含具有相应投资经验的董事。同时，共同基金公司还必须完善内部管理制度并达到相应的业务标准，以满足投资者保护的必要条件。只有当投资基金的职员和董事符合适当性要求时，才有可能得到 BMA 的认可。另外，百慕大的法律并没有要求董事会成员必须包含在百慕大境内定居的董事。如果投资基金采用合伙的组织形式，则百慕大的有限合伙企业和豁免合伙企业立法并没有要求合伙人必须是百慕大实体。在合伙型投资基金中，基金的管理一般由合伙协议约定，但是合伙协议的内容也要符合百慕大法律的规定。如果投资基金采用单位信托的组织形式，也同样没有要求受托人必须是百慕大境内的居民。由于信托并不是一个法人实体，因此在认定一个信托是否是百慕大境内的信托从而适用百慕大法律时，一般要求受托人是持牌的百慕大信托公司，从而受 BMA 监管。

六、投资基金的其他监管要求

除上述投资基金监管法律制度外，百慕大投资基金还要符合持续性监管要求，同时百慕大作为重要的离岸金融中心，必然会对境外投资基金有一定的监管要求。

（一）持续性符合监管要求

为满足持续性监管要求，A级豁免基金每年必须向 BMA 进行年度认证，并声明其持续符合豁免要求。除了认证外，还要提交经审计的上一年度财务报告，基金的发行章程有重大变化的，也要提交相应的说明。B级豁免基金也需要提交上述材料，在事先未向BMA提出书面申请并征得同意的情况下，B级豁免基金不能任命服务提供商或董事。所有授权基金必须准备好经审计的财务报告，但是经申请，BMA可以将此义务豁免。授权基金每年必须向BMA提交其持续符合《投资基金法》的证明材料，如果存在违反《投资基金法》情形的，则要披露具体情况。如果服务提供商知道授权基金存在违反《投资基金法》情形的，也应当向BMA报告。

（二）境外投资基金监管要求

根据百慕大的法律，境外投资基金应当符合下列监管要求：第一，在百慕大境内举行董事会会议的要求。如果符合相应的入境管理规定，则可以在百慕大境内自由举行董事会会议，并无限制。第二，任命当地服务提供商的持牌要求。境外基金任命百慕大的服务提供商，如果无其他情形的，则并无特殊的持牌要求。第三，在市场上出售基金权益的限制。在百慕大境内，在市场上出售基金权益的，不得构成在百慕大境内经营。在市场上出售基金权益的，必须要遵守百慕大《公司法》的规定。另外，主动访问百慕大境内的潜在投资者，一般也是禁止的。

随着金融市场国际化及一体化，一个国家或地区的投资基金市场除境内基金外还会有境外基金，即注册在境外的基金，此类基金又称离岸基金。实际上，境内与境外、在岸与离岸都是相对而言的，虽然目前对于离岸并没有统一的定义，但是离岸的特征之一在于其适应能力。因此，离岸对于人们来说并不遥远，百慕大离岸金融中心的成功与其灵活的法律制度和完善的法律环境不无关系。

案例二：光大证券公司风险管理体系的优化

一、光大证券公司简介

光大证券股份有限公司于1996年成立，是由中国光大（集团）总公司控股的综合类股份制证券公司。首批经中国证监会批准的三家创新试点公司中，光大证券公司占据其中之一。

光大证券公司于2009年8月4日成功地发行了A股股票，共计募集资金109亿多元，后于8月18日正式在上海证券交易所挂牌上市。

从2010年开始，由于全球经济复苏的不确定性和国内宏观调控政策的频繁推出，使得股市场出现了宽幅震荡。直到2012年，证券市场依旧处于低迷状态，面对复杂多变的外部环境和改革创新的风险挑战，在董事会强有力的领导下，光大证券公司经受住了市场业务总量萎缩与增长乏力的严峻考验，保持了在资本市场的影响力，且品牌及在行业中的形象地位都有所提升。公司积极地适应证券行业创新发展的大环境，及时灵活地应对市场变化，开启了创新驱动、转型发展的新局面。

二、光大证券公司风险管理现状与问题分析

虽然光大证券公司在经营过程中坚持"合规稳健、创新发展"的经营策略，公司领导层始终重视证券业务拓展过程中的"资本充足、内控严密"特征。但是，在实际的风险管理体系及管理工作中，光大证券公司仍然存在着一些问题。这些问题也导致了光大证券公司的风险管理体系中存在着需要优化和改进的空间。同时，正是由于这些问题的存在，也直接导致光大证券公司在2013年8月16日出现了一次重大风险事件，该事件对于光大证券公司的市场业务拓展和品牌形象都产生了严重的负面影响，反映出了光大证券公司在风险管理体系中仍旧存在着不容忽视的漏洞和问题。

（一）风险管理信息化建设中

光大证券公司内部部署应用的证券交易执行软件平台的市场报价为20万元人民币，而国内同规模的软件研发商的产品报价最高达到了100万元人民币。通过实际情况来看，光大证券公司的这笔交易并不是特别成功，该软件系统的信息安全保障体系并不是特别完善，存在一定的风险隐患。另外，在该系统的功能设计、实现和测试工作中并没有严格采用科学软件开发方式来进行，系统的研发和后期测试阶段同属一个部门负责，这种做法的后果就是该系统的技术风险和缺陷出现频率比较高，对公司的业务拓展造成了负面影响，也增加了公司的风险管理压力和工作量。

为了在一定程度上缓解上述问题，光大证券公司近两年来也对其网上交易系统进行了一定程度的软硬件升级，但是仍有部分投资者反映，他们在很多交易时间内都出现了登录异常等问题，同时在委托下单过程中仍有较大概率出现委托系统平台与市场行情平台的价格体系之间存在3—5秒的数据更

新延迟，使得投资者无法把握住即时出现的市场买卖机会。另外，光大证券公司虽然已经在一些重要城市中部署了本地化的数据服务器，以求提高公司网上交易系统的响应速度和稳定性。但是，在实际的运行过程中，当平台出现问题时，各服务器之间的应用切换过程仍需要较长时间，使投资者的实际使用体验感仍然很差。

另外，光大证券公司的策略投资部在开展自营业务过程中，采用的交易平台目前还没有集成到光大证券公司的信息化风险管理中央平台中，这样就导致可能出现一些自营业务的风险因素。例如，策略投资部的相关业务能够直接在公司柜台进行报价或办理，随后即可直接报送交易所，而不用再通过公司风险管理中央平台的监督与审核。由于柜台操作与光大证券公司的整体风险控制体系未能够有机融合，如果策略投资部的信息化系统出现故障或者工作人员操作失误，公司的风险管理平台将无法及时对业务进行隔离或阻止。导致这一问题出现的主要原因是光大证券公司在信息化的过程中，没有对公司各个部门内部的风险管理流程进行全面细致的考察。同时，在"乌龙事件"后，光大证券公司对内部的 ETF 套利系统平台进行了升级和改造，重新上线了几款交易管理系统，包括期权交易系统、营销服务一体化系统等，但是这些新的信息系统软件平台目前仍没有集成到光大证券公司的风险管理体系中，没有发挥出软件系统体系的整合优势，仍然有软件平台有可能的风险没有覆盖。

（二）风险管理组织体系

光大证券公司在证券业务体系的风险管理工作中采用的是 COSO 全面风险管理模式结构，风险管理工作的基本环节也按照 COSO 模型进行划分和设计，在构建风险管理内部环境的基础上，由公司监事会和董事会中的风险监督委员会以及风险管理委员会对公司的风险管理工作进行统筹规划，负责证券市场行业风险管理规范、制度、内部风险管理规范、制度的贯彻和执行，下面的各职能管理部门机构和子公司的风险管理机构负责具体的业务风险管理事务的开展，在具体的风险管理工作实施过程中通过确立风控目标、识别风险要素、评估风险要素、制订反应措施、实施风险控制来进行证券各项业务的风险管理，同时加强内部管理体系的协调沟通和外部监管。同时，光大证券公司在内部也部署和搭建了信息化的业务风险管理软件平台，在风险管理相关业务信息流整合与共享的基础上初步形成了集中化的信息化风险管理模型和体系。

在光大证券公司当前的风险管理组织体系中，各职能单位和子公司的风险管理职能部门是实施和进行风险管理业务的力量，公司的风险管理信息化管理软件平台提供风险管理业务中的相关信息的整合、共享以及平台工具支持，公司监事会和董事会的风险监督委员会和风险管理委员会分别负责风险管理工作监督以及风险管理工作的统筹规划。但是，公司监事会其实属于公司的监督稽核部门，在职能设置上应该是高度独立的，其中的各个子部门不应该与董事会之下的风险管理职能部门出现权利或职责的交叉，这样就无法确保风险管理业务中监管业务的独立性和客观性。所以，目前光大证券公司的风险管理框架体系中还存在着一定的不合理之处，监管部门的独立性应该进一步加强，这样才能确保风险管理监管工作的客观性和全面性。

三、光大证券公司风险管理体系的优化措施

（一）严格遵循风险管理体系优化原则

1. 合法合规性原则

光大证券公司在完善风险管理体系时必须遵循法律法规的环境约束，这是刚性要求，不可超越，要认真研究监管要求。

首先，光大证券公司应该加强COSO组织（2004）发布的《企业风险管理整合框架》（ERM文件）主要包括了内部环境、目标设定、时间识别、风险评估、风险应对、控制活动、信息沟通协调及运行监控8个核心内容，光大证券公司应该在内部环境分析与研究的基础上设定科学合理的风险管理基本目标体系，随后通过识别和评估可能出现的各种风险因素，制定对应的风险控制和规避措施体系，并且在后续的风险管理活动中要配合科学的控制活动、畅通的信息沟通协调机制和完善的体系运行监控体系等。

其次，光大证券公司还要加强研究IOSCO技术委员会（证券委员会国际组织）发布的《证券公司和监管人员的风险管理与控制指南》文件中的精神。在该文件中从证券公司风险管理中的监管角度对公司内部的控制体系架构的基本原则及工作准则进行了说明，并且对于证券公司风险管理体系的基本类型及核心要素进行了规定与阐述，该文件基本可以作为证券公司风险管理体系是否合理与科学的评判准则，是在COSO的ERM文件的基础上提出的一种更为细化的行动指南和行为准则。

最后，光大证券公司还应该充分结合国内证券行业的实际情况，在参考

国际管理的基础上，加强对证监会（2004）《证券公司内部控制指引》文件的精神领会和实践。指引文件，对国内证券公司内部管理体系中普遍存在的问题进行了详细说明，其中的证券公司风险管理问题可以作为光大证券公司风险管理体系优化与完善工作的重要指导。

2. 全面整合性原则

光大证券公司在风险管理体系的完善和优化工作中要严格结合公司内部的实际业务环境，这些业务环境主要包括公司的风险管理传统、风险管理文化、风险管理战略目标、风险管理偏好、企业资源平台构建情况、公司内部管理基本水平以及人力资源整体发展情况等。通过综合全面地考虑和分析上述因素，光大证券公司应该将风险管理工作细化到公司业务体系的各个环节和流程中，加强公司各个业务体系与人力资源的风险管理意识的渗透，确保公司内部的风险管理与控制不留缺漏。近年来公司出现了一系列的安全风险事件，所以公司管理层应该更加强化和重视内部风险控制管理的覆盖性和全面性，实现风险管理在发生前、发生中以及发生后的有机统一，把公司内部所有的业务流程和人员都统一到公司的风险管理体系中，不抱任何侥幸心理，严格贯彻执行各项风险管理措施和制度，强化风险监管力度。

3. 均衡性原则

均衡性指风险管理过程中各部门和岗位之间的权力均衡性，在光大证券公司的风险管理体系中包含了公司的董事会、股东大会、监事会以及各个职能管理部门、子公司等，在风险管理工作中这些部门的职责与管理权限要严格按照公司内部的相关规定制度执行，对于风险管理事务中的各项议事流程和操作流程同样需要严格按照风险管理体系的设置进行，确保部门之间的决议协同、计划实施以及工作监督能够相互隔离，同时相互制约。而在具体的架构设置过程中，需要做到各个部门之间的职责不会出现重复、缺失或者叠加的现象，同时也要规避权力过于集中的问题，各个部门需要做好自身的工作职责，并且在部门之间的协同管理过程中采用相互制约和权力相互制衡的管理模式。

4. 独立性原则

独立性原则指在光大证券公司的风险管理体系优化过程中，公司管理层不仅需要保证各个职能部门在权利之间的制衡性，同时也要确保各个职能部门能够结合部门的内部实际情况从独立的角度对客观存在的风险进行独立管理，包括风险要素的识别、度量、评价以及控制等。同时，光大证券公司风险管理体系中的所有相关职能部门在权利体系方面是相互独立的，同时整个风险管理体系具有一定的开放性，能够根据国内证券行业和公司内部业务风险的变化而灵活调整，提升公司的风险管理模式与方法的创新能力与活力。

（二）提高风险管理业务的信息化水平

首先，光大证券公司应该在其风险管理信息化平台的构建与部署过程中采用单层次的工作关系网络，对公司内部各个部门的信息安全责任落实到具体岗位，并在各部门中设立专门的信息安全管理职位，主要负责部门内部的信息安全工作实施以及信息安全审计，同时负责本部门和其他业务职能部门之间进行业务信息交互和流转的信息安全管理。信息安全人才的建设是重中之重，光大证券公司应该在单层次的工作关系网络基础上，加强安全管理人员的技能和意识培训，进而提高全体员工在软件系统平台应用过程中的安全责任意识。

其次，光大证券公司还应该从内部管理规范和制度层面进行信息安全管理，在信息化的业务管理平台支持下采取统一的信息安全管理策略，在具体的管理制度和规范设计过程中要确保制度的可操作性和实用性。资产安全管理工作是基于信息化的证券业务风险管理工作的核心，所以在具体的内部安全管理规范和制度方面要将资产安全管理工作放在首位，对资产管理过程中涉及的信息平台基础设施、软件平台和相关数据信息、文档等进行全面覆盖，同时构建具有针对性的资产管理安全责任制度，实施业务登记管理以及安全等级管理，在管理流程设计中要覆盖所有的网络资源、系统资源以及应用资源，并在检测到制度和规范中存在的安全问题时要能够做到有章可循，顺利找到对应的处理规范说明。

最后，从技术层面来说，光大证券公司的风险管理工作要能够和信息化的证券业务管理平台相互适应，该平台需要在功能上具有完备性，特别是要具备风险管理预警功能，并且可对光大证券公司业务体系中的关键业务流程和环节进行安全监测与保护，同时平台能够按照业务人员的操作需求对系统的安全运行配置进行更改或调整。在信息化过程中，光大证券公司的业务信息管理系统中的应急响应功能要和公司的风险管理相关规范和制度匹配，同时还需要定期进行系统的平台维护和功能升级，确保平台中不存在技术层面的安全隐患和风险要素。

（三）优化公司风险管理组织结构与职责

在光大证券公司风险管理体系组织架构的优化方面，笔者认为其工作核心应该是成立专门的风险管理委员会，该委员会需要对公司整体业务体系架构中的风险管理和控制工作进行统筹管理，工作职责的设置要清晰明确，并且设计明确的事务管理范围、流程以及规章制度等。风险管理委员会属于公司的领导层，其下属单位包括日常风险管理各个子部门以及内部稽核部门等。

在风险管理委员会下设风险控制策略部、系统开发分析部、管理信息系统部以及法律事务室四个办公室，各个办公室的具体职责设置介绍如下。

（1）风险控制策略部。风险控制策略部主要负责公司风险管理流程的设计控制，同时承担着向公司内部其他业务职能部门提供风险管理数据信息的职责，还需要负责公司的自营业务、经纪业务及投行业务等业务体系的风险管理、策略管理。

（2）系统开发分析部。系统开发分析部主要负责光大证券公司内部的风险控制评估与管理平台的整体解决方案设计与实施、平台基础软硬件选型、内部风险分析评估量化框架设计、各个业务职能部门的风险要素指标量化与分析模型设计等。

（3）管理信息系统部，管理信息系统部主要负责光大证券公司内部的所有业务实施过程中的风险管理具体工作的实施与分析，并采用系统开发分析部提供的风险要素评估与分析模型进行实际评估，为公司内部其他业务职能部门的风险管理提供信息支持。

（4）法律事务室，法律事务室主要负责光大证券公司风险管理体系中的各项管理规章制度的审计评估、风险管理权限授权管理体系的实时监控、合同管理业务中的合法性审查以及法律意见的提供等，属于风险管理委员会的辅助性部门。

（四）构建完善的风险管理预警体系

风险预警管理是在风险要素尚未出现时所采取的一种管理和应对策略与措施。风险预警是证券公司风险管理体系中的重要内容，合理科学的风险预警体系能够对特定状态和事件进行分析，并在检测到可能出现的风险时及时为管理人员提供预警信号，同时还可以为管理人员提供风险应对的建议和支持。

另外，风险预警管理工作的基础是风险要素的识别与评估，所以在构建风险预警平台或系统的过程中必须加强与业务管理平台中的其他组件之间的关联，同时通过构建风险处理方法库的方式为管理人员的风险应对与管理提供参考。

在构建风险预警数学模型的过程中，笔者认为光大证券公司可以采用的方法包括图表法和对比分析法两种，其中图表法是将需要预警分析的各项风险要素采用图表的方式进行整理，以可视化的方法进行展示。这种方法相对比较简单，同时也不需要构建特别复杂的数学分析模型。对比分析法则是通过对大量的风险管理历史数据的整理、整合和挖掘来得到一个数学分析模型，通常涉及比较复杂的数据分析或者人工智能等技术。

采用图表法可以通过针对不同风险要素设置阈值的方式进行预警模型的构建，对应的工作量和平台开发难度都比较低，同时目前业界尚未得到特别有效和合理的基于数据挖掘或者人工智能技术的风险预警数据分析模型，采用图表法无疑是非常适合光大证券公司的风险管理体系构建的。

同时，光大证券公司的风险预警平台还需要具备对业务体系中分公司以及各个职能部门进行风险的不间断监测、评估与分析功能。在具体的风险预警平台构建过程中，光大证券公司可以采取如下的构建流程来进行处理。

（1）根据公司实际情况确定基础数据信息收集、整理及预处理机制，尽可能确保风险预警模型的输入数据的准确性、完备性和可靠性。

（2）在构建过程中需要参考公司的外部风险管理和控制规范与标准，在对公司业务的市场运营情况进行考察的基础上，构建风险要素分类框架，并通过构建对应的数学分析模型来得到各种类型风险要素的预警和分析模型，这个步骤是光大证券公司风险预警管理体系构建过程中的关键步骤。

（3）在完成了上述处理步骤之后，光大证券公司需要通过内部信息管理部门或者第三方软件外包公司，将风险预警模型采用软件平台开发的方式进行具体实现，并完成在公司内部的安装、部署、调试和维护。

参考文献

[1] 朱晓娟. 中国证券法律制度 [M]. 北京：中国民主法制出版社，2019.

[2] 郝旭光. 证券监管效果论 [M]. 北京：对外经济贸易大学出版社，2017.

[3] 刘海龙. 证券市场的微观结构、套利定价与风险控制 [M]. 上海：上海交通大学出版社，2019.

[4] 徐士敏. 证券市场的风险控制 [M]. 上海：上海财经大学出版社，2009.

[5] 尹建国，汪涛，岳桂宁. 证券市场运行与风险管理 [M]. 南宁：广西人民出版社，1999.

[6] 高正平. 证券公司风险规避与管理 [M]. 北京：中国金融出版社，2001.

[7] 黄复兴. 中国证券制度风险研究 [M]. 上海：上海社会科学院出版社，2004.

[8] 王明涛. 证券投资风险计量、预测与控制 [M]. 上海：上海财经大学出版社，2003.

[9] 毛应梁. 证券公司风险内控管理实务 [M]. 北京：中国金融出版社，2000.

[10] 张学政. 证券公司风险处置研究 [M]. 北京：知识产权出版社，2005.

[11] 庞介民. 证券公司风险监控研究 [M]. 北京：中国财政经济出版社，2005.

[12] 宫龙云. 证券市场的风险决策和管理 [M]. 上海：上海三联书店，2001.

[13] 郝东旭，魏淑君. 证券市场风险法律防范 [M]. 北京：法律出版社，2000.

[14] 张波. 证券市场系统性风险研究 [M]. 北京：知识产权出版社，2008.

[15] 刘志民. 企业合规实战案例解析 [M]. 北京：中国经济出版社，2020.

[16] 郭青红. 企业合规管理体系实务指南 [M]. 北京：人民法院出版社，2019.

[17] 陈坚. 企业合规改革研究 [M]. 北京：法律出版社，2022.

[18] 姜先良. 企业合规与律师服务 [M]. 北京：法律出版社，2021.

[19] 王成，陈彦希. 私募基金实务操作与合规指引 [M]. 银川：宁夏人民教育出版社，2019.

[20] 张震宇. 典型金融产品法律合规指引与规则解析 [M]. 杭州：浙江工商大学出版社，2021.

[21] 宋欢. 私募投资基金合规管理指南 [M]. 西安：三秦出版社，2016.

[22] 洪灿. 私募基金刑事法律风险与合规管理 [M]. 北京：中国检察出版社，2020.

[23] 万玲玲，王耀辉. 证券公司合规管理适用法律法规指引 [M]. 长春：吉林人民出版社，2009.

[24] 徐继金. 私募基金管理人风险管理实操指引 [M]. 北京：中国市场出版社，2019.

[25] 王斌. 私募股权基金法律风险解析与防控 [M]. 北京：知识产权出版社，2018.

[26] 侯外林. 证券监管实践与思考 [M]. 广州：广东人民出版社，2008.

[27] 吕红兵，陈慧谷. 证券法律：投资银行律师实务 [M]. 上海：上海财经大学出版社，2000.

[28] 房立棠，郭芳晋. 证券律师实务 [M]. 北京：法律出版社，2011.

[29] 郭雳. 证券律师的行业发展与制度规范 [M]. 北京：法律出版社，2013.

[30] 北京市律师协会. 公司证券律师业务理论与实务 [M]. 北京：法律出版社，2002.

[31] 王倩. 证券律师勤勉尽责之实务分析：基于我国证券律师违法违规案例的思考 [J]. 证券法苑，2017，21（3）：145-160.

[32] 陈瑞华. 论企业合规的中国化问题 [J]. 法律科学（西北政法大学学报），2020，38（3）：34-48.

[33] 李文莉. 证券发行注册制改革：法理基础与实现路径 [J]. 法商研究，2014，31（5）：115-123.

[34] 王殿祥，吴强，肖永泼. 新常态下证券公司风控合规管理模式选择研究 [J]. 证券市场导报，2017（1）：57-62.

[35] 魏佳慧，宋阳. 证券发行核准制和注册制对比研究 [J]. 商业观察，2021（5）：53-55.

[36] 郭雳. 中国证券律师业的职责与前景 [J]. 证券法苑，2019（3）：438-457.

[37] 黄浩荣. 我国证券公司风险管理研究 [D]. 厦门：厦门大学，2014.

[38] 卢卫民. 华龙证券公司风险管理优化研究 [D]. 兰州：兰州大学，2019.

[39] 刘宏建. 证券公司风险控制管理系统的设计与实现 [D]. 成都电子科技大学，2015.

[40] 戴琦.我国证券公司风险管理与价值创造研究 [D].湘潭：湘潭大学，2013.

[41] 陈凯麟.我国证券公司的互联网证券业务风险管理研究 [D].南京：南京师范大学，2018.

[42] 宁侠.我国证券公司风险管理控制研究 [D].天津：天津财经大学，2014.

[43] 黄敏.中信证券投行业务风险管理研究 [D].长沙：中南大学，2012.

[44] 姜爱克.私募股权投资风险预测与治理研究 [D].北京：北京交通大学，2018.

[45] 吕海宁.私募股权基金法律制度研究 [D].大连：大连海事大学，2013.

[46] 许可.我国私募基金风险防范研究 [D].合肥：安徽大学，2016.

[47] 朱菁.探究证券发行注册制于中国之可行性 [D].上海：华东政法大学，2014.

[48] 方毅祖.中国私募股权投资基金监管研究 [D].北京：首都经济贸易大学，2014.

[49] 刘泽霖.D证券公司资产管理业务合规风险管理研究 [D].长春：吉林大学，2020.

[50] 吕楠楠.证券市场中介机构角色冲突论 [D].长春：吉林大学，2016.

[51] 陈贝贝.证券律师的看门人职责 [D].上海：华东政法大学，2015.

[52] 侯晓佳.HF证券营业部合规管理评价研究 [D].石家庄：河北地质大学，2021.

[53] 谢甜甜.期货公司合规法律制度研究 [D].北京：对外经济贸易大学，2015.